明代嘉靖隆庆万历御窑瓷器 上

景德镇御窑遗址出土与故宫博物院藏传世瓷器对比

故宫博物院、景德镇市陶瓷考古研究所 编

故宫出版社

Imperial Porcelains from the Reign of Jiajing, Longqing and Wanli in the Ming Dynasty Vol.I

A Comparison of Porcelains from the Imperial Kiln Site at Jingdezhen and Imperial Collection of the Palace Museum

Compiled by the Palace Museum and the Archaeological Research Institute of Ceramic in Jingdezhen

The Forbidden City Publishing House

目　录

Contents

序一

　　值此秋高气爽的美好时节，由故宫博物院和景德镇市人民政府联合主办的明代御窑瓷器系列展之四——"景德镇御窑遗址出土与故宫博物院藏传世嘉靖、隆庆、万历瓷器对比展"在故宫博物院景仁宫展厅隆重开幕。我谨代表故宫博物院向展览的顺利举办表示热烈祝贺！向为本次活动付出心血的双方工作人员致以诚挚的谢意！

　　本展览系在双方合作于 2015 年、2016 年和 2017 年分别成功举办"明代御窑瓷器——景德镇御窑遗址出土与故宫博物院藏传世洪武、永乐、宣德瓷器对比展""明代御窑瓷器——景德镇御窑遗址出土与故宫博物院藏传世成化瓷器对比展""明代御窑瓷器——景德镇御窑遗址出土与故宫博物院藏传世弘治、正德瓷器对比展"后，隆重推出的又一个大型专题瓷器展。

　　2014 年故宫博物院与景德镇市人民政府签署了合作框架协议，协议涉及的内容很多，其中之一就是合作举办"明代御窑瓷器"对比系列展。展览旨在通过将明代景德镇御窑厂遗址出土的落选品（修复件或残片标本）与故宫博物院收藏的传世品以对比的方式进行展示，以期较全面地反映明代御窑瓷器烧造所取得的高度艺术成就，为观众朋友们提供一个全面了解明代景德镇御窑烧造瓷器品种和欣赏标准器的机会。

　　早在 20 世纪 70 年代，位于今景德镇市珠山的明代御窑厂遗址已零星出土过一些明代御窑瓷器残片。20 世纪 80 年代以来，景德镇市陶瓷考古研究所配合基本建设工程对明代御窑遗址进行过多次局部考古发掘，并取得丰硕成果。出土的数以吨计的御窑瓷片标本成为研究明代御窑生产制度和烧造瓷器品种的珍贵实物资料，这些资料一经公布，便在国内外学术界产生了广泛影响。

　　随着对出土瓷片标本的不断修复、展示和出版，人们发现其中有大量瓷器能与传世品相互印证，而且寄希望于能看到传世品与出土物的对比展示。故宫博物院是在明、清两代皇家建筑及其收藏品基础上建立的中国最大的综合性博物馆，所藏明代御窑瓷器不但数量多，而且质量精，与景德镇市人民政府联合举办传世与出土御窑瓷器对比展，可谓珠联璧合。举办这样的展览，也是让分离数百年的瓷器能够再聚首。

　　本次推出的"景德镇御窑遗址出土与故宫博物院藏传世嘉靖、隆庆、万历瓷器对比展"是明代御窑瓷器系列展中的第四个。展览按时代分为嘉靖朝（1522 ~ 1566 年）、隆庆朝（1567 ~ 1572 年）、万历朝（1573 ~ 1620 年）三个部分，每部分又分单元按品种予以展示。四个单元分别为：浓丽明艳——青花、黄地青花、青花加矾红彩瓷器；纯净雅致——单色釉瓷器；色彩缤纷——杂釉彩、斗彩、五彩、红绿彩瓷器；深远影响——后仿嘉靖（隆庆、万历）朝瓷器。共展出文物和标本约 300 多件（套）。

明代传至嘉靖、隆庆、万历朝，国政渐趋腐朽，国库空虚，民力耗竭，统治每况愈下。自嘉靖朝开始，御窑瓷器与以前大不相同，表现在器形上，小件器物虽仍精工细作，但大型器物如大缸、大罐、大瓶、大盘等明显增多，且一般都工艺较粗糙；在色彩上，画风朴拙、色彩浓艳的五彩瓷器制作达到鼎盛，尤其是万历五彩瓷器，数量之多，堪称空前；在装饰上，除了传统的龙、凤、缠枝花卉、折枝花卉、八吉祥、鱼藻等纹饰以外，尤其盛行锦地开光装饰和具有道教色彩的吉祥图案，常见云鹤、八卦和将吉祥文字加工变形为纹饰。嘉靖、万历时期推崇瓷器仿古，所仿成化青花和斗彩瓷器颇具形神，堪称明代中晚期仿前朝瓷器的佳作。据记载，万历朝一双成化斗彩杯值钱十万，巨大的经济利益也对瓷器仿古起到了推波助澜的作用。

　　光阴荏苒，日月如梭。虽然嘉靖、隆庆、万历朝御窑瓷器自问世以来已经过四五百年的风雨洗礼，但相信这些造型丰富、浓丽明艳的瓷中佳品，仍会引人入胜，给您带来美的享受。

　　至此，故宫博物院与景德镇市人民政府联合举办的"明代御窑瓷器"系列展将告一段落，双方以后还将继续合作举办展览，望观众朋友们持续予以关注。

　　祝展览取得圆满成功！

故宫博物院院长　单霁翔

Preface I

On the wonderful and crisp fall day, we welcome the opening ceremony for the forth exhibition of comparison exhibition between excavated porcelain of Jingdezhen imperial kiln ruins and porcelain handed down in the Palace Museum of the Jiajing, Longqing and Wanli periods. This exhibition which was held together by the Palace Museum and Jingdezhen government is inaugurated in exhibition hall of Palace of Great Benevolence (Jingren Gong) in the Place Museum. On behalf of the Palace Museum I send the warm congratulations for this exhibition and express my sincere appreciation to all the staff that paid effort for this exhibition.

This exhibition is another large special porcelain exhibition after *the Comparative Exhibition of Hongwu, Yongle and Xuande Porcelain between Jingdezhen Imperial Kiln Site and the Palace Museum* in 2015, *the Comparative Exhibition of Chenghua Porcelain between Jingdezhen Imperial Kiln Site and the Palace Museum* in 2016 and *the Comparative Exhibition of Hongzhi and Zhengde Porcelain between Jingdezhen Imperial Kiln Site and the Palace Museum* in 2017.

The Palace Museum and Jingdezhen government signed cooperation framework agreement in 2014 which included the content of holding series exhibitions of imperial porcelain of the Ming dynasty. Through the comparison between porcelain failed to be chosen (rebuilt parts or relic samples) from Jingdezhen imperial factory in the Ming dynasty and the handed down porcelain in the Palace Museum, the exhibition aims to roundly reflect the high artistic achievement of imperial porcelain in the Ming dynasty and provide a opportunity for audiences to appreciate those porcelain.

Early in the 1970th, the imperial kiln ruins located in Zhushan of Jingdezhen city has excavated some porcelain relics of imperial kiln in the Ming dynasty. From 1980th, the Archaeological Research Institute of Ceramic in Jingdezhen coordinated with infrastructure project held locality archaeological excavation for several times in imperial kiln ruins of the Ming dynasty and acquired plentiful achievement. Tons of excavated ceramic chips became precious material for the research on producing system and porcelain varietal of imperial kiln in the Ming dynasty. Those materials exert widespread and far-reaching impact on domestic and international academic circles after published.

With the repairing, display and publish work for excavated ceramic chips, it can be found that plenty of porcelain can be the mutual corroboration for the porcelain handed down. It is the wish that hold comparison exhibition for those two kinds of porcelain. Based on the royal architecture of the Ming and Qing dynasties and their collections, the Palace Museum as the biggest comprehensive museum in China has plenty of high quality porcelain of imperial kiln in the Ming dynasty. The exhibition held together by the Palace Museum and Jingdezhen government can be considered a perfect pair for the gathering of porcelain which was separated for hundreds of years.

The comparison exhibition between excavated porcelain in Jingdezhen imperial kiln and porcelain handed down from Jiajing, Longqing and Wanli periods in the Palace Museum is the forth exhibition in the series exhibition of imperial kiln porcelain in the Ming dynasty. According to the periods, this exhibition is divided into three parts: Jiajing period (1522-1566), Longqing period (1567-1572) and Wanli period (1573-1620). The porcelain is ordered by varieties in each part, which are Freshness and Elegance—Blue-and-White Porcelain, Blue-and-White on Yellow Ground Porcelain and Blue-and-White with Iron Red Porcelain, Uniformity and Pureness—Single Colored Glaze Porcelain, Colorful Porcelain—Multi-Colored Porcelain, *Doucai* Porcelain, Polychrome Porcelain and Red-and-Green Color Porcelain, Profoundly

Influence—Imitating Porcelains by Later Ages. There are more than 300 cultural relic and samples in this exhibition.

In the Jiajing, Longqing and Wanli periods of the Ming dynasty, the society situation was worse and worse than before. From Jiajing period, the imperial kiln porcelain had different modeling than the past. The small utensils had a fine skills and large utensils with rough skills like big vat, big pot, big vase and big plate increased than before. The polychrome porcelain with simple painting style and bright color especially the Wanli polychrome porcelain has the largest quantity than before. At the decoration aspect, besides the traditional decoration of dragon, phoenix, entwined flower, branched flower, eight auspicious symbols, fish and algae, the decoration of brocade ground and Taoism auspicious pattern were very popular at that time. The elements of cloud and crane, the Eight Diagrams and auspicious characters were designed for decoration. The porcelain in Jiajing and Wanli periods was praised to imitate traditional style, therefore, the imitated blue-and-white Chenghua porcelain and *Doucai* porcelain can be considered as the excellent products among the imitated porcelain in the late Ming dynasty. According to the records, a pair of Chenghua *Doucai* cups in Wanli period costed 100,000. So the tremendous economic benefit promoted the style of imitated porcelain at that time.

The time slipped away and elapsed quickly. Although the imperial kiln porcelain of Jiajing, Longqing and Wanli periods went through about four or five hundred years history, the excellent porcelain with rich modeling and bight color will still attract your attention and provide a wonderful appreciating time for you.

So far, the series exhibition held together by the Place Museum and Jingdezhen government of imperial kiln porcelain in the Ming dynasty comes to a conclusion. The two organizations will continue holding exhibition in the future and hope everyone continuing pay attention to it.

Wish this exhibition a complete success!

Director of the Palace Museum
Shan Jixiang

序二

　　由故宫博物院与景德镇市人民政府联合举办的"景德镇御窑遗址出土与故宫博物院藏传世嘉靖、隆庆、万历瓷器对比展"在这金秋佳季隆重开幕了。

　　此次展出的景德镇御窑厂遗址出土的明代官窑瓷器主要为嘉靖、隆庆、万历三朝遗物，从传世品来看该期的官窑瓷器烧造规模较大、品种丰富，所以，《明史》有"浮梁之磁，南海之珠，好玩之奇，器用之巧，日新月异"的记载。这一时期官窑瓷器相比明代早期产品稍有逊色，但在工艺和装饰方面也有诸多创新。首先，这一时期因统治阶级特殊审美趣味和奢华生活的需求，一些新的陶瓷工艺相继出现，青花五彩瓷器便是在这种情况下应运而生，揭开了彩瓷装饰的新篇章；其次，该期的官窑瓷器除了具有浓厚的宗教色彩外，也出现了表现市井生活气息的装饰纹样。

　　根据历年景德镇明御窑厂遗址出土的遗物来看，嘉靖、隆庆、万历三朝官窑瓷器数量较少，可修复的瓷器也极为罕见。探其根源，明代中叶以后传统的匠户供役制度难以为继，为保障皇家官窑瓷器的正常需求，嘉靖八年以后朝廷实行"官搭民烧"的生产制度，大部分钦限任务由民窑完成。通过此次对比展，人们既可以欣赏到明代中晚期官窑瓷器的工艺之美，又可以探析当时的社会、政治、经济、文化艺术等方面的情况，对了解晚明社会也有一定价值。

　　故宫博物院与景德镇市人民政府签订战略合作以来，我们在学术研究、人才学习交流中都取得了丰硕成果。希望我们能够进一步拓展合作领域、深化合作交流、增进彼此友谊，共同促进文化事业的发展和繁荣。籍展览开幕之际，我代表中共景德镇市委、市人民政府和全市人民，向长期以来关心和支持景德镇文化事业的故宫博物院领导、专家表示衷心的感谢！向为此次展览筹备和图录编撰付出辛勤劳动的工作人员表示衷心的感谢！

　　最后，祝展览圆满成功！

中共景德镇市市委书记

Preface II

The cooperated exhibition named *Comparative Exhibition of Jiajing, Longqing and Wanli Porcelain between Jingdezhen Imperial Kiln Site and the Palace Museum* was ceremoniously opened in this of autumn.

The displayed imperial kiln porcelain of Jingdezhen imperial kiln mainly belonged to the Jiajing, Longqing and Wanli periods. According to the porcelain handed down and historical recording, those periods had a large number of products and rich variety. Although the imperial kiln porcelain of those periods was not as good as the porcelain in the early Ming dynasty, the technology and decoration had innovation than before. Firstly, because of the special interests and needs for luxury life of ruling class, some new porcelain appeared at that time. The blue-and-white with polychrome porcelain was produced under that situation and started the new period of color decorated porcelain. Secondly, besides the strong style of religion in imperial kiln porcelain of those periods, the porcelain decoration also showed the situation of social life of that time.

According to the utensils excavated over years from Jingdezhen imperial kiln of the Ming dynasty, the imperial kiln of Jiajing, Longqing and Wanli periods had a small number of porcelain and their porcelain can rarely be repaired. Because the traditional service system for craftsman in the middle Ming dynasty was difficult to be applied, the royal court started system of Guan Da Min Shao after the eighth year of Jiajing period in order to meet the needs for royal porcelain. Most of the porcelain work from royal court was completed by folk kiln. Through this exhibition, we can enjoy the excellent skill of imperial kiln porcelain in the late Ming dynasty and understand the situation of social politics, economics, culture and art of that time.

After the cooperation assignment between the Place Museum and Jingdezhen government, we gained rich achievements in academic exchanges and talent exchanges. Hope we will further develop the cooperation field, deep the cooperation exchanges enhance the friendship of each other and promote the prosperous of culture establishment. At the opening moment of this exhibition, on behalf of Jingdezhen municipal party Committee, city government and city residents I would like to express my sincere thankful to the leaders and experts who are always concerned and support the culture work of Jingdezhen city and to the staff who paid efforts for this exhibition and catalog.

Finally, wish this exhibition a complete success!

Secretary of Jingdezhen Municipal Party Committee
Zhong Zhisheng

图版目录

List of Plates

图版

Plates

嘉靖时期

Jiajing Period, Ming Dynasty

浓丽明艳
青花、黄地青花、青花加矾红彩瓷器

　　嘉靖朝青花瓷器造型比以前更加丰富，除碗、盘、杯、爵等小件器物外，陈设用大件器物明显增多。器形多见制作难度较大的四方、六方、八方、瓜棱形等。

　　嘉靖朝典型青花瓷器采用进口"回青"料与国产"石子青"料的混合料描绘纹饰，烧成后，纹饰呈现蓝中泛紫的浓艳色调，形成鲜明时代特征。嘉靖御窑青花瓷器在绘画技法方面，工细与粗放并存，装饰风格趋于繁缛。

　　由于嘉靖皇帝崇信道教，该朝御窑青花瓷器在造型和纹饰方面多呈现浓郁的道教色彩。造型方面，葫芦形器物明显增多；纹饰方面，常见八仙人物、暗八仙、松下老人、八卦等具道教意味的纹饰。此外，反映国泰民安、万寿清平、风调雨顺、五谷丰登以及树干绕成"福""禄""寿"等纹饰亦很流行。

Bright and Gorgeous

Blue-and-White Porcelain, Blue-and-White on Yellow Ground Porcelain and Blue-and-White with Iron Red Porcelain

The modeling of blue-and-white porcelain in Jiajing period was more plentiful than before. Besides the small implements like bowl, plate, cup and wine vessel, big display implements obviously increased than before. The modeling contained square, hexagon, octahedron, melon prismatic shape which had difficult technology.

The typical blue-and-white porcelain in Jiajing period used the mixed material of import *Huiqing* material and *Shizi Qing* (pebble blue) material for drawing decoration. The decoration showed a rich and gaudy color of purple in blue after firing, which formed a typical feature of that period. The drawing skill of blue-and-white porcelain in Jiajing imperial kiln combined exquisite feature and simple feature together and had a complicate decoration style.

Because the Jiajing emperor believed in Taoism, the modeling and decoration of blue-and-white porcelain in Jiajing imperial kiln showed the strong style of Taoism. The modeling of gourd and the decoration like the Eight Immortals(in the legend), old man under pine tree and the Eight Diagrams which had the meaning of Taoism obviously increased in that period. Furthermore, the decoration of *Fu*, *Lu*, *Shou* and meaning of peace, prosperous for country, good harvest were also very popular in that period.

1 | 青花云龙纹方盖罐

明嘉靖
通高 15.5 厘米　口边长 4.8 厘米　足边长 5.4 厘米
故宫博物院藏

　　罐呈四方体形，唇口、丰肩、鼓腹、方圈足。附四方伞形盖，盖顶置四方珠钮。通体青花装饰。盖面绘十字云肩纹，云肩内外饰以朵花纹。罐外壁以云龙纹作主题纹饰，辅以回纹、变形如意云头纹、变形莲瓣纹等。外底署青花楷体"大明嘉靖年制"六字双行外围双长方框款。（韩倩）

Blue and white square lidded jar with design of dragon and cloud
Jiajing Period, Ming Dynasty, Overall height 15.5cm Mouth side length 4.8cm Foot side length 5.4cm, Collected by the Palace Museum

2 | 青花二龙戏珠纹盖罐

明嘉靖

通高 54.2 厘米　口径 25.2 厘米　足径 30 厘米

故宫博物院藏

罐方唇口、丰肩、鼓腹、圈足不甚明显。附伞形盖，盖顶置宝珠钮。盖面、罐外壁均以青花描绘二龙戏珠纹做主题纹饰，辅以变形篆体"寿"字和缠枝莲、海水江崖、云纹等。颈部自右向左署青花楷体"大明嘉靖年制"六字横排款。（韩倩）

Blue and white lidded jar with design of two dragons chasing ball

Jiajing Period, Ming Dynasty, Overall height 54.2cm Mouth diameter 25.2cm Foot diameter 30cm, Collected by the Palace Museum

青花开光云鹤凤纹罐

明嘉靖
高 9.2 厘米　口径 7 厘米　足径 9 厘米
故宫博物院藏

罐敛口、圆鼓腹、束颈、外撇圈足。通体青花装饰。腹部有四个均匀分布的菱形开光，内均绘云凤纹，开光间以云鹤纹间隔，圈足外墙绘回纹。外底顺时针方向署青花楷体"大明嘉靖年造"六字环形款。

此罐以"勾染法"表现凤凰，以"白描法"表现仙鹤，虚实对比，富于变化，颇具匠心。

（韩倩）

Blue and white jar with design of crane, phoenix and cloud
Jiajing Period, Ming Dynasty, Height 9.2cm Mouth diameter 7cm Foot diameter 9cm, Collected by the Palace Museum

4 | 青花瑞兽穿缠枝莲纹盖罐

明嘉靖
通高 44.5 厘米　口径 15.5 厘米　足径 18.5 厘米
故宫博物院藏

　　罐直口、短颈、丰肩、长弧腹、圈足。附伞形盖，盖顶置宝珠钮。通体青花装饰。盖面绘缠枝牡丹纹。罐颈部饰锦地海棠形开光，内绘花卉纹；肩部饰锦地云肩形开光，内绘六组折枝花；腹部绘瑞兽穿缠枝莲纹，近足处绘变形莲瓣纹。罐颈部一长方形留白内自右向左署青花楷体"大明嘉靖年制"六字横排款。（韩倩）

Blue and white lidded jar with design of auspicious beast among entwined lotus
Jiajing Period, Ming Dynasty, Overall height 44.5cm Mouth diameter 15.5cm Foot diameter 18.5cm, Collected by the Palace Museum

5 | 青花璎珞海水天马纹罐

明嘉靖

高 25.3 厘米　口径 5.3 厘米　足径 11.7 厘米

故宫博物院藏

　　罐圆口、短颈、长弧腹、圈足。外壁以青花描绘多层纹饰。颈部绘缠枝花纹，肩部和上腹部绘璎珞纹，下腹部绘穿行于海水浪花中的天马，近足处绘如意云头纹。外底署青花楷体"大明嘉靖年制"六字双行款。（韩倩）

Blue and white jar with design of mythical horse among waves and strings of ornaments
Jiajing Period, Ming Dynasty, Height 25.3cm Mouth diameter 5.3cm Foot diameter 11.7cm, Collected by the Palace Museum

6 青花花鸟图瓜棱罐

明嘉靖
高 25.2 厘米　口径 11.4 厘米　足径 12.3 厘米
故宫博物院

罐通体呈六瓣瓜棱形，唇口、短颈、弧腹、圈足。外壁通体青花装饰。腹部绘六幅花鸟图，内容有池塘、洞石、花草、禽鸟等，布局错落有致，一派生机盎然的景象。颈部、肩部、胫部分别绘卷草纹、龙凤纹、蕉叶纹。外底署青花楷体"大明嘉靖年制"六字双行外围双圈款。（韩倩）

Blue and white six-lobed jar with design of flowers and birds
Jiajing Period, Ming Dynasty, Height 25.2cm Mouth diameter 11.4cm Foot diameter 12.3cm, Collected by the Palace Museum

7 | 青花鱼戏莲池图罐

明嘉靖
高 12.8 厘米　口径 6.8 厘米　足径 8.2 厘米
故宫博物院藏

罐圆口、短颈、长弧腹下收、圈足。腹部绘青花通景鱼戏莲池图，肩部和近足处分别绘变形莲瓣纹和杂宝纹。外底署青花楷体"大明嘉靖年制"六字双行外围双圈款。（韩倩）

Blue and white jar with design of fish and lotus ponds
Jiajing Period, Ming Dynasty, Height 12.8cm Mouth diameter 6.8cm Foot diameter 8.2cm, Collected by the Palace Museum

青花缠枝莲托"寿"字盖罐

明嘉靖
通高 58 厘米　口径 24.5 厘米　足径 25.5 厘米
故宫博物院藏

罐直口、短颈、丰肩、腹部上鼓下收、圈足。附伞形盖，盖顶置宝珠钮。盖面和罐外壁满绘青花缠枝莲托"寿"字，近底处绘如意云头纹。外底中心有脐形内凹，施透明釉，署青花楷体"大明嘉靖年制"六字双行外围双圈款。脐形内凹以外无釉。（韩倩）

Blue and white lidded jar with design of entwined lotus and Chinese character "Shou"
Jiajing Period, Ming Dynasty, Overall height 58cm Mouth diameter 24.5cm Foot diameter 25.5cm, Collected by the Palace Museum

青花缠枝莲托八吉祥纹罐

明嘉靖

高 22.3 厘米　口径 19.2 厘米　足径 18.5 厘米

故宫博物院藏

罐唇口、短颈、丰肩、长弧腹下收、圈足。通体青花装饰。颈部绘缠枝莲纹，肩部和近足处分别绘俯、仰变形莲瓣纹，腹部绘缠枝莲托八吉祥纹。外底署青花楷体"大明嘉靖年制"六字双行外围双圈款。（韩倩）

Blue and white jar with design of entwined lotus and the Eight Auspicious Symbols
Jiajing Period, Ming Dynasty, Height 22.3cm Mouth diameter 19.2cm Foot diameter 18.5cm, Collected by the Palace Museum

青花璎珞缠枝莲纹罐

明嘉靖
高 62 厘米　口径 25.7 厘米　足径 32 厘米
故宫博物院藏

罐直口、短颈、溜肩、长弧腹、圈足。通体青花装饰。肩部绘璎珞纹，腹部满绘缠枝莲纹，近底处绘变形莲瓣纹。外底中心有脐形内凹，施透明釉，署青花楷体"大明嘉靖年制"六字双行款。脐形内凹以外无釉。（韩倩）

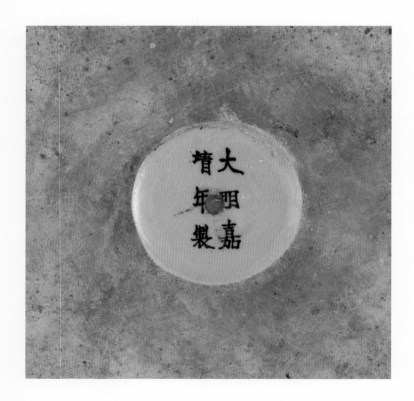

Blue and white jar with design of entwined lotus and strings of ornaments
Jiajing Period, Ming Dynasty, Height 62cm Mouth diameter 25.7cm Foot diameter 32cm, Collected by the Palace Museum

11 青花"寿"字仙人图罐

明嘉靖
高 10 厘米　口径 7 厘米　足径 7.5 厘米
故宫博物院藏

罐敛口、短颈、溜肩、鼓腹、圈足。外壁以青花描绘四位仙人手托宝瓶形象，瓶中飘出云气、各托一"寿"字。周围衬以祥云、山石、松、竹、梅、灵芝纹等。外底顺时针方向署青花楷体"大明嘉靖年造"六字环形款。（韩倩）

Blue and white jar with design of immortal and Chinese character "Shou"
Jiajing Period, Ming Dynasty, Height 10cm Mouth diameter 7cm Foot diameter 7.5cm, Collected by the Palace Museum

青花开光庭院人物图罐

明嘉靖
高 33.9 厘米　口径 21 厘米　足径 24 厘米
故宫博物院藏

罐撇口、短颈、丰肩、鼓腹、圈足。通体青花装饰。腹部四个开光内分别描绘庭院人物图，开光外绘折枝花纹，肩部和近足处分别绘缠枝花纹和变形莲瓣纹。外底署青花楷体"大明嘉靖年制"六字双行款。（韩倩）

Blue and white jar with design of figure at courtyard in reserved panels
Jiajing Period, Ming Dynasty, Height 33.9cm Mouth diameter 21cm Foot diameter 24cm, Collected by the Palace Museum

13 青花婴戏图盖罐

明嘉靖

通高 44.5 厘米　口径 23.3 厘米　足径 25.5 厘米

故宫博物院藏

罐唇口、短颈、丰肩、鼓腹、圈足。附伞形盖，弧壁，盖面隆起，盖顶中心置宝珠钮。盖面绘变形俯莲瓣纹，盖壁绘相间排列的折枝桃和折枝灵芝纹，宝珠钮上绘仰莲瓣纹和俯钱纹、半圆圈纹。罐外壁绘青花通景庭院婴戏图，画面中孩童有的斗蟋蟀、有的骑竹马、有的拜先生，形态活泼生动。外底署青花楷体"大明嘉靖年制"六字双行款。（韩倩）

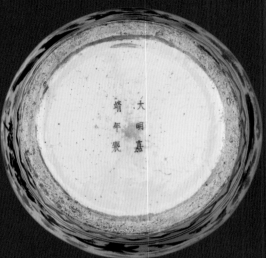

Blue and white lidded jar with design of children at play
Jiajing Period, Ming Dynasty, Overall height 44.5cm Mouth diameter 23.3cm Foot diameter 25.5cm, Collected by the Palace Museum

青花罐（残）

明嘉靖

残高 11.2 厘米

1988 年江西省景德镇市御窑厂遗址出土，景德镇御窑博物馆藏

罐外施透明釉，绘以青花灵芝宝塔纹，发色浓艳。胎体紧密厚实。外底署青花楷体"大明嘉靖年制"六字双行外围双圈款。（万平）

Blue and white jar (Incomplete)
Jiajing Period, Ming Dynasty, Remaining length 11.2cm, Unearthed at Imperial Kiln heritage of Jingdezhen in Jiangxi Province in 1988, collected by the Imperial Kiln Museum of Jingdezhen

15　青花宝珠钮盖（残）

明嘉靖

口径 7 厘米

1987 年江西省景德镇市御窑厂遗址出土，景德镇御窑博物馆藏

盖呈金钟形，口沿内收，盖顶有一宝珠钮。钮顶部装饰青花，盖面绘杂宝纹，盖身绘"王"字形云纹，近口沿处装饰弦纹两周。（邵昕）

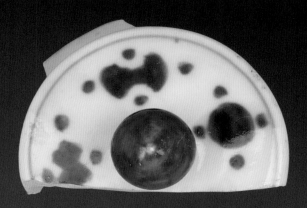

Blue and white cover (Incomplete)
Jiajing Period, Ming Dynasty, Mouth diameter 7cm, Unearthed at Imperial Kiln heritage of Jingdezhen in Jiangxi Province in 1987, collected by the Imperial Kiln Museum of Jingdezhen

青花云鹤纹盖（残）

明嘉靖

残长 30.8 厘米

1987 年江西省景德镇市御窑厂遗址出土，景德镇御窑博物馆藏

盖为伞面状，底部作子口插入罐口固定。盖面顶部有一孔洞，当为烧成时盖钮的排气孔。由于盖面厚重，内底中心釉呈圆形涩胎状，以便支烧减少器物变形。盖内施透明釉，盖面以青花绘云鹤纹。

嘉靖帝沉迷黄老之术，道家以仙鹤为贵，故这一时期青花瓷多以仙鹤为纹饰。（李慧）

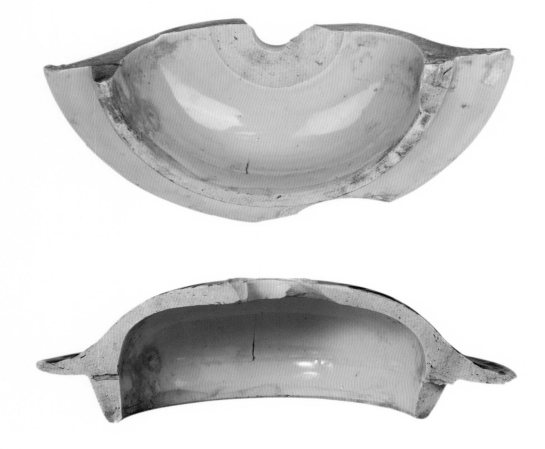

Blue and white cover with design of crane and cloud (Incomplete)
Jiajing Period, Ming Dynasty, Remaining length 30.8cm, Unearthed at Imperial Kiln heritage of Jingdezhen in Jiangxi Province in 1987, collected by the Imperial Kiln Museum of Jingdezhen

17 | 青花云龙凤纹渣斗

明嘉靖

高 11.3 厘米　口径 14.9 厘米　足径 8 厘米

故宫博物院藏

渣斗撇口、长颈、圆腹下收、外撇圈足。通体青花装饰。颈部内、外和腹部外壁均绘云龙凤纹。外底署青花楷体"大明嘉靖年制"六字双行外围双圈款。（韩倩）

Blue and white spitton with design of dragon, phoenix and cloud
Jiajing Period, Ming Dynasty, Height 11.3cm Mouth diameter 14.9cm Foot diameter 8cm, Collected by the Palace Museum

18 | 青花云龙怪石花卉图出戟尊

明嘉靖

高 22 厘米　口径 15 厘米　足径 11 厘米

故宫博物院藏

尊撇口、长颈、鼓腹、外撇圈足。颈、腹、胫部两侧均对称置条形戟。外壁以青料分层描绘怪石牡丹、云龙和"壬"字形云纹，辅以弦纹、卷草纹、圆点纹等。外底署青花楷体"大明嘉靖年制"六字双行外围双圈款。（韩倩）

Blue andwhite *Zun* with flanges and design of dragon, cloud, fantastic rock and flower
Jiajing Period, Ming Dynasty, Height 22cm Mouth diameter 15cm Foot diameter 11cm, Collected by the Palace Museum

19 | 青花鱼藻纹出戟尊

明嘉靖

高 23.9 厘米　口径 15.3 厘米　足径 10.7 厘米

故宫博物院藏

尊撇口、长颈、鼓腹、外撇圈足。颈、腹、胫部两侧均对称置条形戟。内壁近口沿处绘蕉叶纹。外壁以较浓的青花料绘通景鱼藻、莲荷纹，空白处以较淡的青花料描绘水波纹。（韩倩）

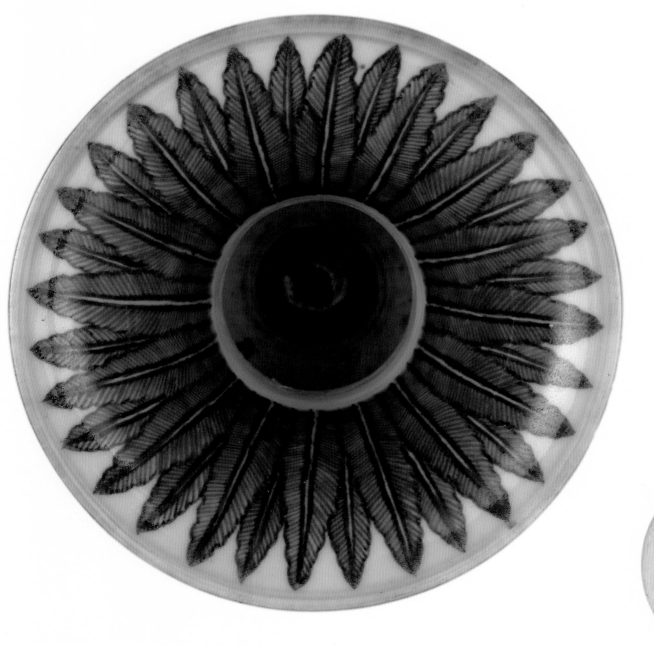

Blue and white *Zun* with flanges and design of fish and water plants
Jiajing Period, Ming Dynasty, Height 23.9cm Mouth diameter 15.3cm Foot diameter 10.7cm, Collected by the Palace Museum

青花怪石花卉图出戟尊

明嘉靖

高 23.2 厘米　口径 14.5 厘米　足径 11.5 厘米

故宫博物院藏

尊撇口、长颈、鼓腹、外撇圈足。颈、腹、胫部两侧均对称置条形戟。通体青花装饰。自上而下以青花描绘折枝桃纹、莲花纹、"壬"字形云纹、朵花纹、圆点纹等。外底署青花楷体"大明嘉靖年制"六字双行外围双圈款。（韩倩）

Blue and white *Zun* with flanges and design of fantastic rock and flower
Jiajing Period, Ming Dynasty, Height 23.2cm Mouth diameter 14.5cm Foot diameter 11.5cm, Collected by the Palace Museum

青花莲纹出戟尊（残）

明嘉靖

残长 13 厘米

1987 年江西省景德镇市御窑厂遗址出土，景德镇御窑博物馆藏

尊撇口、长颈、鼓腹。颈、腹部两侧对称置条形戟，出戟上用青料装饰，颈部两侧绘牡丹纹，腹部绘宝相花纹，纹饰满器，色泽淡雅青亮。

出戟尊，仿商周青铜器的造型，最早出现于宋代官窑。（李慧）

Blue and white *Zun* with flanges with lotus design (Incomplete)
Jiajing Period, Ming Dynasty, Remaining length 13cm, Unearthed at Imperial Kiln heritage of Jingdezhen in Jiangxi Province in 1987, collected by the Imperial Kiln Museum of Jingdezhen

073

青花缠枝花卉纹玉壶春瓶

明嘉靖
高 32 厘米　口径 8.3 厘米　足径 11 厘米
故宫博物院藏

瓶撇口、束颈、垂腹、圈足。外壁以青花描绘三层缠枝花卉纹，以弦纹、变形蕉叶纹等间隔，圈足外墙绘回纹。外底署青花楷体"大明嘉靖年制"六字双行外围双圈款。（韩倩）

Blue and white pear-shaped vase with design of entwined flowers
Jiajing Period, Ming Dynasty, Height 32cm Mouth diameter 8.3cm Foot diameter 11cm, Collected by the Palace Museum

青花云龙戏珠纹蒜头瓶

明嘉靖

高 19.4 厘米　口径 2 厘米　底径 7.5 厘米

故宫博物院藏

　　瓶蒜头形口、细长颈、鼓腹、束胫、足外撇、平底。外壁以青料描绘云龙戏珠纹，空间衬以云纹，圈足外墙绘青花如意云头和卷草纹。口沿下自右向左署青花楷体"大明嘉靖年制"六字横排款。（韩倩）

Blue and white vase with garlic-shaped mouth and design of dragon chasing ball and cloud
Jiajing Period, Ming Dynasty, Height 19.4cm Mouth diameter 2cm Bottom diameter 7.5cm, Collected by the Palace Museum

青花云龙纹双耳瓶

明嘉靖

高 36.5 厘米　口径 12.2 厘米　足径 13.4 厘米

故宫博物院藏

瓶盘口、束颈、垂腹、外撇圈足。颈部两侧对称置如意形耳。外壁自上而下以青料描绘如意云头、卷云、云龙、变形仰莲瓣、卷草纹等。外底署青花楷体"大明嘉靖年制"六字双行外围双圈款。（赵小春）

Blue and white vase with two ears and design of dragon and cloud
Jiajing Period, Ming Dynasty, Height 36.5cm Mouth diameter 12.2cm Bottom diameter 13.4cm, Collected by the Palace Museum

青花云凤纹兽耳衔环瓶

明嘉靖

高 16.5 厘米　口径 4.3 厘米　底径 7.9 厘米

故宫博物院藏

瓶盘口、长颈、圆鼓腹、覆盘式足、平底。颈部两侧对称置兽耳衔环。通体青花装饰。颈部凸起两道弦线，将颈部分为三段，上段和中段均绘如意云头纹，下段绘火珠，火珠内绘八卦纹；腹部以青料描绘云凤纹，间以云鹤纹。口沿下自右向左署青花楷体"大明嘉靖年制"六字横排款。（赵小春）

Blue and white vase with two animal-shaped ears and design of phoenix and cloud
Jiajing Period, Ming Dynasty, Height 16.5cm Mouth diameter 4.3cm Bottom diameter 7.9cm, Collected by the Palace Museum

26 | 青花五灵图兽耳衔环瓶

明嘉靖
高 18.5 厘米　口径 4.6 厘米　底径 8.4 厘米
故宫博物院藏

瓶盘口、束颈、垂腹、覆盘式足、平底。颈部两侧对称置兽耳衔环。外壁绘青花"五灵图"，辅以朵花、"卍"字、如意云头、变形莲瓣纹等。口沿下自右向左署青花楷体"大明嘉靖年制"六字横排款。

"五灵"系指麟、凤、龟、龙、白虎。"五灵图"是此时青花瓷上新出现的纹饰。（赵小春）

 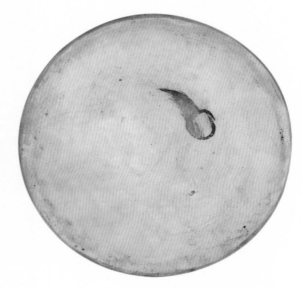

Blue and white vase with two animal-shaped ears and design of five mythical creatures
Jiajing Period, Ming Dynasty, Height 18.5cm Mouth diameter 4.6cm Bottom diameter 8.4cm, Collected by the Palace Museum

27 | 青花云龙纹葫芦瓶

明嘉靖
高 10.6 厘米　口径 3 厘米　足径 4 厘米
故宫博物院藏

瓶呈葫芦形，小口、双球形腹、束腰、圈足。通体以青花云龙纹为饰。外底署青花楷体"大明嘉靖年制"六字双行款。（赵小春）

Blue and white gourd-shaped vase with design of dragon and cloud
Jiajing Period, Ming Dynasty, Height 10.6cm Mouth diameter 3cm Foot diameter 4cm, Collected by the Palace Museum

青花凤穿花纹葫芦瓶（残）

明嘉靖

残长 23 厘米

1987 年江西省景德镇市御窑厂遗址出土，景德镇御窑博物馆藏

瓶鼓腹、圈足。外底施透明釉，足端不施釉。瓶内满釉，腹部饰以凤穿花纹，足部绘卷草纹，釉色莹润。（李慧）

Blue and white gourd-shaped vase with design of phoenix among flowers (Incomplete)
Jiajing Period, Ming Dynasty, Remaining length 23cm, Unearthed at Imperial Kiln heritage of Jingdezhen in Jiangxi Province in 1987, collected by the Imperial Kiln Museum of Jingdezhen

081

青花云鹤纹葫芦瓶
明嘉靖
高 47 厘米　口径 5.5 厘米　足径 15.5 厘米
故宫博物院藏

瓶呈葫芦形，小口、双球形腹、束腰、外撇圈足。通体青花装饰。口沿处绘蕉叶纹，腹部绘仙鹤灵芝。上、下腹分别绘四个圆形开光，上腹四个开光内分别书写"风""调""雨""顺"，下腹四个开光内分别书写"国""泰""民""安"。腰部和圈足外墙均绘缠枝灵芝纹。外底署青花楷体"大明嘉靖年制"六字双行款。（赵小春）

　Blue and white gourd-shaped vase with design of crane and cloud
Jiajing Period, Ming Dynasty, Height 47cm Mouth diameter 5.5cm Foot diameter 15.5cm, Collected by the Palace Museum

30 青花缠枝莲纹葫芦瓶

明嘉靖

高 19.5 厘米　口径 3.5 厘米　足径 7.5 厘米

故宫博物院藏

瓶呈葫芦形，小口、圆腹、束腰、浅圈足。通体青花装饰。主题纹饰为缠枝莲纹，腰部绘朵花纹，胫部绘变形莲瓣纹。口沿下自右向左署青花楷体"大明嘉靖年制"六字横排款。（赵小春）

Blue and white gourd-shaped vase with design of entwined lotus
Jiajing Period, Ming Dynasty, Height 19.5cm Mouth diameter 3.5cm Foot diameter 7.5cm, Collected by the Palace Museum

31 | 青花缠枝葫芦纹葫芦瓶

明嘉靖

高 11 厘米　口径 2.8 厘米　底径 5.5 厘米

故宫博物院藏

瓶呈葫芦形，小口、束腰、鼓腹、平底。外壁绘青花缠枝葫芦纹，外口沿和近底处各绘青花弦纹两道。外底无釉。（唐雪梅）

Blue and white gourd-shaped vase with design of entwined gourds
Jiajing Period, Ming Dynasty, Height 11cm Mouth diameter 2.8cm Bottom diameter 5.5cm, Collected by the Palace Museum

32 | 青花花鸟图梅瓶

明嘉靖
高 44 厘米　口径 6.5 厘米　足径 13.8 厘米
故宫博物院藏

瓶小口、圆肩、下腹内收、外撇圈足。通体青花装饰。口沿处绘蕉叶纹，肩部饰如意云头形开光，内绘折枝莲花和璎珞纹，上腹部主题纹饰为花鸟和果树，下腹部绘缠枝莲纹，胫部绘变形莲瓣纹。外底署青花楷体"富贵长春"四字双行外围双方框款。（赵小春）

Blue and white prunus vase with design of flowers and birds
Jiajing Period, Ming Dynasty, Height 44cm Mouth diameter 6.5cm Foot diameter 13.8cm, Collected by the Palace Museum

33 青花梅瓶（残）

明嘉靖

残长 16 厘米

1987 年江西省景德镇市御窑厂遗址出土，景德镇御窑博物馆藏

此标本为梅瓶肩部残片，口部有整齐断裂痕迹。肩部残存青花楷体"大□□□年制"三字。内壁施釉不均。（邵昕）

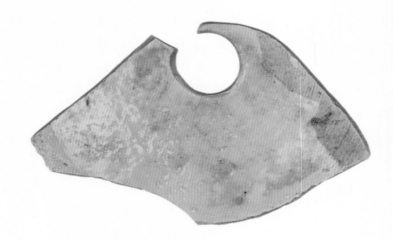

Blue and white prunus vase (Incomplete)
Jiajing Period, Ming Dynasty, Remaining length 16cm, Unearthed at Imperial Kiln heritage of Jingdezhen in Jiangxi Province in 1987, collected by the Imperial Kiln Museum of Jingdezhen

青花梅瓶（残）

明嘉靖

残高 13.5 厘米

1987 年江西省景德镇市御窑厂遗址出土，景德镇御窑博物馆藏

瓶圈足、外底施白釉，足端不施釉。瓶内满釉。瓶下部绘变形莲瓣纹。（李慧）

Blue and white prunus vase (Incomplete)
Jiajing Period, Ming Dynasty, Remaining height 13.5cm, Unearthed at Imperial Kiln heritage of Jingdezhen in Jiangxi Province in 1987, collected by the Imperial Kiln Museum of Jingdezhen

35 | 青花狮戏绣球纹缸

明嘉靖
高 54.5 厘米　口径 66 厘米　底径 48 厘米
故宫博物院藏

缸直口、圆唇、深腹微鼓、平底。外壁青花装饰。近口沿处绘卷草纹，口沿下和近足处绘俯、仰变形莲瓣纹，腹部绘狮子戏绣球纹。上腹部空白处自右向左署青花楷体"大明嘉靖年制"六字横排外围长方框款。（赵小春）

Blue and white vat with design of lions chasing beribboned balls
Jiajing Period, Ming Dynasty, Height 54.5cm Mouth diameter 66cm Bottom diameter 48cm, Collected by the Palace Museum

青花狮纹缸（残）

明嘉靖

残长 50 厘米

1987 年江西省景德镇市珠山嘉靖地层出土，景德镇御窑博物馆藏

缸唇口。壁厚 2.3 厘米，瓷片下部有一裂纹并变形，说明在窑内已破损。

外壁绘狮与云纹，狮子形象笨拙。口边涂成蓝色，口沿自右向左署青花楷体"大明嘉靖年制"六字横排款。青料蓝中泛紫，当为"回青"。（熊喆）

Blue and white jar with lion design (Incomplete)
Jiajing Period, Ming Dynasty, Remaining length 50cm, Unearthed at Jiajing strata of Zhushan of Jingdezhen in Jiangxi Province in 1987, collected by the Imperial Kiln Museum of Jingdezhen

37 | 青花缸（残）

明嘉靖

残长 27 厘米

1988 年江西省景德镇市御窑厂遗址出土，景德镇御窑博物馆藏

缸直壁，内壁无纹饰，外壁由上而下绘卷草纹、变形莲瓣纹。外壁自右向左署青花楷体"大明嘉靖年制"六字横排外围方框款。青花发色蓝中泛紫。（万平）

Blue and white vat (Incomplete)
Jiajing Period, Ming Dynasty, Remaining length 27cm, Unearthed at Imperial Kiln heritage of Jingdezhen in Jiangxi Province in 1988, collected by the Imperial Kiln Museum of Jingdezhen

093

青花云龙纹爵

明嘉靖
高 9.5 厘米　口径 11.7 厘米　足距 7 厘米
故宫博物院藏

爵仿青铜器造型，船形口、深腹，下承以三根柱形足。通体青花装饰。爵身外壁绘云龙纹，三足上均绘如意云纹。外底署青花楷体"大明嘉靖年制"六字双行款。（赵小春）

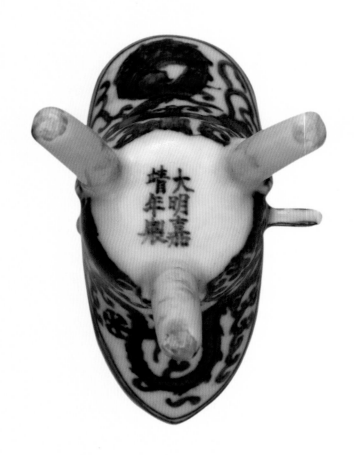

Blue and white *Jue* with design of dragon and cloud
Jiajing Period, Ming Dynasty, Height 9.5cm Mouth diameter 11.7cm Distance between feet 7cm, Collected by the Palace Museum

39 | 青花云龙纹爵

明嘉靖

高 9.8 厘米　口径 12 厘米　足距 6.7 厘米

故宫博物院藏

爵仿青铜器造型，船形口、深腹，下承以三根柱形足。通体青花装饰。爵身外壁绘云龙纹，三足上均绘如意云纹。外底署青花楷体"大明嘉靖年制"六字双行款。（赵小春）

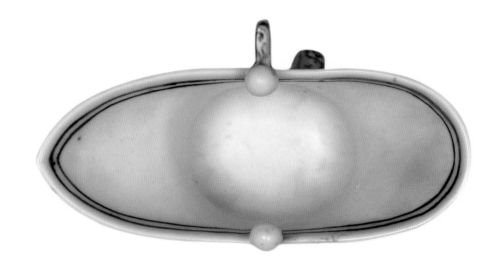

Blue and white *Jue* with design of dragon and cloud
Jiajing Period, Ming Dynasty, Height 9.8cm Mouth diameter 12cm Distance between feet 6.7cm, Collected by the Palace Museum

095

40 | 青花云龙纹带盖执壶

明嘉靖

通高 16 厘米　口径 4.2 厘米　足径 6.1 厘米

故宫博物院藏

壶呈梨形，直口、溜肩、垂腹、圈足。壶身两侧分别置长流和曲柄，柄端所置圆系可用于系绳与盖钮连接。附伞形盖，盖顶置宝珠钮。通体青花装饰。盖面绘如意云纹，壶身绘云龙纹。外底署青花楷体"大明嘉靖年制"六字双行外围双圈款。（赵小春）

Blue and white lidded pot with handle and design of dragon and cloud
Jiajing Period, Ming Dynasty, Overall height 16cm Mouth diameter 4.2cm Foot diameter 6.1cm, Collected by the Palace Museum

青花开光人物图执壶

明嘉靖

高 25.4 厘米　口径 6.1 厘米　足径 8 厘米

故宫博物院藏

壶盘口、束颈、扁腹、圈足。通体青花装饰。腹部饰桃形开光，内绘风景人物，开光外绘花鸟纹。外底署青花楷体"大明嘉靖年造"六字双行款。（赵小春）

Blue and white pot with handle and figure design in reserved panels
Jiajing Period, Ming Dynasty, Height 25.4cm Mouth diameter 6.1cm Foot diameter 8cm, Collected by the Palace Museum

青花云凤纹盒

明嘉靖
通高 9 厘米　口径 13.9 厘米　足径 9.2 厘米
故宫博物院藏

盒平顶微隆、鼓腹、圈足。通体青花装饰。盖面绘鸾凤纹，四周绘云凤纹。外底署青花楷体"大明嘉靖年制"六字双行外围双圈款。（赵小春）

Blue and white box with design of phoenix and cloud
Jiajing Period, Ming Dynasty, Overall height 9cm Mouth diameter 13.9cm Foot diameter 9.2cm, Collected by the Palace Museum

青花开光折枝灵芝桃云鹤纹盒

明嘉靖

通高 15 厘米　口径 26 厘米　足径 20.3 厘米

故宫博物院藏

盒顶隆起、鼓腹、圈足，上、下以子母口扣合。通体青花装饰。盖面与四周开光内均绘灵芝、桃、仙鹤纹，开光间饰"卍"字锦地和宝相花纹。外底署青花楷体"大明嘉靖年制"六字双行款。（赵小春）

Blue and white box with design of crane, cloud, peach and *Lingzhi* fungus in reserved panels
Jiajing Period, Ming Dynasty, Overall height 15cm Mouth diameter 26cm Foot diameter 20.3cm, Collected by the Palace Museum

青花云鹤纹盒（残）

明嘉靖

残长 12.2 厘米

1988 年江西省景德镇市御窑厂遗址出土，景德镇御窑博物馆藏

盒盖盒身由子母口相套，盒腹呈圆弧形内收，下接圈足。盒身口沿外有青花弦纹二道，间饰缠枝灵芝，腹饰云鹤纹。腹内壁、外底施白釉。

鹤在古代被视为长寿之物，《淮南子·说林训》曰："鹤寿千岁以极其游。"云鹤纹用于瓷器装饰大致始于唐代，明嘉靖时期十分流行，此与嘉靖皇帝崇信道教有关。（肖鹏）

Blue and white box with design of crane and cloud(Incomplete)
Jiajing Period, Ming Dynasty, Remaining length 12.2cm, Unearthed at Imperial Kiln heritage of Jingdezhen in Jiangxi Province in 1988, collected by the Imperial Kiln Museum of Jingdezhen

蓝地白龙纹盒盖（残）

明嘉靖

残长 10.5 厘米

2013 年江西省景德镇市御窑厂遗址出土，景德镇御窑博物馆藏

该残件为子母口盖盒的器盖部位，瓷质坚硬、细腻，胎体厚重，器盖内、外壁均施透明釉。内壁口沿部位为涩胎，胎呈火石红，外壁施满釉，釉色白中泛青。从正视角度来看器盖外壁上窄下宽，整体呈圆弧状，同时四壁相交处呈委角，顶端为平面。盖顶及各壁分别戳两个小孔，利于器内香料等物的挥发，但这件器盖的大部分小孔因施釉过厚而被堵塞，从而使器物失去原本的作用，这也是此器被废弃的重要原因。器物内壁素面无纹，外壁及盖顶部位则以青花料分别饰钱纹、龙纹、回纹及花卉等纹样，并以几何方框等形式串联起来，使整组图案达到多样变化、对立统一的艺术效果。（韦有明）

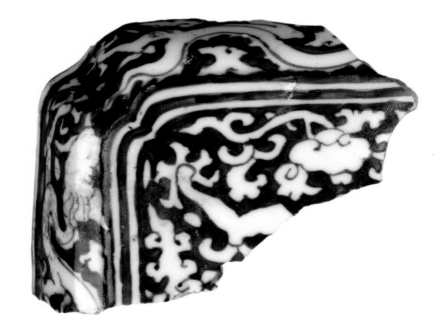

Box cover with design of white dragon on underglaze blue ground (Incomplete)
Jiajing Period, Ming Dynasty, Remaining length 10.5cm, Unearthed at Imperial Kiln heritage of Jingdezhen in Jiangxi Province in 2013, collected by the Imperial Kiln Museum of Jingdezhen

青花龙穿缠枝花纹瓜棱花盆

明嘉靖
高 13.4 厘米　口径 16.5 厘米　足径 8.4 厘米
故宫博物院藏

花盆呈瓜棱形，圆口、折沿、近足处内敛、圈足。底部开有一渗水圆孔。外壁绘青花龙穿缠枝花纹。外底署青花楷体"大明嘉靖年制"六字双行款。

龙穿花、云鹤、八卦纹等是明代嘉靖御窑青花瓷器上的流行纹样，系迎合嘉靖帝的喜好而特意烧造。（李卫东）

Blue and white lobed flower pot with design of dragon among entwined flowers
Jiajing Period, Ming Dynasty, Height 13.4cm Mouth diameter 16.5cm Foot diameter 8.4cm, Collected by the Palace Museum

青花围棋盘（残）

明嘉靖

残长 15.2 厘米　厚 3.4 厘米

1988 年江西省景德镇市御窑厂遗址出土，景德镇御窑博物馆藏

棋盘残缺严重。棋盘正面因施釉不均而略显波浪状，抚摸有凹凸不平之感。青料发色是蓝中微泛紫红的浓艳色彩，既不同于成化的浅淡，也不同于正德的浓灰。（万平）

 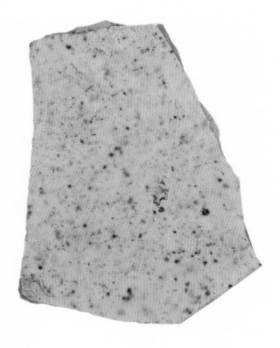

Blue and white chessboard (Incomplete)
Jiajing Period, Ming Dynasty, Remaining length 15.2cm Thickness 3.4 cm, Unearthed at Imperial Kiln heritage of Jingdezhen in Jiangxi Province in 1988, collected by the Imperial Kiln Museum of Jingdezhen

48 青花八卦纹瓷砖（残）

明嘉靖

残长 20.5 厘米　厚 5 厘米

1987 年江西省景德镇市御窑厂遗址出土，景德镇御窑博物馆藏

砖正面施透明釉，其他部分均为涩胎。砖正面绘青花八卦纹，发色浓艳，胎体紧密厚实。

明代御窑厂出土的瓷砖最早始于永乐年间，1994 年出土了数以千计的永乐甜白釉瓷砖，应是为大报恩寺烧制的备用品。嘉靖时期御器厂所烧造的瓷砖，多用于建筑装饰。（万平）

Blue and white porcelain brick with design of the Eight Diagrams (Incomplete)
Jiajing Period, Ming Dynasty, Remaining length 20.5cm Thickness 5 cm, Unearthed at Imperial Kiln heritage of Jingdezhen in Jiangxi Province in 1987, collected by the Imperial Kiln Museum of Jingdezhen

青花如意纹瓷砖（残）

明嘉靖

残长 15.5 厘米　厚 2.7 厘米

1988 年江西省景德镇市御窑厂遗址出土，景德镇御窑博物馆藏

砖正面施透明釉，其他部分均为涩胎。砖正面绘青花卷草、如意云纹。（万平）

Blue and white porcelain brick with *Ruyi* design (Incomplete)
Jiajing Period, Ming Dynasty, Remaining length 15.5cm Thickness 2.7 cm, Unearthed at Imperial Kiln heritage of Jingdezhen in Jiangxi Province in 1988,
collected by the Imperial Kiln Museum of Jingdezhen

50 青花几何纹瓷砖（残）

明嘉靖

残长 19.5 厘米　厚 3.2 厘米

1988 年江西省景德镇市御窑厂遗址出土，景德镇御窑博物馆藏

砖正面施白釉，其他部分均为涩胎。正面绘青花龟背桂花纹，象征长寿吉祥。嘉靖皇帝信奉道教，因此嘉靖官窑器上大量出现有关长生不老的题材。此砖即是如此，具有鲜明的时代特征。（万平）

Blue and white porcelain brick with geometric design (Incomplete)
Jiajing Period, Ming Dynasty, Remaining length 19.5cm Thickness 3.2cm, Unearthed at Imperial Kiln heritage of Jingdezhen in Jiangxi Province in 1988, collected by the Imperial Kiln Museum of Jingdezhen

111

51 | 青花几何纹瓷砖（残）

明嘉靖

残长 25 厘米　厚 3.1 厘米

1988 年江西省景德镇市御窑厂遗址出土，景德镇御窑博物馆藏

砖正面施透明釉，其他部分均为涩胎。绘以青花龟背桂花纹和卷云纹，象征长寿吉祥。此类瓷砖多用于建筑装饰。（万平）

Blue and white porcelain brick with geometric design (Incomplete)
Jiajing Period, Ming Dynasty, Remaining length 25cm Thickness 3.1cm, Unearthed at Imperial Kiln heritage of Jingdezhen in Jiangxi Province in 1988, collected by the Imperial Kiln Museum of Jingdezhen

52 青花龙凤云鹤纹碗

明嘉靖
高 11.5 厘米　口径 28.5 厘米　足径 14 厘米
故宫博物院藏

碗撇口、圆唇、深弧腹、圈足。内、外皆有青花装饰。内壁近口沿处绘变形三角回纹，内底双圈内绘龙凤云鹤纹，以龙为中心，凤、凰、鹤环绕。外壁近口沿处绘卷草纹；腹部绘龙、凤、凰、鹤，衬以云纹，龙正视俯首、张臂、五爪，凤、凰、鹤均仰首、张翅，体量均等，布局对称；近足处绘变形莲瓣纹。外底署青花楷体"大明嘉靖年制"六字双行外围双圈款。（冀洛源）

Blue and white bowl with design of dragon, phoenix, crane and cloud
Jiajing Period, Ming Dynasty, Height 11.5cm Mouth diameter 28.5cm Foot diameter 14cm, Collected by the Palace Museum

青花龙凤云鹤纹碗

明嘉靖

高 8.7 厘米　口径 19 厘米　足径 6.7 厘米

故宫博物院藏

碗敞口、圆唇、弧腹、高圈足。器壁略厚，内、外皆有青花装饰。内壁近口沿处画两道弦线，内壁绘四组对称分布的折枝花果纹，梢间绘双雀作嬉戏状。内底双圈内以青花作地，留白一楷体"寿"字。外壁近口沿处画两道弦线，腹部绘龙凤云鹤图，龙首或仰或俯，均张臂、五爪，凤、鹤均俯首、张翅，体量均等，布局对称，近底处绘变形仰莲瓣纹，圈足外墙绘卷草纹。足端圆削，无釉。外底署青花楷体"大明嘉靖年制"六字双行外围双圈款。

此碗青花发色明亮，晕染处略淡。（冀洛源）

Blue and white bowl with design of dragon, phoenix, crane and cloud
Jiajing Period, Ming Dynasty, Height 8.7cm Mouth diameter 19cm Foot diameter 6.7cm, Collected by the Palace Museum

青花云龙暗八仙纹碗

明嘉靖
高 15.6 厘米　口径 33.3 厘米　足径 14.3 厘米
故宫博物院藏

碗撇口、圆唇、深弧腹、圈足。内、外皆有青花装饰。内壁近口沿处绘四组云龙纹，龙首尾相接；内底青花双圈内绘一龙，龙俯首、张臂、五爪，衬以云纹。外壁近口沿处画两道弦线，腹部绘暗八仙纹，衬以云气、花卉纹。圈足外墙绘回纹。足端圆削，无釉。外底署青花楷体"大明嘉靖年制"六字双行外围双圈款。（冀洛源）

Blue and white bowl with design of dragon, cloud and the symbols of Eight Immortals
Jiajing Period, Ming Dynasty, Height 15.6cm Mouth diameter 33.3cm Foot diameter 14.3cm, Collected by the Palace Museum

55 | 青花云龙纹碗（残）

明嘉靖

足径 5 厘米

1987 年江西省景德镇市御窑厂遗址出土，景德镇御窑博物馆藏

碗心青花双圈内绘云气纹，外壁绘龙纹，穿梭于云气之中，近足处绘变形莲瓣纹，圈足壁绘两周弦纹，外底署青花楷体"大明嘉靖年制"六字双行外围双圈款。（邵昕）

Blue and white bowl with design of dragon and cloud (Incomplete)
Jiajing Period, Ming Dynasty, Foot diameter 5cm, Unearthed at Imperial Kiln heritage of Jingdezhen in Jiangxi Province in 1987, collected by the Imperial Kiln Museum of Jingdezhen

青花云龙纹碗（残）

明嘉靖

足径 7 厘米

1987 年江西省景德镇市御窑厂遗址出土，景德镇御窑博物馆藏

碗心青花双圈内绘云气纹，近足处绘变形莲瓣纹，圈足外壁绘两周弦纹，外底署青花楷体"大明嘉靖年制"六字双行外围双圈款。（邵昕）

Blue and white bowl with design of dragon and cloud (Incomplete)
Jiajing Period, Ming Dynasty, Foot diameter 7cm, Unearthed at Imperial Kiln heritage of Jingdezhen in Jiangxi Province in 1987, collected by the Imperial Kiln Museum of Jingdezhen

57 　青花云龙纹碗（残）

明嘉靖

足径 6.6 厘米

1987 年江西省景德镇市御窑厂遗址出土，景德镇御窑博物馆藏

碗心青花双圈内绘云龙纹，外壁近足处绘变形莲瓣纹，圈足壁绘两周弦纹，外底署青花楷体"大明嘉靖年制"六字双行款。（邵昕）

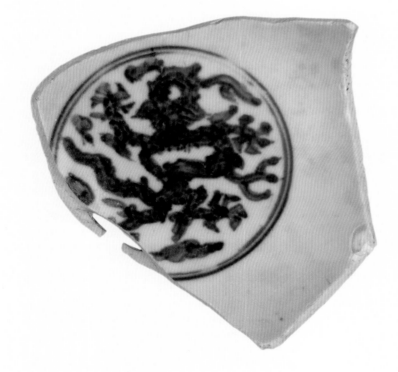

Blue and white bowl with design of dragon and cloud (Incomplete)
Jiajing Period, Ming Dynasty, Foot diameter 6.6cm, Unearthed at Imperial Kiln heritage of Jingdezhen in Jiangxi Province in 1987, collected by the Imperial Kiln Museum of Jingdezhen

58 | 青花云龙纹碗（残）

明嘉靖

足径 3.8 厘米

1987 年江西省景德镇市御窑厂遗址出土，景德镇御窑博物馆藏

碗圈足。碗心双圈内绘一宝相花纹，内壁绘四朵折枝花卉纹。外壁绘云龙纹，近底处绘莲瓣纹。外底署青花楷体"大明嘉靖年制"六字双行外围双圈款。（李子嵬）

Blue and white bowl with design of dragon and cloud (Incomplete)
Jiajing Period, Ming Dynasty, Foot diameter 3.8cm, Unearthed at Imperial Kiln heritage of Jingdezhen in Jiangxi Province in 1987, collected by the Imperial Kiln Museum of Jingdezhen

59 │ 青花龙纹碗（残）

明嘉靖

足径 4.5 厘米

1987 年江西省景德镇市御窑厂遗址出土，景德镇御窑博物馆藏

圈足。碗心在双圈内绘龙纹。外壁绘数条龙纹。外底署青花楷体"大明嘉靖年制"六字双行外围双圈款。（李子嵬）

Blue and white bowl with dragon design (Incomplete)
Jiajing Period, Ming Dynasty, Foot diameter 4.5cm, Unearthed at Imperial Kiln heritage of Jingdezhen in Jiangxi Province in 1987, collected by the Imperial Kiln Museum of Jingdezhen

60 | 青花龙纹碗（残）

明嘉靖

残长 10 厘米

1987 年江西省景德镇市御窑厂遗址出土，景德镇御窑博物馆藏

碗口沿微撇。内壁口沿绘以不同大小的圆形构成雪花状装饰。外壁口沿处绘六棱形锦纹，并有如意形开光，内有篆体"海"字。腹部绘青花龙纹。（李子嵬）

Blue and white bowl with dragon design (Incomplete)
Jiajing Period, Ming Dynasty, Remaining length 10cm, Unearthed at Imperial Kiln heritage of Jingdezhen in Jiangxi Province in 1987, collected by the Imperial Kiln Museum of Jingdezhen

125

青花团龙纹碗（残）

明嘉靖

高 17.6 厘米

1987 年江西省景德镇市御窑厂遗址出土，景德镇御窑博物馆藏

碗撇口、深弧腹、圈足。内外皆有青花装饰。碗内心青花双圈内绘龙纹。外壁口沿下绘双弦纹，腹部绘团云龙纹并间以"壬"字形云纹，近底处绘勾云纹。外底素胎无釉。（万平）

Blue and white bowl with design of coiled dragon (Incomplete)
Jiajing Period, Ming Dynasty, Height 17.6 cm, Unearthed at Imperial Kiln heritage of Jingdezhen in Jiangxi Province in 1987, collected by the Imperial Kiln Museum of Jingdezhen

62 | 青花龙凤纹碗（残）

明嘉靖

高 4.5 厘米　足径 3.5 厘米

1988 年江西省景德镇市御窑厂遗址出土，景德镇御窑博物馆藏

碗直口、深弧腹、圈足。口沿内外均饰青花弦纹。外壁饰龙凤纹。碗心青花双圈内饰云龙纹。外底署青花楷体"宣德年制"四字双行外围双圈仿款。

　　该碗造型、纹饰未刻意模仿宣德官窑，底款却书写了宣德年款。后朝书写前朝年款，目前明代官窑最早出现于成化年。龙凤纹始见于宋代，是明清时期官窑瓷器最核心的经典纹样。

（肖鹏）

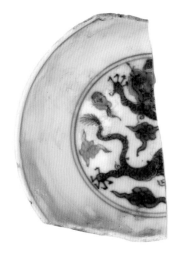  

Blue and white bowl with design of dragon and phoenix (Incomplete)
Jiajing Period, Ming Dynasty, Height 4.5cm Foot diameter 3.5cm, Unearthed at Imperial Kiln heritage of Jingdezhen in Jiangxi Province in 1988, collected by the Imperial Kiln Museum of Jingdezhen

青花竹凤图碗

明嘉靖
高 5.9 厘米　口径 12.1 厘米　足径 4.5 厘米
故宫博物院藏

碗撇口、圆唇、弧腹、圈足。内、外皆有青花装饰。内壁近口沿处绘一道弦纹，内底青花单圈，内绘折枝花鸟图。外壁近口沿处及下腹部各绘弦纹一道，腹部画两组竹石凤鸟图，以单凤为主题，站立、昂首、扬尾，圈足外墙绘两道弦线。外底署青花楷体"大明嘉靖年制"六字双行款。

此碗青花线条、晕染及款识较御窑产品略显随意，青花发色略暗淡。（冀洛源）

Blue and white bowl with design of phoenix and bamboo
Jiajing Period, Ming Dynasty, Height 5.9cm Mouth diameter 12.1cm Foot diameter 4.5cm, Collected by the Palace Museum

青花凤穿缠枝花纹碗

明嘉靖

高 12.4 厘米　口径 29.6 厘米　足径 12.6 厘米

故宫博物院藏

碗撇口、尖圆唇、弧腹、圈足。内、外皆有青花装饰。内壁近口沿处绘两道弦线，内底青花双圈内楷书一"寿"字。外壁近口沿处及圈足外墙分别绘两道弦线，腹部以缠枝宝相花为地，其间绘两组凤纹图案，近底处线勾一周仰如意云头纹装饰。足端圆削，无釉。外底署青花楷体"大明嘉靖年制"六字双行外围双圈款。（冀洛源）

Blue and white bowl with design of phoenix among entwined flowers
Jiajing Period, Ming Dynasty, Height 12.4cm Mouth diameter 29.6cm Foot diameter 12.6cm, Collected by the Palace Museum

65 | 青花云鹤纹碗

明嘉靖
高 16 厘米　口径 37.5 厘米　足径 20 厘米
故宫博物院藏

碗呈墩式，直口、深弧腹、圈足。外壁青花装饰。近口沿处绘缠枝灵芝纹，腹部绘云鹤纹，间以"壬"字形云纹。外底署青花楷体"大明嘉靖年制"六字双行外围双圈款。

此器形体硕大丰满，造型源自明初洪武官窑墩式碗。（赵小春）

Blue and white bowl with design of crane and cloud
Jiajing Period, Ming Dynasty, Height 16cm Mouth diameter 37.5cm Foot diameter 20cm, Collected by the Palace Museum

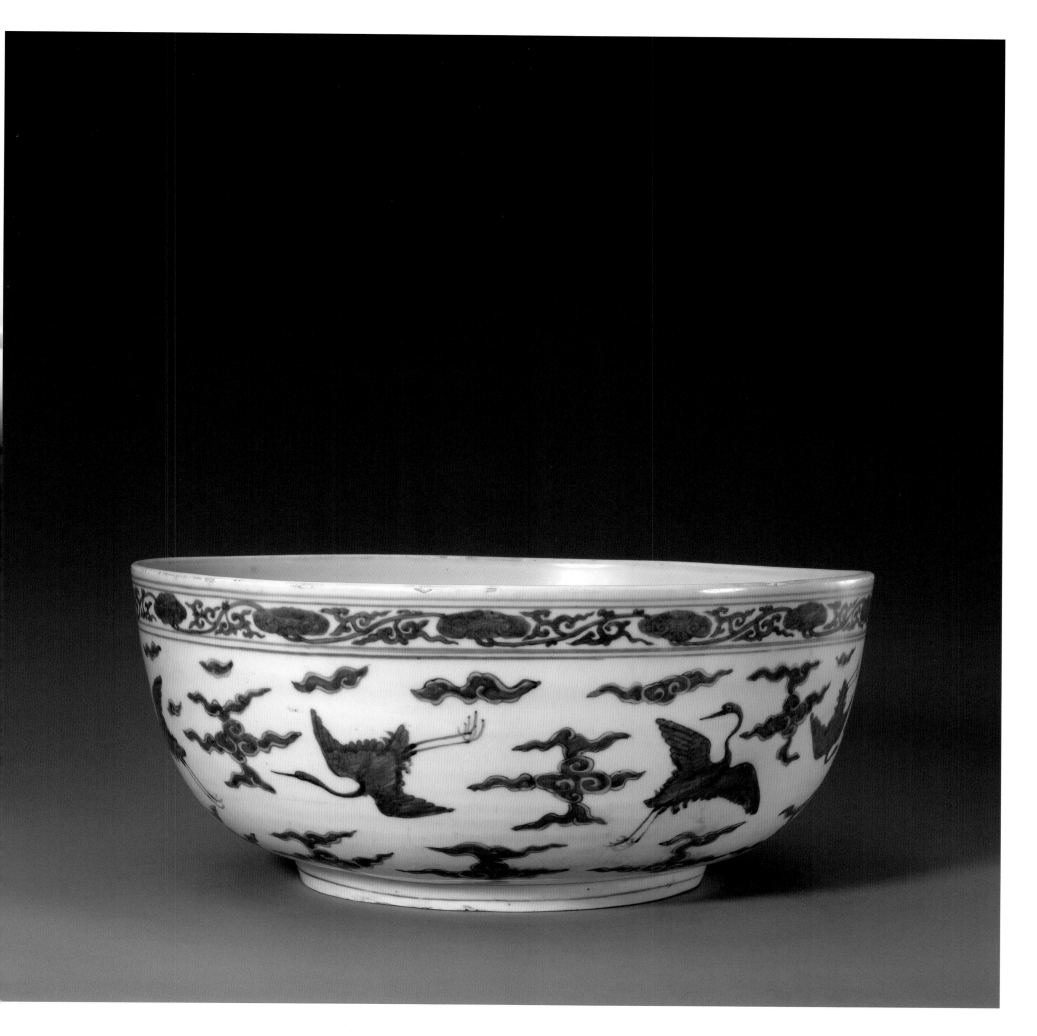

青花云鹤纹碗（残）

明嘉靖

足径 3.2 厘米

1987 年江西省景德镇市御窑厂遗址出土，景德镇御窑博物馆藏

碗圈足。碗心双圈内绘"壬"字形云纹。外壁绘云鹤纹。外底署青花楷体"大明嘉靖年制"六字双行外围单圈款。（李子嵬）

Blue and white bowl with design of crane and cloud (Incomplete)
Jiajing Period, Ming Dynasty, Foot diameter 3.2cm, Unearthed at Imperial Kiln heritage of Jingdezhen in Jiangxi Province in 1987, collected by the Imperial Kiln Museum of Jingdezhen

青花云鹤纹碗（残）

明嘉靖

足径 5.7 厘米

1987 年江西省景德镇市御窑厂遗址出土，景德镇御窑博物馆藏

碗心青花双圈内绘变形"寿"字纹，外壁绘云鹤纹，圈足壁绘两周弦纹，外底署青花楷体"大明嘉靖年制"六字双行外围双圈款。（邵昕）

Blue and white bowl with design of crane and cloud (Incomplete)
Jiajing Period, Ming Dynasty, Foot diameter 5.7cm, Unearthed at Imperial Kiln heritage of Jingdezhen in Jiangxi Province in 1987, collected by the Imperial Kiln Museum of Jingdezhen

青花三羊纹碗

明嘉靖
高 10.5 厘米　口径 16.4 厘米　足径 5.5 厘米
故宫博物院藏

碗撇口、尖圆唇、深弧腹、圈足。内、外皆有青花装饰。内壁近口沿处绘繁复的几何纹，内底双圈内绘洞石松树，枝下一只麒麟，回首、探足。外壁近口沿处和圈足外墙分别画两道弦线，腹部绘三组洞石花木，每组枝叶间均绘一只羊，卷犄、探足，取"三阳开泰"之意。足端圆削，无釉。外底署青花楷体"大明嘉靖年制"六字双行外围双圈款。（冀洛源）

Blue and white bowl with design of three rams
Jiajing Period, Ming Dynasty, Height 10.5cm Mouth diameter 16.4cm Foot diameter 5.5cm, Collected by the Palace Museum

青花海水纹碗（残）

明嘉靖

足径 4.5 厘米

1987 年江西省景德镇市御窑厂遗址出土，景德镇御窑博物馆藏

碗圈足。碗心双圈内书一青花"寿"字，外壁绘青花海浪纹。外底署青花楷体"大明嘉靖年制"六字双行外围双圈款。（李子嵬）

Blue and white bowl with waves design (Incomplete)
Jiajing Period, Ming Dynasty, Foot diameter 4.5cm, Unearthed at Imperial Kiln heritage of Jingdezhen in Jiangxi Province in 1987, collected by the Imperial Kiln Museum of Jingdezhen

70 青花莲池纹碗（残）

明嘉靖

足径 6 厘米

1987 年江西省景德镇市御窑厂遗址出土，景德镇御窑博物馆藏

碗圈足。碗心双圈内绘青花龙纹，碗外壁绘莲池纹，外底署青花楷体"大明嘉靖年制"六字双行外围双圈款。（李子嵬）

Blue and white bowl with design of lotus pond (Incomplete)
Jiajing Period, Ming Dynasty, Foot diameter 6cm, Unearthed at Imperial Kiln heritage of Jingdezhen in Jiangxi Province in 1987, collected by the Imperial Kiln Museum of Jingdezhen

71 | 青花桃树石榴图碗

明嘉靖

高 6 厘米　口径 10 厘米　足径 5.4 厘米

故宫博物院藏

碗撇口、圆唇、弧腹、高圈足。内、外皆有青花装饰。内壁近口沿处绘两道弦线，内底青花双圈内绘一团卧的幼狮。外壁近口沿处及圈足外墙分别绘两道弦线，腹部绘两组对称的果树，一棵桃树，右上楷体题"桃都"；一棵石榴树，右上楷体题"百子榴"，梢间挂丰硕的果实。足端圆削，无釉。外底署青花楷体"大明嘉靖年制"六字双行外围双圈款。（冀洛源）

Blue and white bowl with design of pomegranate and peach tree
Jiajing Period, Ming Dynasty, Height 6cm Mouth diameter 10cm Foot diameter 5.4cm, Collected by the Palace Museum

| **青花桃树石榴图碗**

明嘉靖

高 6.3 厘米　口径 10.4 厘米　足径 5 厘米

故宫博物院藏

碗撇口、圆唇、弧腹、高圈足。内、外皆有青花装饰。内壁近口沿处绘两道弦线，内底青花双圈内绘一团卧的幼狮。外壁近口沿处及圈足外墙分别绘两道弦线，腹部绘两组对称的果树，一棵桃树，右上楷体题"桃都"；一棵石榴树，右上楷体题"百子榴"，梢间挂丰硕的果实。足端圆削，无釉。外底署青花楷体"大明嘉靖年制"六字双行外围双圈款。（冀洛源）

Blue and white bowl with design of pomegranate and peach tree
Jiajing Period, Ming Dynasty, Height 6.3cm Mouth diameter 10.4cm Foot diameter 5cm, Collected by the Palace Museum

73 | 青花洞石花蝶图碗

明嘉靖
高 7.5 厘米　口径 12.9 厘米　足径 4.7 厘米
故宫博物院藏

碗敞口、圆唇、深弧腹、圈足。内、外皆有青花装饰。内壁绘五组对称分布的折枝花纹，内底青花双圈内绘团花纹。外壁近口沿处画两道弦线，腹部绘四组对称分布的洞石花蝶图，圈足外墙绘如意云头纹。足端圆削，无釉。外底署青花楷体"大明嘉靖年制"六字双行外围双圈款。（冀洛源）

Blue and white bowl with design of rock, flower and butterfly
Jiajing Period, Ming Dynasty, Height 7.5cm Mouth diameter 12.9cm Foot diameter 4.7cm, Collected by the Palace Museum

青花缠枝灵芝纹碗

明嘉靖

高 14.8 厘米　口径 33 厘米　足径 14.7 厘米

故宫博物院藏

碗敞口、圆唇、深弧腹、圈足。器壁略厚。内、外皆有青花装饰。内壁近口沿处画两道弦线，内底双圈内绘缠枝灵芝，间以杂宝纹。外壁近口沿处画回纹，腹部绘缠枝灵芝纹，近底处绘变形仰莲瓣纹，圈足外墙画两道弦线。外底署青花楷体"大明嘉靖年制"六字双行款。（冀洛源）

Blue and white bowl with design of entwined *Lingzhi* fungus

Jiajing Period, Ming Dynasty, Height 14.8cm Mouth diameter 33cm Foot diameter 14.7cm, Collected by the Palace Museum

75 青花缠枝花卉鱼莲纹碗

明嘉靖
高 16.8 厘米　口径 37 厘米　足径 14.9 厘米
故宫博物院藏

碗撇口、圆唇、弧腹、圈足。内、外青花装饰。内壁近口沿处绘两道弦线，内底青花双圈内绘池塘鱼莲图。外壁近口沿处和圈足外墙分别画两道弦线，腹部绘繁密的缠枝花卉纹，近底处绘如意云头纹。足端圆削，无釉。外底署青花楷体"大明嘉靖年制"六字双行外围双圈款。（冀洛源）

Blue and white bowl with design of entwined flowers, fish and lotus
Jiajing Period, Ming Dynasty, Height 16.8cm Mouth diameter 37cm Foot diameter 14.9cm, Collected by the Palace Museum

青花缠枝花卉纹碗（残）

明嘉靖

残长 22.5 厘米

1987 年江西省景德镇市御窑厂遗址出土，景德镇御窑博物馆藏

碗撇口、圈足。外底施透明釉，足端不施釉。外壁绘缠枝花卉，近足处绘如意云头纹。

（李慧）

Blue and white bowl with design of entwined flowers (Incomplete)
Jiajing Period, Ming Dynasty, Remaining length 22.5cm, Unearthed at Imperial Kiln heritage of Jingdezhen in Jiangxi Province in 1987, collected by the Imperial Kiln Museum of Jingdezhen

青花花卉纹碗（残）

明嘉靖

足径 4.3 厘米

1988 年江西省景德镇市御窑厂遗址出土，景德镇御窑博物馆藏

碗圈足。碗心绘宝相花纹，花瓣内绘卷草纹。外壁近底处绘变形仰莲瓣纹，莲瓣内亦绘卷草纹。外底署青花楷体"大明嘉靖年制"六字双行外围双圈款。（李子嵬）

Blue and white bowl with flower design (Incomplete)
Jiajing Period, Ming Dynasty, Foot diameter 4.3cm, Unearthed at Imperial Kiln heritage of Jingdezhen in Jiangxi Province in 1988, collected by the Imperial Kiln Museum of Jingdezhen

149

78 青花人物图碗

明嘉靖

高 16.5 厘米　口径 36.2 厘米　足径 14.9 厘米

故宫博物院藏

碗撇口、尖圆唇、深弧腹、圈足。内、外皆有青花装饰。内壁近口沿处画两道弦线，内底青花双圈内绘松竹梅图，松树居中且垂枝，竹、梅伴左右。外壁近口沿处和圈足外墙分别画两道弦线，腹部满绘两幅连续的人物图，近足处绘如意云头纹。足端圆削，无釉。外底署青花楷体"大明嘉靖年制"六字双行外围双圈款。（冀洛源）

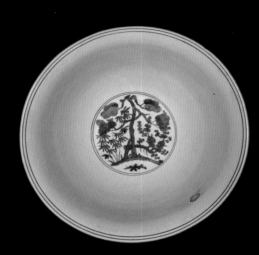

Blue and white bowl with figure design
Jiajing Period, Ming Dynasty, Height 16.5cm Mouth diameter 36.2cm Foot diameter 14.9cm, Collected by the Palace Museum

79 青花婴戏图碗

明嘉靖

高 7.5 厘米　口径 15.7 厘米　足径 6.4 厘米

故宫博物院藏

碗撇口、深弧腹、圈足。内、外皆有青花装饰。内底青花双圈内绘云龙纹，圈外围以变形莲瓣纹；内壁绘四组团云龙纹，间以"壬"字形云纹。外壁绘婴戏图。外底署青花楷体"大明嘉靖年制"六字双行外围双圈款。

据清代宫廷档案记载，乾隆时期的"三清茶碗"就是以嘉靖时期"青花白地撇口人物纹盅"为样制作而成，所记之样或即为此种碗。（赵小春）

Blue and white bowl with design of children at play
Jiajing Period, Ming Dynasty, Height 7.5cm Mouth diameter 15.7cm Foot diameter 6.4cm, Collected by the Palace Museum

青花婴戏图碗（残）

明嘉靖

残长 7.8 厘米

1987 年江西省景德镇市御窑厂遗址出土，景德镇御窑博物馆藏

碗撇口、弧腹。内壁口沿绘青花海水纹，外壁绘婴戏纹。其装饰技法具有嘉靖时期御窑器物特点。（李子嵬）

Blue and white bowl with design of children at play (Incomplete)
Jiajing Period, Ming Dynasty, Remaining length 7.8cm, Unearthed at Imperial Kiln heritage of Jingdezhen in Jiangxi Province in 1987, collected by the Imperial Kiln Museum of Jingdezhen

青花碗（残）

明嘉靖

足径 6.1 厘米

1987 年江西省景德镇市御窑厂遗址出土，景德镇御窑博物馆藏

碗圈足。碗心绘两圈水波纹，外壁绘湖石纹，外底署青花楷体"大明嘉靖年制"六字双行外围双圈款。（李子嵬）

Blue and white bowl (Incomplete)
Jiajing Period, Ming Dynasty, Foot diameter 6.1cm, Unearthed at Imperial Kiln heritage of Jingdezhen in Jiangxi Province in 1987, collected by the Imperial Kiln Museum of Jingdezhen

155

82 | 青花碗（残）

明嘉靖

残长 10.4 厘米

1987 年江西省景德镇市御窑厂遗址出土，景德镇御窑博物馆藏

碗圈足。碗心双圈内绘折枝茶花，外壁绘团鹤纹，间以云纹。外底署青花楷体"九江道制"四字双行外围双圈款。（谢俊仪）

Blue and white bowl (Incomplete)
Jiajing Period, Ming Dynasty, Remaining length 10.4cm, Unearthed at Imperial Kiln heritage of Jingdezhen in Jiangxi Province in 1987, collected by the Imperial Kiln Museum of Jingdezhen

蓝地白龙纹碗（残）

明嘉靖

残长 11 厘米

1987 年江西省景德镇市御窑厂遗址出土，景德镇御窑博物馆藏

碗圈足。碗内外均采用蓝地白花的装饰手法。碗心绘五爪云龙纹，外壁亦绘云龙纹，近底处绘变形仰莲瓣纹。外底署青花楷体"大明嘉靖年制"六字双行款。

此底款较为特殊，一般底款是采用青花书款后罩一层透明釉，呈白地蓝字。而该碗则是在青花底款上涂一层混水后的青花料，再施透明釉，烧成后呈现的是蓝地黑字。（李子嵬）

Bowl with design of white dragon on underglaze blue ground (Incomplete)

Jiajing Period, Ming Dynasty, Remaining length 11cm, Unearthed at Imperial Kiln heritage of Jingdezhen in Jiangxi Province in 1987, collected by the Imperial Kiln Museum of Jingdezhen

84 蓝地白花碗（残）

明嘉靖
残长 7.8 厘米
1988 年江西省景德镇市御窑厂遗址出土，景德镇御窑博物馆藏

碗圈足。通体施蓝釉，蓝釉色调浅淡。碗心绘青花变线留白"寿"字松纹。外壁饰留白蕉叶纹，外底署青花楷体"大明嘉靖年制"六字双行款，款已残。（汪哲宇）

Bowl with white design on underglaze blue ground (Incomplete)
Jiajing Period, Ming Dynasty, Remaining length 7.8cm, Unearthed at Imperial Kiln heritage of Jingdezhen in Jiangxi Province in 1988, collected by the Imperial Kiln Museum of Jingdezhen

85 | 青花莲池龙纹卧足碗（残）

明嘉靖

残长 7.5 厘米

1988 年江西省景德镇市御窑厂遗址出土，景德镇御窑博物馆藏

碗撇口、弧腹。内壁口沿绘青花海水纹，内壁绘莲池龙纹。外壁绘湖石人物纹。其装饰技法具有嘉靖时期御窑器物特点。（李子嵬）

Blue and white bowl with inward foot and design of dragon and ponds (Incomplete)
Jiajing Period, Ming Dynasty, Remaining length 7.5cm, Unearthed at Imperial Kiln heritage of Jingdezhen in Jiangxi Province in 1988, collected by the Imperial Kiln Museum of Jingdezhen

青花伊斯兰花纹卧足碗

明嘉靖
高 5 厘米　口径 13.4 厘米　足径 6.8 厘米
故宫博物院藏

碗敞口、圆唇、弧腹、卧足。外壁有青花装饰。口沿和圈足外墙分别画两道弦线，腹部绘六组双勾填色团状伊斯兰风格花纹。足端圆削，无釉。外底署青花楷体"大明嘉靖年制"六字双行外围双圈款。

此碗造型、纹饰均模仿成化御窑作品。（冀洛源）

Blue and white bowl with inward foot and medallion of flowers design
Jiajing Period, Ming Dynasty, Height 5cm Mouth diameter 13.4cm Foot diameter 6.8cm, Collected by the Palace Museum

青花伊斯兰花纹卧足碗

明嘉靖
高 4.8 厘米　口径 13.5 厘米　足径 7.5 厘米
故宫博物院藏

碗敞口、圆唇、弧腹、卧足。外壁有青花装饰。口沿和圈足外墙分别画两道弦线，腹部绘六组双勾填色团状伊斯兰风格花纹。足端圆削，无釉。外底署青花楷体"大明嘉靖年制"六字双行外围双圈款。（冀洛源）

Blue and white bowl with inward foot and medallion of flowers design
Jiajing Period, Ming Dynasty, Height 4.8cm Mouth diameter 13.5cm Foot diameter 7.5cm, Collected by the Palace Museum

青花伊斯兰花纹卧足碗

明成化

高 5 厘米　口径 13.5 厘米　足径 7.2 厘米

故宫博物院藏

碗敞口、圆唇、弧腹、卧足。外壁有青花装饰。口沿和圈足外墙分别画两道弦线，腹部绘六组双勾填色团状伊斯兰风格花纹。足端圆削，无釉。外底署青花楷体"大明成化年制"六字双行外围双圈款。（冀洛源）

Attached fig: Blue and white bowl with inward foot and medallion of flowers design
Chenghua Period, Ming Dynasty, Height 5cm Mouth diameter 13.5cm Foot diameter 7.2cm, Collected by the Palace Museum

88 青花缠枝莲纹卧足碗（残）

明嘉靖

残长 11 厘米

1988 年江西省景德镇市御窑厂遗址出土，景德镇御窑博物馆藏

碗心饰圆形双层莲瓣纹，外壁饰缠枝莲纹。卧足底署青花楷体"大明宣德年制"六字双行外围双圈仿款。此碗卧足造型奇特，在坯胎底足未干之前，用半圆球形模具压印底足。这种工艺始见于永乐官窑瓷器。（肖鹏）

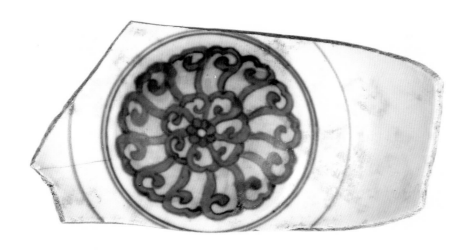

Blue and white bowl with inward foot and design of entwined lotus (Incomplete)
Jiajing Period, Ming Dynasty, Remaining length 11cm, Unearthed at Imperial Kiln heritage of Jingdezhen in Jiangxi Province in 1988, collected by the Imperial Kiln Museum of Jingdezhen

青花二龙戏珠纹高足碗

明嘉靖
高 10 厘米　口径 12 厘米　足径 4.5 厘米
故宫博物院藏

碗撇口、圆唇、深弧腹、高足中空。内、外皆有青花装饰。内、外壁近口沿处分别画两道弦线。外壁腹部绘二龙戏珠纹，龙昂首、探足、五爪，衬以云纹，近足处绘山形几何纹。高足外墙绘"壬"字形云纹和卷草纹。内底署青花楷体"大明嘉靖年制"六字双行外围双圈款。（冀洛源）

Blue and white bowl with high stem and design of two dragons chasing ball
Jiajing Period, Ming Dynasty, Height 10cm Mouth diameter 12cm Foot diameter 4.5cm, Collected by the Palace Museum

青花海水云龙纹杯

明嘉靖

高 11.5 厘米　口径 11.9 厘米　足径 5.5 厘米

故宫博物院藏

杯撇口、尖圆唇、斜直腹微曲、圈足。内、外皆有青花装饰。内壁近口沿处绘几何花瓣纹饰，内底青花双圈内绘云龙纹。外壁近口沿处画两道弦线，腹部绘海水江崖云龙纹，龙昂首、张口、探足、五爪，背景密布云气。圈足外墙绘浪花纹。足端圆削，无釉。外底署青花楷体"大明嘉靖年制"六字双行外围双圈款。（冀洛源）

Blue and white cup with design of dragon, cloud and waves
Jiajing Period, Ming Dynasty, Height 11.5cm Mouth diameter 11.9cm Foot diameter 5.5cm, Collected by the Palace Museum

91 | 青花凤纹杯（残）

明嘉靖

足径 3.1 厘米

1987 年江西省景德镇市御窑厂遗址出土，景德镇御窑博物馆藏

杯撇口、斜弧腹、圈足。杯心双圈内绘青花凤纹，外壁绘云凤纹，外底署青花楷体"大明嘉靖年制"六字双行外围单圈款。（李子嵬）

Blue and white cup with phoenix design (Incomplete)
Jiajing Period, Ming Dynasty, Foot diameter 3.1cm, Unearthed at Imperial Kiln heritage of Jingdezhen in Jiangxi Province in 1987, collected by the Imperial Kiln Museum of Jingdezhen

青花高士图杯

明嘉靖

高 10.5 厘米　口径 16.2 厘米　足径 5.5 厘米

故宫博物院藏

杯撇口、尖圆唇、斜直腹微曲、圈足。内、外皆有青花装饰。内壁绘二龙戏珠纹，内底双圈内绘一龙、昂首、张足、五爪。外壁近口沿处和圈足外墙各画两道弦线，腹部绘高士群游图，远近分别以竹、石为背景，间有童子侍从。足端圆削，无釉。外底署青花楷体"大明嘉靖年制"六字双行外围双圈款。（冀洛源）

Blue and white cup with design of distinguished scholars
Jiajing Period, Ming Dynasty, Height 10.5cm Mouth diameter 16.2cm Foot diameter 5.5cm, Collected by the Palace Museum

青花人物图杯

明嘉靖

高 5 厘米　口径 7.7 厘米　足径 3.6 厘米

故宫博物院藏

杯敞口、尖圆唇、深弧腹、圈足。内、外皆有青花装饰。内底青花双圈内绘一幅叠石松竹梅图，叠石居中，松居右，竹、梅伴左侧。外壁近口沿处和圈足外墙分别画两道弦线，腹部绘人物图，以卷云作首尾开光。足端无釉。外底署青花楷体"大明嘉靖年制"六字双行外围双圈款。（冀洛源）

Blue and white cup with figure design
Jiajing Period, Ming Dynasty, Height 5cm Mouth diameter 7.7cm Foot diameter 3.6cm, Collected by the Palace Museum

青花凤穿花纹高足杯（残）

明嘉靖

残高 6.2 厘米

1987 年江西省景德镇市御窑厂遗址出土，景德镇御窑博物馆藏

杯足中空，足端外撇。杯心青花双圈内绘双凤嬉戏追逐于缠枝莲花之上，形成双凤穿花的视觉效果。外壁近足处绘变形莲瓣纹。高足外壁绘福山寿海纹，足内残存青花楷书"明""嘉"二字，应是"大明嘉靖年制"六字环形款。（邵昕）

Blue and white cup with high stem and design of phoenix among flowers (Incomplete)
Jiajing Period, Ming Dynasty, Remaining height 6.2cm, Unearthed at Imperial Kiln heritage of Jingdezhen in Jiangxi Province in 1987, collected by the Imperial Kiln Museum of Jingdezhen

青花云龙纹卧足杯（残）

明嘉靖

足径 3.4 厘米

1987 年江西省景德镇市御窑厂遗址出土，景德镇御窑博物馆藏

杯卧足。杯心双圈内绘云气纹。外壁绘四条云龙纹。底部一圈涩胎，是为了装烧而特意剔釉形成的。外底署青花楷体"大明嘉靖年制"六字双行外围单圈款。（李子嵬）

Blue and white cup with inward foot and design of dragon and cloud (Incomplete)
Jiajing Period, Ming Dynasty, Foot diameter 3.4cm, Unearthed at Imperial Kiln heritage of Jingdezhen in Jiangxi Province in 1987, collected by the Imperial Kiln Museum of Jingdezhen

96 青花团龙纹卧足杯（残）

明嘉靖

足径 3.8 厘米

1987 年江西省景德镇市御窑厂遗址出土，景德镇御窑博物馆藏

杯弧腹、卧足。杯心绘青花云气纹，外壁绘四组团龙纹，外底署青花楷体"大明嘉靖年制"六字双行外围单圈款。（李子嵬）

Blue and white cup with inward foot and design of coiled-dragon (Incomplete)
Jiajing Period, Ming Dynasty, Foot diameter 3.8cm, Unearthed at Imperial Kiln heritage of Jingdezhen in Jiangxi Province in 1987, collected by the Imperial Kiln Museum of Jingdezhen

青花灵芝纹卧足杯（残）

明嘉靖

足径 3.4 厘米

1987 年江西省景德镇市御窑厂遗址出土，景德镇御窑博物馆藏

杯卧足。杯心双圈内绘灵芝纹，外壁未见纹样装饰。底部一圈涩胎，是为了装烧而特意剔釉形成的。外底署青花楷体"大明嘉靖年制"六字双行款。（李子嵬）

Blue and white cup with inward foot and design of *Lingzhi* fungus (Incomplete)
Jiajing Period, Ming Dynasty, Foot diameter 3.4cm, Unearthed at Imperial Kiln heritage of Jingdezhen in Jiangxi Province in 1987, collected by the Imperial Kiln Museum of Jingdezhen

98 青花"寿"字纹卧足杯（残）

明嘉靖

足径 3.8 厘米

1988 年江西省景德镇市御窑厂遗址出土，景德镇御窑博物馆藏

杯卧足。杯心双圈内书一"寿"字。外壁绘有青花纹饰，具体纹样不可辨。底部一圈涩胎，是为了装烧而特意剔釉形成的。外底署青花楷体"大明嘉靖年制"六字双行款。（李子嵬）

Blue and white cup with inward foot and design of Chinese character "Shou" (Incomplete)
Jiajing Period, Ming Dynasty, Foot diameter 3.8cm, Unearthed at Imperial Kiln heritage of Jingdezhen in Jiangxi Province in 1988, collected by the Imperial Kiln Museum of Jingdezhen

青花云龙纹盘

明嘉靖

高 4.2 厘米　口径 18.1 厘米　足径 10 厘米

故宫博物院藏

盘敞口、弧腹、圈足。内、外皆有青花装饰。内底和内、外壁分别绘云龙纹。外底署青花楷体"大明嘉靖年制"六字双行外围双圈款。（赵聪月）

Blue and white plate with design of dragon and cloud
Jiajing Period, Ming Dynasty, Height 4.2cm Mouth diameter 18.1cm Foot diameter 10cm, Collected by the Palace Museum

100 青花云龙纹盘（残）

明嘉靖

残长 9.2 厘米

1987 年江西省景德镇市御窑厂遗址出土，景德镇御窑博物馆藏

盘圈足。外底施透明釉，足端不施釉。胎质呈白色，盘心绘品字云纹，盘壁外绘云龙纹。外底署青花楷体"大明嘉靖年制"六字双行外围双圈款。（李慧）

Blue and white plate with design of dragon and cloud (Incomplete)
Jiajing Period, Ming Dynasty, Remaining length 9.2cm, Unearthed at Imperial Kiln heritage of Jingdezhen in Jiangxi Province in 1987, collected by the Imperial Kiln Museum of Jingdezhen

101 青花云龙纹盘（残）

明嘉靖

残长 24 厘米

1987 年江西省景德镇市御窑厂遗址出土，景德镇御窑博物馆藏

盘敞口、浅腹、圈足。外底施透明釉，足端不施釉。外壁饰云龙纹，口沿自右至左署青花楷体"大明嘉靖年制"六字横排外围双长方框款。（李慧）

Blue and white plate with design of dragon and cloud (Incomplete)
Jiajing Period, Ming Dynasty, Remaining length 24cm, Unearthed at Imperial Kiln heritage of Jingdezhen in Jiangxi Province in 1987, collected by the Imperial Kiln Museum of Jingdezhen

177

102 | 青花云龙纹盘（残）

明嘉靖

高 8.7 厘米

1987 年江西省景德镇市御窑厂遗址出土，景德镇御窑博物馆藏

盘敞口、弧腹、圈足。外底不施釉，碗心饰海水纹，外壁绘云龙纹。青花发色浓艳，蓝中带紫。（李慧）

Blue and white plate with design of dragon and cloud (Incomplete)
Jiajing Period, Ming Dynasty, Height 8.7cm, Unearthed at Imperial Kiln heritage of Jingdezhen in Jiangxi Province in 1987, collected by the Imperial Kiln Museum of Jingdezhen

青花龙纹盘（残）

明嘉靖

残长 17.8 厘米

1987 年江西省景德镇市御窑厂遗址出土，景德镇御窑博物馆藏

盘敞口、弧腹、圈足。外底施透明釉，足端不施釉，胎质呈白色。盘心饰龙纹，外壁绘龙纹。（李慧）

Blue and white plate with dragon design (Incomplete)
Jiajing Period, Ming Dynasty, Remaining length 17.8cm, Unearthed at Imperial Kiln heritage of Jingdezhen in Jiangxi Province in 1987, collected by the Imperial Kiln Museum of Jingdezhen

179

104　青花龙穿缠枝宝相花纹盘

明嘉靖

高 10.7 厘米　口径 76.8 厘米　足径 55 厘米

故宫博物院藏

盘敞口、圆唇、弧腹、圈足。内、外皆有青花装饰。内壁满绘规整的缠枝宝相花纹，近口沿处画两道弦线，内底青花双圈内绘双龙纹，一龙俯首、一龙昂首，背景密布缠枝宝相花纹。外壁近口沿处和圈足外墙分别画两道弦线，腹部绘四组龙纹，龙均昂首、闭口、探足、五爪、首尾相接，背景密布缠枝花纹。足端平削，足端与外底无釉露胎，胎质致密、纯净。口沿下自右向左署青花楷体"大明嘉靖年制"六字横排外围双长方框款。（冀洛源）

Blue and white plate with design of dragon among entwined flowers
Jiajing Period, Ming Dynasty, Height 10.7cm Mouth diameter 76.8cm Foot diameter 55cm, Collected by the Palace Museum

青花龙穿缠枝花纹盘

明嘉靖

高 6.4 厘米　口径 38.5 厘米　足径 25.9 厘米

故宫博物院藏

盘敞口、弧腹、圈足。内、外皆有青花装饰。内底青花双圈内绘一组龙穿缠枝花纹，外壁腹部绘四组龙穿缠枝花纹。砂底，近足边呈明显的火石红色。口沿下自右向左署青花楷体"大明嘉靖年制"六字横排外围双长方框款。（赵聪月）

Blue and white plate with design of dragon among entwined flowers

Jiajing Period, Ming Dynasty, Height 6.4cm Mouth diameter 38.5cm Foot diameter 25.9cm, Collected by the Palace Museum

青花龙穿缠枝花纹盘

明嘉靖

高 2.3 厘米　口径 14 厘米　足径 10.2 厘米

故宫博物院藏

盘敞口、弧腹、浅圈足。内、外皆有青花装饰。内底绘龙穿缠枝花纹，内、外壁分绘六组朵云纹。外底署青花楷体"大明嘉靖年制"六字双行外围双圈款。（赵聪月）

Blue and white plate with design of dragon among entwined flowers
Jiajing Period, Ming Dynasty, Height 2.3cm Mouth diameter 14cm, Foot diameter 10.2cm, Collected by the Palace Museum

青花龙穿缠枝莲纹盘

明嘉靖

高 2.5 厘米　口径 14.4 厘米　足径 10.8 厘米

故宫博物院藏

盘敞口、弧腹、圈足。内、外皆有青花装饰。内壁绘四组朵云纹，间饰梅花式点画装饰。外壁绘缠枝花纹。内底青花双圈内绘龙穿缠枝莲纹。外底署青花楷体"大明嘉靖年制"六字双行外围双圈款。（赵聪月）

Blue and white plate with design of dragon among entwined lotus
Jiajing Period, Ming Dynasty, Height 2.5cm Mouth diameter 14.4cm Foot diameter 10.8cm, Collected by the Palace Museum

青花团云龙云凤云鹤纹盘

明嘉靖
高 8.2 厘米　口径 66.2 厘米　足径 47 厘米
故宫博物院藏

盘敞口、浅弧腹、圈足。内、外皆有青花装饰。内壁绘缠枝灵芝纹，每个灵芝均长出三组竹叶，每组三片；内底绘云鹤纹。外壁绘二方连续的团云龙、海水江崖、团云凤，口沿下自右向左署青花楷体"大明嘉靖年制"六字横排外围双长方框款。圈足内无釉。（赵聪月）

Blue and white plate with design of dragon, phoenix, crane and cloud
Jiajing Period, Ming Dynasty, Height 8.2cm Mouth diameter 66.2cm Foot diameter 47cm, Collected by the Palace Museum

109 青花桃芝仙鹤符篆纹盘

明嘉靖

高 8.6 厘米　口径 59.5 厘米　足径 39 厘米

故宫博物院藏

盘敞口、浅弧腹、圈足。内、外皆有青花装饰。外壁绘相间排列的折枝桃、仙鹤、折枝灵芝，间以流云纹。内壁口沿下画两道双弦线，内壁光素。内底中心和底边均画双圈，中心双圈内书写一灵符。两个双圈之间绘两层纹饰，里层为二方连续的折枝桃、折枝灵芝；外层为二方连续的仙鹤、折枝灵芝、折枝桃、折枝灵芝。口沿下自右向左署青花楷体"大明嘉靖年制"六字横排外围双长方框款。圈足内无釉。（赵聪月）

Blue and white plate with design of *Lingzhi* fungus, peach, crane and incantations
Jiajing Period, Ming Dynasty, Height 8.6cm Mouth diameter 59.5cm Foot diameter 39cm, Collected by the Palace Museum

青花寿山仙鹤纹盘（残）

明嘉靖

残长 31.5 厘米

1987 年江西省景德镇市御窑厂遗址出土，景德镇御窑博物馆藏

盘撇口、浅弧腹、圈足。盘胎体厚重，底心下凹。内、外皆有青花装饰，外底可见火石红。内壁绘仙鹤纹，间以"壬"字形云纹，内底青花双圈内绘云龙纹。外壁绘双弦纹、寿山及"丁"字形云纹。纹饰整体充满道教色彩，反映了当时皇宫崇尚道教之风。（万平）

Blue and white plate with design of crane and mountain (Incomplete)
Jiajing Period, Ming Dynasty, Remaining length 31.5cm, Unearthed at Imperial Kiln heritage of Jingdezhen in Jiangxi Province in 1987, collected by the Imperial Kiln Museum of Jingdezhen

青花云鹤纹盘（残）

明嘉靖

残长 18 厘米

1987 年江西省景德镇市御窑厂遗址出土，景德镇御窑博物馆藏

盘敞口、弧腹、圈足。外底施透明釉，足端不施釉。胎质呈白色，盘心饰云纹，盘壁外绘云鹤纹。（李慧）

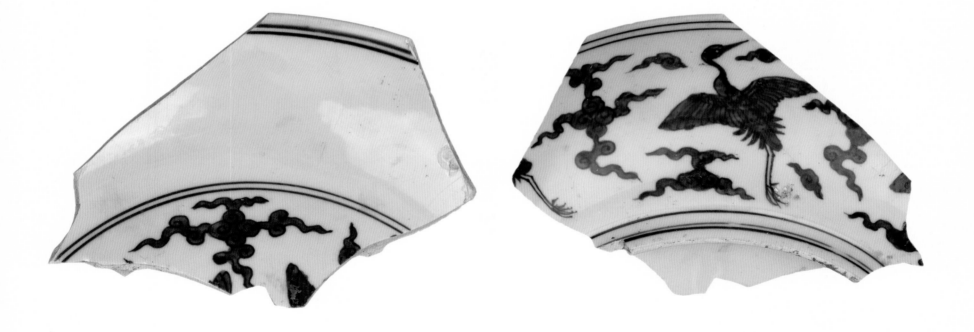

Blue and white plate with design of crane and cloud (Incomplete)
Jiajing Period, Ming Dynasty, Remaining length 18cm, Unearthed at Imperial Kiln heritage of Jingdezhen in Jiangxi Province in 1987, collected by the Imperial Kiln Museum of Jingdezhen

191

112 | 青花云鹤纹盘

明嘉靖

高 2.9 厘米　口径 14.5 厘米　足径 9.1 厘米

故宫博物院藏

盘敞口、浅弧腹、圈足。内、外皆有青花装饰。内底、内壁和外壁均绘云鹤纹。外底署青花楷体"大明嘉靖年制"六字双行外围双圈款。

此盘胎体洁白细腻，青花呈色艳丽。（赵聪月）

Blue and white plate with design of crane and cloud
Jiajing Period, Ming Dynasty, Height 2.9cm Mouth diameter 14.5cm Foot diameter 9.1cm, Collected by the Palace Museum

113 | 青花果树对鸟图盘

明嘉靖

高 11 厘米　口径 57.5 厘米　足径 36 厘米

故宫博物院藏

盘撇口、弧腹、圈足。内、外皆有青花装饰。内壁口沿下绘两道弦纹，壁面对称绘四组折枝花，间以蜂蝶，盘心绘三道弦纹，内绘果树对鸟图，树生自土中，枝叶繁茂、果实累累，双鸟立于枝间，灵动、活泼。外壁绘缠枝宝相花纹样。外壁口沿下自右向左署青花楷体"大明嘉靖年制"六字横排外围双长方框款。（赵聪月）

Blue and white plate with design of bird and fruit tree
Jiajing Period, Ming Dynasty, Height 11cm Mouth diameter 57.5cm Foot diameter 36cm, Collected by the Palace Museum

| **青花鱼藻纹盘**

明嘉靖

高 3.9 厘米　口径 15.2 厘米　足径 9 厘米

故宫博物院藏

盘撇口、浅弧腹、圈足。内、外皆有青花装饰。内底和外壁均绘鱼藻纹，内壁光素。外底署青花楷体"大明嘉靖年制"六字双行外围双圈款。（赵聪月）

　Blue and white plate with design of fish and water plants
Jiajing Period, Ming Dynasty, Height 3.9cm Mouth diameter 15.2cm Foot diameter 9cm, Collected by the Palace Museum

青花鱼藻纹盘（残）

明嘉靖

残长 7.5 厘米

1987 年江西省景德镇市御窑厂遗址出土，景德镇御窑博物馆藏

盘圈足。盘心绘青花鱼藻纹。外底署青花楷体"大明嘉靖年制"六字双行外围双圈款。（李子嵬）

Blue and white plate with design of fish and water plants (Incomplete)
Jiajing Period, Ming Dynasty, Remaining length 7.5cm, Unearthed at Imperial Kiln heritage of Jingdezhen in Jiangxi Province in 1987, collected by the Imperial Kiln Museum of Jingdezhen

197

明嘉靖

高 2.9 厘米　口径 14.5 厘米　足径 9.1 厘米

故宫博物院藏

盘撇口、弧腹、圈足。内、外皆有青花装饰。内底和外壁均绘松竹梅图，内壁光素。外底署青花楷体"大明嘉靖年制"六字双行款。（赵聪月）

Blue and white plate with design of pine, bamboo and plum blossom
Jiajing Period, Ming Dynasty, Height 2.9cm Mouth diameter 14.5cm Foot diameter 9.1cm, Collected by the Palace Museum

青花松竹梅图盘

明嘉靖
高 4.9 厘米　口径 24.2 厘米　足径 13.4 厘米
故宫博物院藏

盘撇口、浅弧腹、圈足。内、外皆有青花装饰。内底双圈内绘松竹梅图，内壁光素。外壁绘均匀分布的三组松竹梅图，间以竹石月亮。有明显塌底现象，足边现火石红。外底署青花楷体"大明嘉靖年制"六字双行外围双圈款。（赵聪月）

Blue and white plate with design of pine, bamboo and plum blossom
Jiajing Period, Ming Dynasty, Height 4.9cm Mouth diameter 24.2cm Foot diameter 13.4cm, Collected by the Palace Museum

青花松竹梅图盘（残）

明嘉靖

残长 22.9 厘米

1987 年江西省景德镇市御窑厂遗址出土，景德镇御窑博物馆藏

盘敞口、弧腹、圈足、足墙内收。外壁绘松竹梅纹，近口沿处绘两道弦纹。内壁近口沿处绘两道弦纹，下绘茶花纹，近盘心处绘三道弦纹。（邵昕）

Blue and white plate with design of pine, bamboo and plum blossom (Incomplete)
Jiajing Period, Ming Dynasty, Remaining length 22.9cm, Unearthed at Imperial Kiln heritage of Jingdezhen in Jiangxi Province in 1987, collected by the Imperial Kiln Museum of Jingdezhen

青花婴戏图盘

明嘉靖

高 2.7 厘米　口径 14.8 厘米　足径 9.1 厘米

故宫博物院藏

盘撇口、浅弧腹、圈足。胎体泛黄，釉面有开片纹。内、外皆有青花装饰。内底和外壁均绘婴戏图。外底署青花楷体"大明嘉靖年制"六字双行外围双圈款。

明代瓷器上的婴戏图约始于正统、景泰、天顺时期，多见于成化前后及明晚期。嘉靖时期婴戏图具有婴孩后脑勺较大、多身着长袍、采用单线平涂（即在以较浓青料双勾出的物象轮廓线内填以较淡青料）等特点。（赵聪月）

Blue and white plate with design of children at play
Jiajing Period, Ming Dynasty, Height 2.7cm Mouth diameter 14.8cm Foot diameter 9.1cm, Collected by the Palace Museum

203

青花婴戏图盘（残）

明嘉靖

足径 10.2 厘米

1988 年江西省景德镇市御窑厂遗址出土，景德镇御窑博物馆藏

下腹部以上尽残，不可复原。器物瓷质坚硬、细腻，内外壁均施透明釉，釉色白中泛青。内壁残存腹部光素无纹，盘心青花双圈内绘婴戏纹一组并以山石花草环绕四周，其中五个孩童或站立或蹲坐围绕棋盘博弈，另有一长袍盖膝的孩童手持莲花，悠然自乐。从该组婴戏纹样来看，这些孩童后脑较大并于前额留有一撮刘海，这与前朝婴戏纹样中刘海靠中、四肢短小的特征已经大相径庭。外底署青花楷体"大明嘉靖年制"六字双行外围双圈款。（谢俊仪）

Blue and white plate with design of children at play (Incomplete)
Jiajing Period, Ming Dynasty, Foot diameter 10.2cm, Unearthed at Imperial Kiln heritage of Jingdezhen in Jiangxi Province in 1988, collected by the Imperial Kiln Museum of Jingdezhen

青花婴戏图盘（残）

明嘉靖

残长 21.5 厘米

1990 年江西省景德镇市御窑厂遗址出土，景德镇御窑博物馆藏

盘浅弧腹、圈足。内壁无纹饰，外壁绘青花婴戏图，儿童有的抱瓶玩耍，有的捕捉蝴蝶，有的戏水，衬以草木，场面显得特别热闹。外底内施透明釉，署青花楷体"大明嘉靖年制"六字双行外围双圈款。（万平）

Blue and white plate with design of children at play (Incomplete)
Jiajing Period, Ming Dynasty, Remaining length 21.5cm, Unearthed at Imperial Kiln heritage of Jingdezhen in Jiangxi Province in 1990, collected by the Imperial Kiln Museum of Jingdezhen

122 | 青花盘（残）

明嘉靖

残长 7.1 厘米

1987 年江西省景德镇市御窑厂遗址出土，景德镇御窑博物馆藏

此片应为瓷盘的残片，一面绘青花云鹤纹，一面署青花楷体"分守九江道制"六字双行外围双圈款。

《明史》列传第一九二"宦官一"谓："世宗习见正德时宦侍之祸，即位后御近侍甚严，有罪挞之至死，或陈尸示戒。"《江西省大志·陶书》谓："嘉靖九年，诏革中官，以饶州府佐贰官一员，专督钱粮。"由此可知，嘉靖时期的督陶官是政府官，而不是中官。此时的御器厂不仅生产"部限"及"钦限"御瓷，而且生产供"台阁"及地方官府使用的瓷器。（汪哲宇）

Blue and white plate (Incomplete)

Jiajing Period, Ming Dynasty, Remaining length 7.1cm, Unearthed at Imperial Kiln heritage of Jingdezhen in Jiangxi Province in 1987, collected by the Imperial Kiln Museum of Jingdezhen

蓝地白凤纹盘（残）

明嘉靖

残长 10.6 厘米

1987 年江西省景德镇市御窑厂遗址出土，景德镇御窑博物馆藏

盘撇口、斜弧腹、圈足。内外均采用蓝地白花的装饰手法。盘心及外壁均绘凤纹。圈足残缺，可见满涂青花料，这种装饰手法嘉靖时较为盛行。（李子嵬）

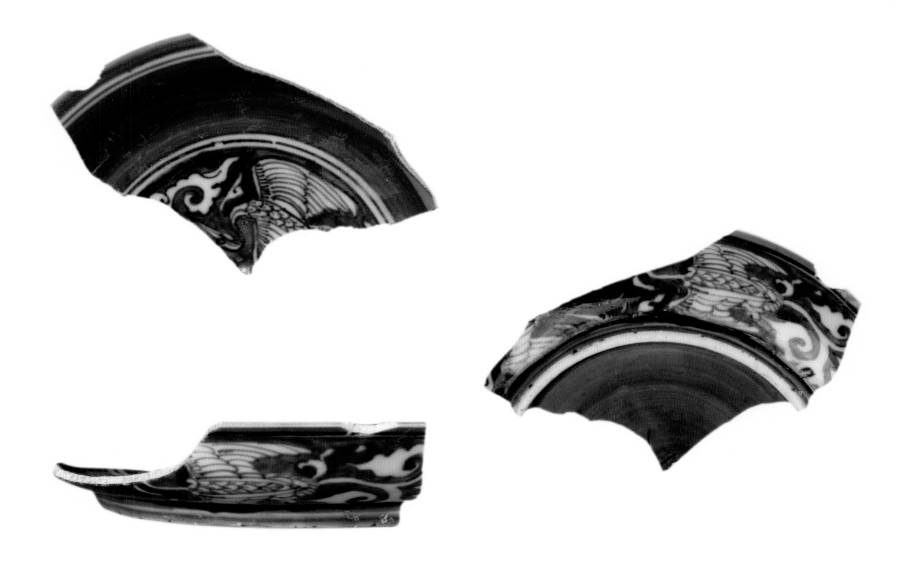

Plate with design of white phoenix on underglaze blue ground (Incomplete)
Jiajing Period, Ming Dynasty, Remaining length 10.6cm, Unearthed at Imperial Kiln heritage of Jingdezhen in Jiangxi Province in 1987, collected by the Imperial Kiln Museum of Jingdezhen

124 | 青花鱼莲纹碟

明嘉靖

高 2 厘米　口径 7.4 厘米　足径 4.4 厘米

故宫博物院藏

碟敞口、弧腹、圈足。内、外皆有青花装饰。内底绘一鲶鱼游于莲花盛开的水池中，外壁绘鳜、鲢、鲤、鲶鱼畅游于莲池中。外底署青花楷体"大明嘉靖年制"六字双行外围双圈款。

（赵聪月）

Blue and white dish with design of fish and lotus
Jiajing Period, Ming Dynasty, Height 2cm Mouth diameter 7.4cm Foot diameter 4.4cm, Collected by the Palace Museum

青花缠枝花卉纹碟

明嘉靖

高 2 厘米　口径 7.4 厘米　足径 4.4 厘米

故宫博物院藏

碟撇口、弧腹、圈足。内、外皆有青花装饰。外壁绘四组抽象花卉纹。内壁绘缠枝花纹，上结四朵花，两朵牡丹和两朵菊花交叉对称分布；内底绘团状花卉纹。外底署青花楷体"大明嘉靖年制"六字双行外围双圈款。（赵聪月）

Blue and white dish with design of entwined flowers
Jiajing Period, Ming Dynasty, Height 2cm Mouth diameter 7.4cm Foot diameter 4.4cm, Collected by the Palace Museum

126 青花缠枝花卉纹碟

明嘉靖
高 2.1 厘米　口径 7.4 厘米　足径 4.1 厘米
故宫博物院藏

碟撇口、弧腹、圈足。内、外皆有青花装饰。外壁绘四组抽象花卉纹。内壁绘缠枝花纹，上结四朵花，两朵牡丹和两朵菊花交叉对称分布；内底绘团状花卉纹。外底署青花楷体"大明嘉靖年制"六字双行外围双圈款。（赵聪月）

Blue and white dish with design of entwined flowers
Jiajing Period, Ming Dynasty, Height 2.1cm Mouth diameter 7.4cm Foot diameter 4.1cm, Collected by the Palace Museum

青花器底（残）

明嘉靖

残长 5 厘米

1987 年江西省景德镇市御窑厂遗址出土，景德镇御窑博物馆藏

底署青花楷体"台阁佳器"四字双行外围双圈款。外底有匣钵粘渣，说明烧制时该面朝上。

《明史·严嵩传》中载："二十一年八月拜武英殿大学士，入直文渊阁……帝尝以嵩直庐隘，撒小殿材为营室植花木其中，朝夕赐御膳、法酒。"这类署"台阁佳器"款的瓷器可能是"赐御膳"所用之膳器。（邬书荣）

Blue and white bottom of ware (Incomplete)

Jiajing Period, Ming Dynasty, Remaining length 5cm, Unearthed at Imperial Kiln heritage of Jingdezhen in Jiangxi Province in 1987, collected by the Imperial Kiln Museum of Jingdezhen

128 | 青花器底（残）

明嘉靖

残长 4.8 厘米

1987 年江西省景德镇市御窑厂珠山嘉靖地层出土，景德镇御窑博物馆藏

外底心微拱起，卧足。内心署青花楷体"乐"字外围青花双圈，外底署青花楷体"缙绅佳器"四字双行款。

缙绅者，旧时泛指官僚。（谢俊仪）

Blue and white bottom of ware (Incomplete)
Jiajing Period, Ming Dynasty, Remaining length 4.8cm, Unearthed at Jiajing strata of Zhushan Imperial Kiln heritage of Jingdezhen in Jiangxi Province in 1987, collected by the Imperial Kiln Museum of Jingdezhen

129 | 蓝地白花器（残）

明嘉靖

残长 6.5 厘米

1987 年江西省景德镇市御窑厂遗址出土，景德镇御窑博物馆藏

残，器形不详。内壁素面无纹、釉色白中泛青。外壁饰蓝地白花，青花色泽浓淡不一，留白处纹饰为杂宝纹。（韦有明）

Ware with white design on underglaze blue ground (Incomplete)
Jiajing Period, Ming Dynasty, Remaining length 6.5cm, Unearthed at Imperial Kiln heritage of Jingdezhen in Jiangxi Province in 1987, collected by the Imperial Kiln Museum of Jingdezhen

213

黄地青花缠枝莲纹葫芦瓶

明嘉靖

高 19 厘米　口径 3.2 厘米　足径 6.7 厘米

故宫博物院藏

瓶呈葫芦式，小口、短颈、束腰、圈足。通体浇黄釉地青花装饰。口沿包金。上、下腹部均绘缠枝莲纹，腰部绘梅花朵，近足处绘变形莲瓣纹。圈足内施青白釉。外底署青花楷体"大明嘉靖年制"六字双行外围双圈款。（赵聪月）

Blue and white gourd-shaped vase with design of entwined lotus on yellow ground
Jiajing Period, Ming Dynasty, Height 19cm Mouth diameter 3.2cm Foot diameter 6.7cm, Collected by the Palace Museum

131 黄地青花龙穿缠枝莲纹盘

明嘉靖

高 11.8 厘米　口径 80.7 厘米　足径 54 厘米

故宫博物院藏

盘敞口、浅弧腹、塌底、圈足。通体浇黄釉地青花装饰。内底绘一龙穿缠枝莲纹，龙正视，张牙舞爪。外壁绘缠枝莲纹，口沿下自右向左署青花楷体"大明嘉靖年制"六字横排外围双长方框款。圈足内无釉。（赵聪月）

Blue and white plate with design of dragon among entwined lotus on yellow ground
Jiajing Period, Ming Dynasty, Height 11.8cm Mouth diameter 80.7cm Foot diameter 54cm, Collected by the Palace Museum

132 黄地青花龙穿缠枝灵芝纹方斗杯

明嘉靖
高 8 厘米　口横 14.9 厘米　口纵 14.7 厘米
足横 5.6 厘米　足纵 5.5 厘米
故宫博物院藏

　　杯呈方斗形，撇口、弧腹、方圈足。通体浇黄地青花装饰。内、外壁近口沿处均绘卷草纹，内底青花双方框内书写青花篆体"寿"字，外壁四面均绘龙穿缠枝灵芝纹。外底署青花楷体"大明嘉靖年制"六字双行款。（冀洛源）

Blue and white cup with design of dragon among entwined *Lingzhi* fungus on yellow ground
Jiajing Period, Ming Dynasty, Height 8cm Mouth length 14.9cm Mouth width 14.7cm Foot length 5.6cm Foot width 5.5cm, Collected by the Palace Museum

黄地青花加矾红彩灵芝云纹杯

明嘉靖
高 4.6 厘米　口径 9 厘米　足径 4.2 厘米
故宫博物院藏

杯敞口、深弧腹、卧足。外壁通体黄地青花加矾红彩装饰。近口沿处绘两道青花弦线，内描画矾红彩回纹，腹部以青花和矾红彩描绘灵芝和云纹。内底以黄釉加矾红彩描绘云龙纹。外底署青花楷体"大明嘉靖年制"六字双行款。（赵聪月）

Blue and white cup with design of *Lingzhi* fungus and cloud in iron red color on yellow ground
Jiajing Period, Ming Dynasty, Height 4.6cm Mouth diameter 9cm Foot diameter 4.2cm, Collected by the Palace Museum

青花加矾红彩鱼藻纹盖罐

明嘉靖
通高 41.2 厘米　口径 21.8 厘米　足径 21.5 厘米
故宫博物院藏

罐直口、短颈、丰肩、鼓腹、腹下渐收、圈足。附伞形盖，盖顶置宝珠钮，盖与罐子母口相合。盖和罐身均以青花加矾红彩装饰，主题纹饰为鱼藻纹，辅以云纹、蕉叶纹和璎珞纹。外底署青花楷体"大明嘉靖年制"六字双行外围双圈款。

在中国陶瓷发展史上，鱼纹出现较早，新石器时代陶器上已有发现，以后历代沿袭。因"鱼"与"余"同音，因此鱼被赋予"富贵有余""连年有余"之含义，鱼藻纹遂成为各时期陶瓷器装饰的传统题材，在明清两代陶瓷器上尤为常见。（李卫东）

Blue and white lidded jar with design of fish and water plants in iron red color
Jiajing Period, Ming Dynasty, Overall height 41.2cm Mouth diameter 21.8cm Foot diameter 21.5cm, Collected by the Palace Museum

221

135 青花加矾红彩二龙戏珠纹碗

明嘉靖
高 16.2 厘米　口径 36.6 厘米　足径 15.6 厘米
故宫博物院藏

碗撇口、尖圆唇、深弧腹、圈足。内、外皆有青花加矾红彩装饰。内壁近口沿处画两道青花弦线，内底青花双圈内绘青花海水纹，釉上绘矾红彩龙纹。外壁近口沿处和圈足外墙各画两道青花弦线，腹部以青花海水和如意云头纹为地，釉上绘三组矾红彩二龙戏珠纹，间以青花朵云纹。足端圆削，无釉。外底署青花楷体"大明嘉靖年制"六字双行外围双圈款。（冀洛源）

Blue and white bowl with design of two dragons chasing ball in iron red color
Jiajing Period, Ming Dynasty, Height 16.2cm Mouth diameter 36.6cm Foot diameter 15.6cm, Collected by the Palace Museum

136 青花加矾红彩海水云龙纹盘

明嘉靖
高 3.8 厘米　口径 18.5 厘米　足径 10.5 厘米
故宫博物院藏

盘敞口、浅弧腹、圈足。内、外均以青花云龙纹加矾红彩海水纹装饰。内底绘海水云龙纹，外壁绘海水云龙纹。外底署青花楷体"大明嘉靖年制"六字双行外围双圈款。

青花加矾红彩瓷器创烧于明代宣德朝景德镇御器厂，此后历朝多有烧造，两种色彩相互辉映，对比鲜明，具有较好的装饰效果。（李卫东）

Blue and white plate with design of dragon, cloud and waves in iron red color
Jiajing Period, Ming Dynasty, Height 3.8cm Mouth diameter 18.5cm Foot diameter 10.5cm, Collected by the Palace Museum

137　青花加矾红彩海水云龙纹盘

明嘉靖

高 3.9 厘米　口径 19.5 厘米　足径 11.3 厘米

故宫博物院藏

盘撇口、浅弧腹、圈足。内、外均以青花云龙纹加矾红彩海水纹装饰。内底绘海水云龙纹，外壁绘海水云龙纹。青花色调艳丽，矾红彩色调鲜明。外底署青花楷体"大明嘉靖年制"六字双行外围双圈款。

青花加矾红彩是釉下青花与釉上矾红彩相结合的瓷器装饰品种。此类器物的纹样常见海兽纹、海水龙纹。（李卫东）

Blue and white plate with design of dragon, cloud and waves in iron red color
Jiajing Period, Ming Dynasty, Height 3.9cm Mouth diameter 19.5cm Foot diameter 11.3cm, Collected by the Palace Museum

均匀纯净
单色釉瓷器

　　嘉靖时期景德镇御器厂烧造的单色釉瓷器，按烧成温度大致可分为低温单色釉和高温单色釉两大类。

　　低温单色釉瓷的烧成温度一般低于 1250℃。其中以浇黄釉瓷产量最大，属于最高等级的宫廷用瓷。浇绿釉因呈色似西瓜皮之绿色，故俗称"瓜皮绿釉"，系以氧化铜为主要着色剂、以氧化铅为主要助熔剂的低温绿釉。明代景德镇御器厂自宣德朝开始烧造浇绿釉瓷，后来成化、弘治、正德、嘉靖等朝均有烧造，但产量不大，其中以嘉靖朝产品质量最好、釉色最纯正，受到的评价最高。

　　高温单色釉瓷的烧成温度一般等于或高于 1250℃。从传世和出土情况看，嘉靖朝御窑高温单色釉瓷有白釉、酱釉、冬青釉、祭蓝釉、回青釉瓷等。其中"回青釉"属于当时利用进口"回青"料与国产石子青料配合入釉创烧的蓝釉新品种。

Uniformity and Pureness
Single Colored Glaze Porcelain

According to the temperature, the single colored glaze porcelain of Jingdezhen imperial kiln in Jiajing period can be divided into low temperature porcelain and high temperature porcelain.

The low temperature single colored glaze porcelain was fired under the temperature of 1250 ℃. The largest output of this kind of porcelain was bright yellow glaze porcelain which belonged to the supreme grade porcelain for royal court. The color of poured green glaze porcelain looks like the green color of watermelon peel, so it was named as watermelon green glaze. The low temperature green glaze used copper oxide as the main coloring agent and lead oxide as fluxing agent. The Jingdezhen imperial kiln of the Ming dynasty started to fire poured green glaze porcelain from Xuande period and continued to Chenghua, Hongzhi, Zhengde and Jiajing periods. During those periods, this kind of porcelain had a few output and the porcelain of Jiajing period had the best quality, purest glaze and highest evaluation.

The temperature for firing high temperature single colored glaze porcelain was often higher than 1250℃. According to the porcelain handed down and excavated, the high temperature single colored glaze porcelain of Jiajing imperial kiln had white glaze, brown glaze, green glaze, sacrificial blue glaze, and *Huiqing* glaze and so on. The *Huiqing* glaze belonged to the new type of blue glaze which mixed and fired by the import material *Huiqing* and *Shizing Qing* (pebble blue) material at that time.

138 浇黄釉碗

明嘉靖

高 13.4 厘米　口径 30.3 厘米　足径 13 厘米

故宫博物院藏

碗撇口、深弧腹、圈足。内、外均施浇黄釉，圈足内施透明釉。外底署青花楷体"大明嘉靖年制"六字双行外围双圈款。

浇黄釉瓷器创烧于明初洪武朝景德镇陶厂，以后历朝多有烧造。其中以弘治朝产品取得的成就最为突出，后来烧造浇黄釉瓷器均以其为典范。

浇黄釉瓷器系因以浇釉法施釉而得名，其中呈色娇嫩淡雅者，被称作"娇黄釉"。（李卫东）

Bright yellow glaze bowl
Jiajing Period, Ming Dynasty, Height 13.4cm Mouth diameter 30.3cm Foot diameter 13cm, Collected by the Palace Museum

浇黄釉碗

明嘉靖

高 13.5 厘米　口径 29.7 厘米　足径 12.8 厘米

故宫博物院藏

碗撇口、深弧腹、圈足。内、外均施浇黄釉，圈足内施透明釉。外底署青花楷体"大明嘉靖年制"六字双行外围双圈款。（李卫东）

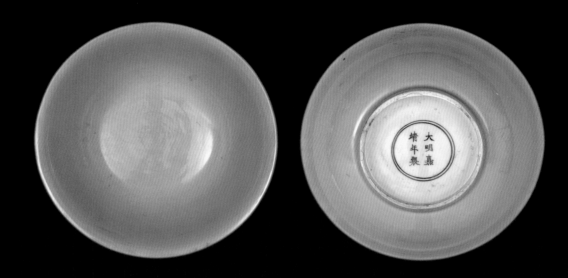

Bright yellow glaze bowl
Jiajing Period, Ming Dynasty, Height 13.5cm Mouth diameter 29.7cm Foot diameter 12.8cm, Collected by the Palace Museum

140 浇黄釉碗

明嘉靖
高 6.7 厘米　口径 12.3 厘米　足径 4.5 厘米
故宫博物院藏

碗敞口、深弧腹、圈足。内、外均施黄釉，釉色娇嫩淡雅。圈足内施透明釉。外底署青花楷体"大明嘉靖年制"六字双行外围双圈款。（李卫东）

Bright yellow glaze bowl
Jiajing Period, Ming Dynasty, Height 6.7cm Mouth diameter 12.3cm Foot diameter 4.5cm, Collected by the Palace Museum

浇黄釉杯

明嘉靖

高 4 厘米　口径 7.5 厘米　足径 3.4 厘米

故宫博物院藏

杯撇口、深弧腹、圈足。内、外均施浇黄釉，圈足内施透明釉。外底署青花楷体"大明嘉靖年制"六字双行外围双圈款。（李卫东）

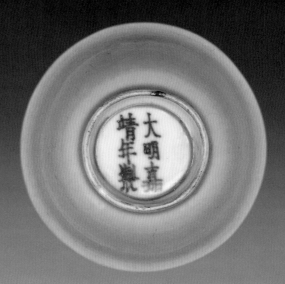

Bright yellow glaze cup
Jiajing Period, Ming Dynasty, Height 4cm Mouth diameter 7.5cm Foot diameter 3.4cm, Collected by the Palace Museum

浇黄釉盘

明嘉靖
高 4.5 厘米　口径 22.2 厘米　足径 14.7 厘米
故宫博物院藏

盘敞口、浅弧腹、圈足。内、外均施浇黄釉，圈足内施透明釉。外底署青花楷体"大明嘉靖年制"六字双行外围双圈款。（李卫东）

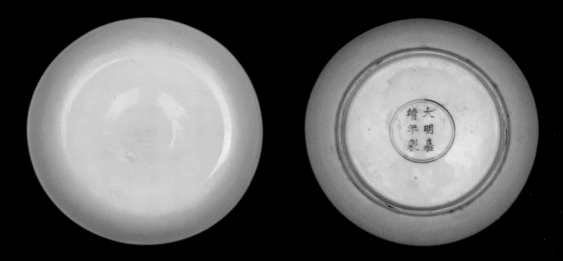

Bright yellow glaze plate
Jiajing Period, Ming Dynasty, Height 4.5cm Mouth diameter 22.2cm Foot diameter 14.7cm, Collected by the Palace Museum

浇黄釉锥拱云凤纹罐

明嘉靖

高 28.5 厘米　口径 10.6 厘米　足径 14.9 厘米

故宫博物院藏

罐唇口、短颈、鼓腹、圈足。通体施浇黄釉，釉质光洁。釉下锥拱云凤纹，纹饰清晰。外底锥拱楷体"大明嘉靖年制"六字双行款。造型古雅。（李卫东）

Bright yellow glaze jar with incised design of phoenix and cloud
Jiajing Period, Ming Dynasty, Height 28.5cm Mouth diameter 10.6cm Foot diameter 14.9cm, Collected by the Palace Museum

144 浇黄釉锥拱云龙纹碗

明嘉靖
高 6.7 厘米　口径 12.5 厘米　足径 4.3 厘米
故宫博物院藏

碗敞口、深弧腹、圈足。内、外均施浇黄釉，釉下锥拱云龙纹。圈足内施透明釉。外底署青花楷体"大明嘉靖年制"六字双行外围双圈款。（李卫东）

Bright yellow glaze bowl with incised design of dragon and cloud
Jiajing Period, Ming Dynasty, Height 6.7cm Mouth diameter 12.5cm Foot diameter 4.3cm, Collected by the Palace Museum

浇黄釉锥拱花卉纹墩式碗

明嘉靖
高 7 厘米　口径 13.6 厘米　足径 5.9 厘米
故宫博物院藏

碗敞口、深弧腹、圈足。通体施浇黄釉，外壁釉下锥拱花卉纹，近足处锥拱仰莲瓣纹。圈足内施透明釉。外底锥拱楷体"大明嘉靖年制"六字双行外围双圈款。（李卫东）

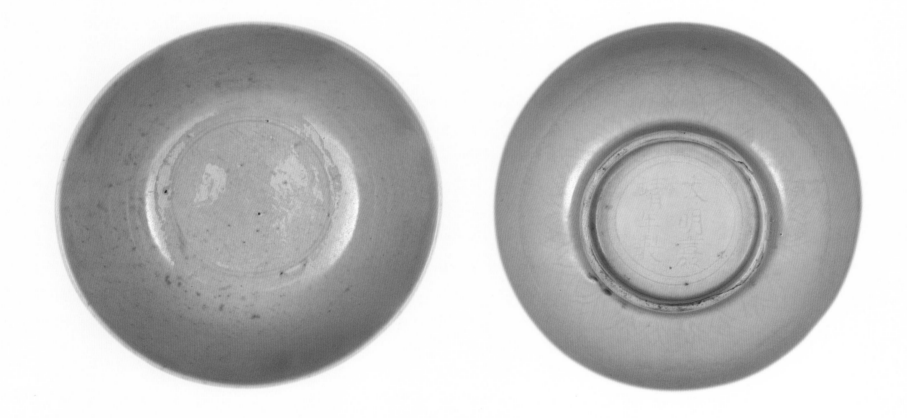

Bright yellow glaze deep bowl with incised design of flowers
Jiajing Period, Ming Dynasty, Height 7cm Mouth diameter 13.6cm Foot diameter 5.9cm, Collected by the Palace Museum

浇黄釉锥拱云龙纹高足碗

明嘉靖
高 10.5 厘米　口径 15 厘米　足径 4.5 厘米
故宫博物院藏

碗撇口、深弧腹、瘦底，底下承以中空外撇高足。内、外均施浇黄釉，内、外壁釉下锥拱云龙纹。高足内壁逆时针方向署青花楷体"大明嘉靖年制"六字环形款。

高足碗又名"靶碗"，用作供器，亦称"佛碗"。（李卫东）

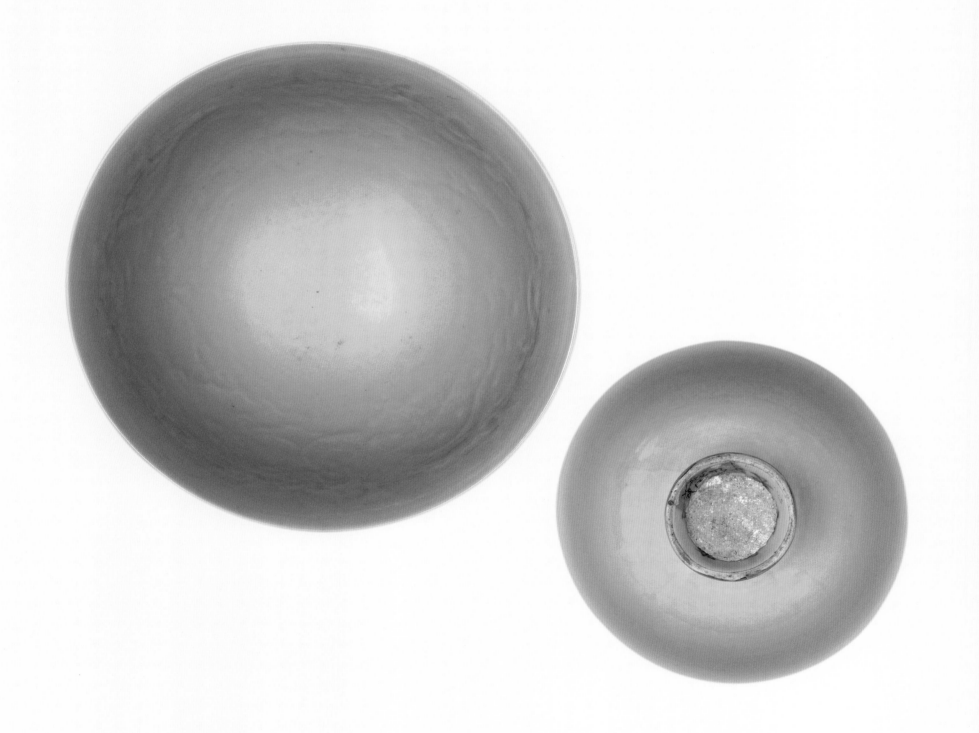

Bright yellow glaze bowl with high stem and incised design of dragon and cloud
Jiajing Period, Ming Dynasty, Height 10.5cm Mouth diameter 15cm Foot diameter 4.5cm, Collected by the Palace Museum

147 | 浇黄釉锥拱云龙纹盘

明嘉靖

高 7.2 厘米　口径 36 厘米　足径 22.9 厘米

故宫博物院藏

盘敞口、浅弧腹、圈足。内、外均施浇黄釉。外壁光素，内壁和内底锥拱云龙纹。圈足内施透明釉。外底锥拱楷体"大明嘉靖年制"六字双行外围双圈款。（李卫东）

Bright yellow glaze plate with incised design of dragon and cloud
Jiajing Period, Ming Dynasty, Height 7.2cm Mouth diameter 36cm Foot diameter 22.9cm, Collected by the Palace Museum

浇黄釉锥拱花卉纹盘

明嘉靖

高 4.2 厘米　口径 18.2 厘米　足径 11 厘米

故宫博物院藏

盘敞口、弧腹、圈足。内、外均施浇黄釉，釉下锥拱花卉纹。圈足内施透明釉。外底署青花楷体"大明嘉靖年制"六字双行外围双圈款。（李卫东）

Bright yellow glaze plate with incised design of flowers
Jiajing Period, Ming Dynasty, Height 4.2cm Mouth diameter 18.2cm Foot diameter 11cm, Collected by the Palace Museum

浇黄釉刻花锥拱花卉纹碟

明嘉靖

高 2.9 厘米　口径 9.8 厘米　足径 4.8 厘米

故宫博物院藏

碟撇口、折腰、圈足。内、外均施浇黄釉，釉下刻、锥拱花卉纹。圈足内施透明釉。外底署青花楷体"大明嘉靖年制"六字双行外围双长方框款。（李卫东）

Bright yellow glaze dish with incised design of flowers
Jiajing Period, Ming Dynasty, Height 2.9cm Mouth diameter 9.8cm Foot diameter 4.8cm, Collected by the Palace Museum

150 黄釉刻花碗（残）

明嘉靖

残高 4 厘米

1987 年江西省景德镇市御窑厂遗址出土，景德镇御窑博物馆藏

碗圈足。内外壁均施黄釉。外壁刻有花卉纹饰，近底处刻变形仰莲瓣纹。外底署青花楷体"大明嘉靖年制"六字双行外围双圈款。（李子嵬）

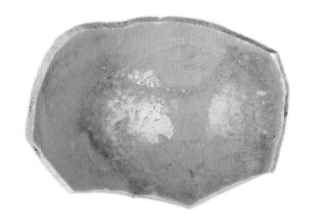

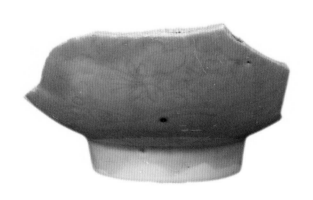

Yellow glaze bowl with incised design (Incomplete)
Jiajing Period, Ming Dynasty, Remaining height 4cm, Unearthed at Imperial Kiln heritage of Jingdezhen in Jiangxi Province in 1987, collected by the Imperial Kiln Museum of Jingdezhen

247

回青釉锥拱云龙戏珠纹碗

明嘉靖

高 6.7 厘米　口径 21.2 厘米　足径 7.9 厘米

故宫博物院藏

碗敞口、斜腹、圈足。内、外均施回青釉，内壁锥拱云龙戏珠纹，口沿和圈足外墙施酱色釉。外底露胎。无款识。（李卫东）

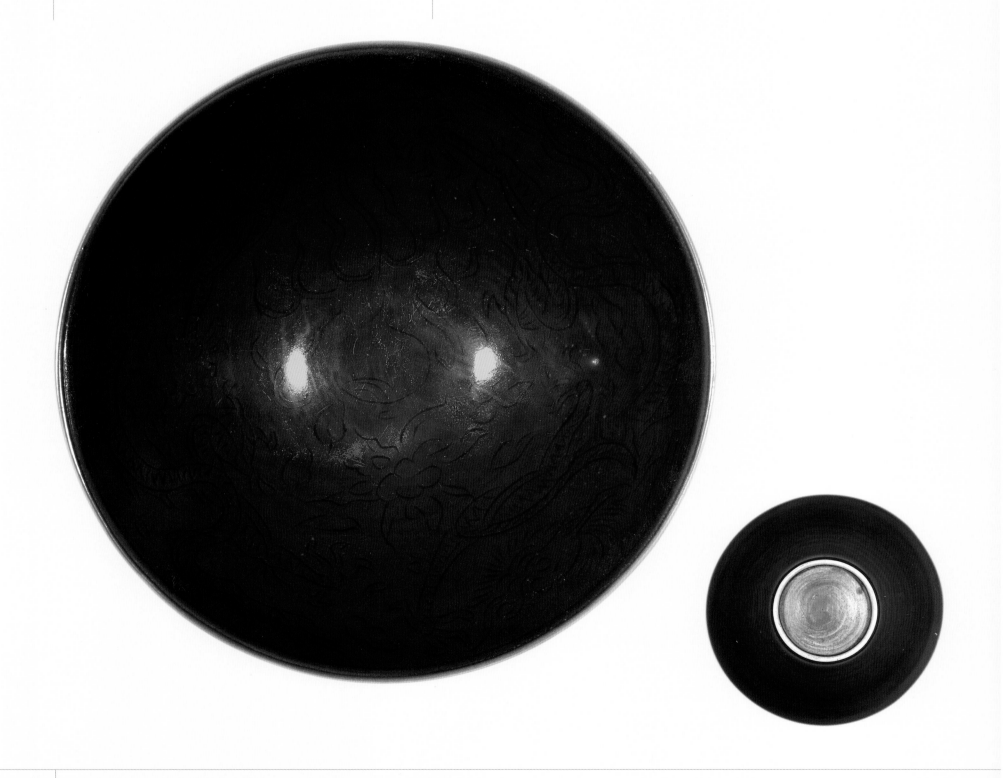

Cobalt blue glaze bowl with incised design of dragon chasing ball and cloud
Jiajing Period, Ming Dynasty, Height 6.7cm Mouth diameter 21.2cm Foot diameter 7.9cm, Collected by the Palace Museum

回青釉锥拱云龙纹盘

明嘉靖

高 3.8 厘米　口径 19.7 厘米　足径 10.4 厘米

故宫博物院藏

盘撇口、浅弧腹、圈足。内、外均施回青釉，釉下锥拱云龙纹。圈足内施透明釉。外底署青花楷体"大明嘉靖年制"六字双行外围双圈款。（黄卫文）

Cobalt blue glaze plate with incised design of dragon and cloud

Jiajing Period, Ming Dynasty, Height 3.8cm Mouth diameter 19.7cm Foot diameter 10.4cm, Collected by the Palace Museum

回青釉锥拱龙纹盘

明嘉靖
高 3.9 厘米　口径 20 厘米　足径 11.7 厘米
故宫博物院藏

盘撇口、浅弧腹、圈足。底微塌。内、外均施回青釉，釉下锥拱龙纹。圈足内施透明釉。外底署青花楷体"大明嘉靖年制"六字双行外围双圈款。（李卫东）

Cobalt blue glaze bowl with incised design of dragon
Jiajing Period, Ming Dynasty, Height 3.9cm Mouth diameter 20cm Foot diameter 11.7cm, Collected by the Palace Museum

154 | 祭蓝釉爵

明嘉靖
高 16.1 厘米　口径 12.7 厘米　足距 7 厘米
故宫博物院藏

爵船形口，深腹，下承以三柱形足，配一铜质镂空盖，盖顶置珊瑚圆钮。通体施祭蓝釉，釉面匀净润泽，釉薄处映出白色胎骨。外腹部雕刻回纹、兽面纹和鼓钉纹。外底无釉露胎，锥拱楷体"大明嘉靖年制"六字双行款。

此器造型和纹饰均模仿古代青铜器。因此类蓝釉器物被用作祭祀天坛，因此这种蓝釉被称作"祭蓝釉"。（李卫东）

Scrificial blue glaze *Jue*
Jiajing Period, Ming Dynasty, Height 16.1cm Mouth diameter 12.7cm Distance between feet 7cm, Collected by the Palace Museum

祭蓝釉爵（残）

明嘉靖

通高 14 厘米　口横 14.3 厘米　口纵 5.5 厘米　足横 9 厘米

足纵 8.6 厘米

1988 年江西省景德镇市御窑厂遗址出土，景德镇御窑博物馆藏

爵是杯的一种式样，酒具，仿青铜器造型。船形口，前尖后翘，口沿两侧有对称的立柱。腹一侧附正方形鋬耳，圆腹略深，下承三高足，足呈三棱柱形，杯外刻祥云纹，通体施祭蓝釉。底部涩胎，锥拱楷体"大明嘉靖年制"六字双行款。

蓝釉是以钴为着色剂的蓝色釉，有低温蓝釉和高温蓝釉。低温蓝釉最早见于唐三彩，高温蓝釉是景德镇元代所创。该器属高温蓝釉。（肖鹏）

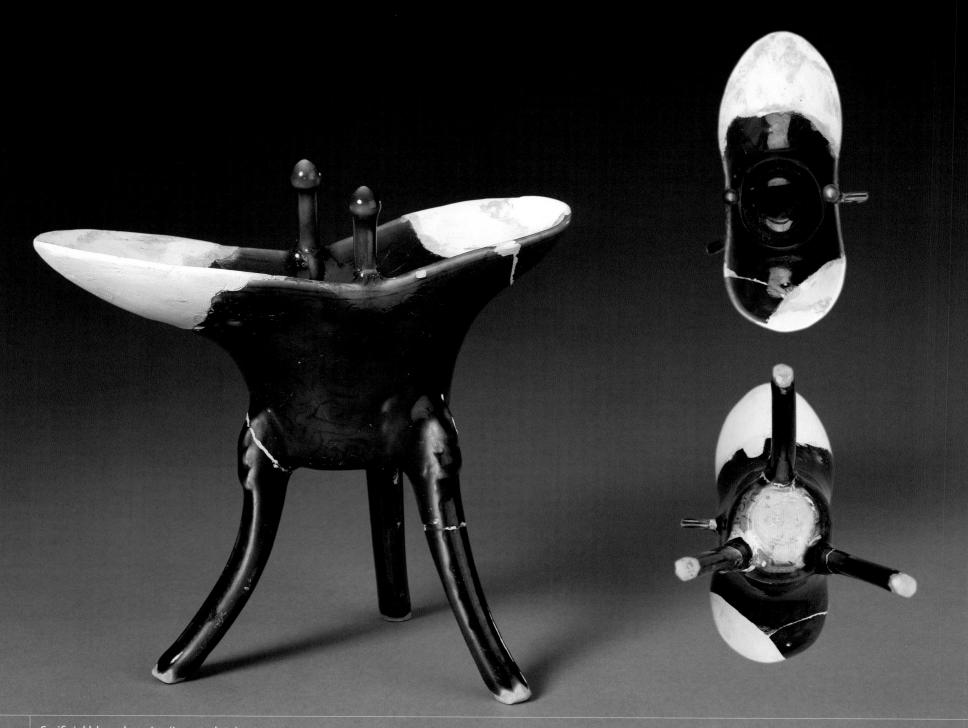

Scrificial blue glaze *Jue* (Incomplete)
Jiajing Period, Ming Dynasty, Overall height 14cm Mouth length 14.3cm Mouth width 5.5cm Foot length 9cm Foot width 8.6cm, Unearthed at Imperial Kiln heritage of Jingdezhen in Jiangxi Province in 1988, collected by the Imperial Kiln Museum of Jingdezhen

涩胎爵（残）

明嘉靖

残长 11.6 厘米

2014 年江西省景德镇市御窑厂遗址龙珠阁南侧出土，景德镇御窑博物馆藏

爵船形口，口沿有两立柱，弧腹，下承三足，器身一侧接一柄。内外壁均涩胎，为低温彩釉瓷的半成品。（李军强）

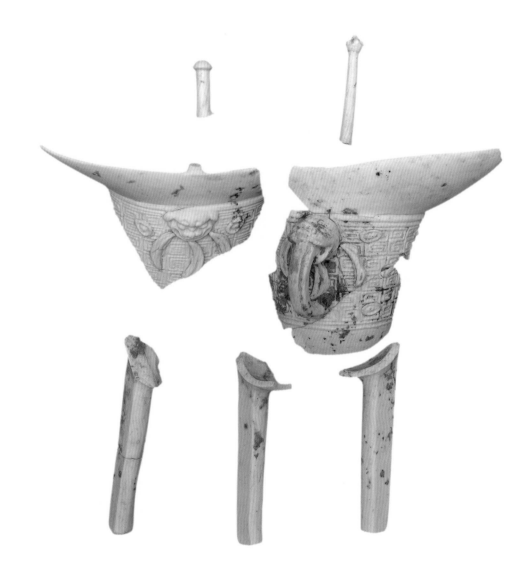

Biscuit-fired *Jue* (Incomplete)
Jiajing Period, Ming Dynasty, Remaining length 11.6cm, Unearthed at southern side of Longzhuge of Imperial Kiln heritage of Jingdezhen in Jiangxi Province in 2014, collected by the Imperial Kiln Museum of Jingdezhen

157 | 洒蓝釉葫芦瓶

明嘉靖
高 10.8 厘米　口径 1.8 厘米　足径 3.6 厘米
故宫博物院藏

瓶呈葫芦形，上小下大。小口、鼓腹、束腰、圈足。外壁施洒蓝釉，圈足内施透明釉。外底署青花楷体"大明嘉靖年制"六字双行外围双圈款。

葫芦瓶因形似葫芦而得名，多为陈设用品。"葫芦"音近"福禄"，有书"大吉"二字者，为祈求吉祥福禄之意。宋代南北方均有烧造，元代以后景德镇窑大量烧造葫芦瓶，有八方形、上圆下方形、扁腹形、长腹形等，尤以明代嘉靖时期产品为多。（李卫东）

Sprinkle blue glaze gourd-shaped vase
Jiajing Period, Ming Dynasty, Height 10.8cm Mouth diameter 1.8cm Foot diameter 3.6cm, Collected by the Palace Museum

158 洒蓝釉碗

明嘉靖
高 4.5 厘米　口径 9 厘米　足径 3.5 厘米
故宫博物院藏

碗撇口、深弧腹、圈足。内、外均施洒蓝釉，圈足内施透明釉。因釉面流淌，蓝色釉中泛出白色斑点，故称"洒蓝釉"。外底署青花楷体"大明嘉靖年制"六字双行外围双圈款。（黄卫文）

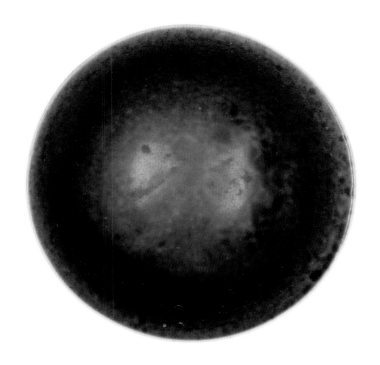

Sprinkle blue glaze bowl
Jiajing Period, Ming Dynasty, Height 4.5cm Mouth diameter 9cm Foot diameter 3.5cm, Collected by the Palace Museum

洒蓝釉碗

明嘉靖
高 5 厘米　口径 11 厘米　足径 5.1 厘米
故宫博物院藏

碗撇口、斜腹下收、圈足。通体施洒蓝釉，釉面流淌，釉色蓝中透白。外底锥拱楷体"大明嘉靖年制"六字双行款。（黄卫文）

Sprinkle blue glaze bowl
Jiajing Period, Ming Dynasty, Height 5cm Mouth diameter 11cm Foot diameter 5.1cm, Collected by the Palace Museum

160 | 洒蓝釉碗

明嘉靖

高 5.1 厘米　口径 11.1 厘米　足径 6 厘米

故宫博物院藏

碗撇口、斜腹下收、圈足。通体施洒蓝釉，釉面流淌。外底锥拱楷体"大明嘉靖年制"六字双行外围双圈款。（黄卫文）

Sprinkle blue glaze bowl
Jiajing Period, Ming Dynasty, Height 5.1cm Mouth diameter 11.1cm Foot diameter 6cm, Collected by the Palace Museum

261

161 洒蓝釉盘

明嘉靖
高 3.8 厘米　口径 20.5 厘米　足径 11.8 厘米
故宫博物院藏

盘撇口、浅弧腹、圈足。内、外均施洒蓝釉，圈足内施透明釉，釉色泛青。外底署青花楷体"大明嘉靖年制"六字双行外围双圈款。（黄卫文）

Sprinkle blue glaze plate
Jiajing Period, Ming Dynasty, Height 3.8cm Mouth diameter 20.5cm Foot diameter 11.8cm, Collected by the Palace Museum

瓜皮绿釉锥拱云凤纹尊

明嘉靖
高 11.2 厘米　口径 14.1 厘米　足径 8 厘米
故宫博物院藏

尊撇口、阔颈、圆腹上丰下敛、圈足外撇。通体施绿釉，釉色翠绿，似西瓜皮色，故有"瓜皮绿"之称。外壁通体锥拱花纹装饰：颈部及腹之上部均为二飞凤首尾相接，间以云朵；腹之下部为变形莲瓣纹；圈足外墙为卷枝纹。足内施透明釉，泛青色，釉内气泡密集。外底署青花楷体"大明嘉靖年制"六字双行外围双圈款。

瓜皮绿釉器创烧于明代中期，以嘉靖时产品最为著名。嘉靖瓜皮绿釉瓷以盘、碗等较为多见，尊一类的琢器则罕见。（冀洛源）

Watermelon glaze *Zun* with incised design of phoenix and cloud
Jiajing Period, Ming Dynasty, Height 11.2cm Mouth diameter 14.1cm Foot Diameter 8cm, Collected by the Palace Museum

163 瓜皮绿釉碗

明嘉靖
高 5.5 厘米　口径 17.8 厘米　足径 6.3 厘米
故宫博物院藏

碗敞口、深弧腹、圈足。内、外均施瓜皮绿釉，圈足内施透明釉。外底署青花楷体"大明嘉靖年制"六字双行外围双圈款。（黄卫文）

Watermelon green glaze bowl
Jiajing Period, Ming Dynasty, Height 5.5cm Mouth diameter 17.8cm Foot diameter 6.3cm, Collected by the Palace Museum

164 瓜皮绿釉碗

明嘉靖
高 5.5 厘米　口径 17.8 厘米　足径 6.5 厘米
故宫博物院藏

碗敞口、深弧腹、圈足。内、外均施瓜皮绿釉，釉层较薄，釉色娇嫩。圈足内施透明釉。外底署青花楷体"大明嘉靖年制"六字双行外围双圈款。（黄卫文）

Watermelon green glaze bowl
Jiajing Period, Ming Dynasty, Height 5.5cm Mouth diameter 17.8cm Foot diameter 6.5cm, Collected by the Palace Museum

165 **酱釉刻缠枝莲纹碗**（残）

明嘉靖

残长 10.2 厘米

1990 年江西省景德镇市御窑厂遗址出土，景德镇御窑博物馆藏

碗撇口，弧腹。通体施紫金釉。外壁刻缠枝莲纹，近底处刻变形仰莲瓣纹。（李子嵬）

Brown glaze bowl with incised design of entwined lotus (Incomplete)
Jiajing Period, Ming Dynasty, Remaining length 10.2cm, Unearthed at Imperial Kiln heritage of Jingdezhen in Jiangxi Province in 1990, collected by the Imperial Kiln Museum of Jingdezhen

269

酱釉碗

明嘉靖
高 6.3 厘米　口径 12.4 厘米　足径 4.8 厘米
故宫博物院藏

碗敞口、深弧腹、圈足。内、外均施酱色釉，圈足内施透明釉。釉面光亮匀净，口沿因垂釉而映出白色胎骨。外底署青花楷体"大明嘉靖年制"六字双行外围双圈款。（黄卫文）

Brown glaze bowl
Jiajing Period, Ming Dynasty, Height 6.3cm Mouth diameter 12.4cm Foot diameter 4.8cm, Collected by the Palace Museum

167 | 酱釉盘

明嘉靖
高 3.5 厘米　口径 16.5 厘米　足径 8.5 厘米
故宫博物院藏

盘撇口、浅弧腹、圈足。内、外均施酱色釉，圈足内施透明釉。外底署青花楷体"大明嘉靖年制"六字双行外围双圈款。

此盘造型规整，胎质细腻，釉面匀净，堪称嘉靖朝酱釉瓷的代表作。（黄卫文）

Brown glaze plate
Jiajing Period, Ming Dynasty, Height 3.5cm Mouth diameter 16.5cm Foot diameter 8.5cm, Collected by the Palace Museum

矾红釉带盖梨式执壶

明嘉靖
通高 15 厘米　口径 3.7 厘米　足径 6.2 厘米
故宫博物院藏

壶呈梨形，直口、溜肩、圆垂腹、圈足，两侧分别置弯流、曲柄。伞形盖扣合于壶口之上，盖顶置宝珠钮。口沿与柄相连处置一圆环，供系绳以防止壶盖脱落。壶体施两层色釉，先施烧成温度稍高的浇黄釉，烧成后，再覆盖烧成温度稍低的矾红釉，致使矾红釉中微闪黄色，色调温润柔和。矾红釉下隐约可见用黑彩描绘的云凤纹。圈足内施透明釉。外底署青花楷体"大明嘉靖年制"六字双行外围双圈款。（黄卫文）

Iron red glaze lidded pear-shaped pot with handle
Jiajing Period, Ming Dynasty, Overall height 15cm Mouth diameter 3.7cm Foot diameter 6.2cm, Collected by the Palace Museum

矾红釉豆（残）

明嘉靖
残高 27.8 厘米　口径 17.4 厘米　底径 15.3 厘米
2014 年江西省景德镇市御窑厂遗址龙珠阁南侧出土，景德镇御窑博物馆藏

豆分上下两部分，上半部为旋钮器盖，下半部为器身。器身作腰鼓状，上下两端呈半球形，束腰，隐形圈足。器盖作半球形，子母口，与器身合拢形成球形。内壁施透明釉，外壁通体施低温矾红釉，底心有一小孔。

《大明会典·器用》曾提到："洪武元年，多以金造……二年祭器皆用瓷……嘉靖九年，朝廷规定四郊各陵瓷，圆丘青色，方丘黄色，日坛赤色，月坛白色。"该矾红釉豆与黄釉、白釉、蓝釉等同器形器物同出，很可能是当时烧造的祭祀礼器，因落选而掩埋于御窑厂遗址内，因此该器当为礼器。（李军强）

Iron red *Dou* (Incomplete)
Jiajing Period, Ming Dynasty, Remaining height 27.8cm Mouth diameter 7cm Bottom diameter 15.3cm, Unearthed at southern side of Longzhuge of Imperial Kiln heritage of Jingdezhen in Jiangxi Province in 2014, collected by the Imperial Kiln Museum of Jingdezhen

涩胎豆（残）

明嘉靖

残高 27.8 厘米　口径 17.4 厘米　底径 15.3 厘米

2014 年江西省景德镇市御窑厂遗址龙珠阁南侧出土，景德镇御窑博物馆藏

该豆包括器身和器盖两部分。器身上下两端呈半球形，束腰，浅圈足。器盖作半球形，盖顶置一钮。盖子母口，与器身合拢形成球形。外底心有一小孔。内壁施透明釉，经高温已烧成。外壁涩胎，尚未施彩。从同时出土的矾红豆来看，这件器物应为低温彩瓷器的半成品。（李军强）

Biscuit-fired *Dou*（Incomplete）
Jiajing Period, Ming Dynasty, Remaining height 27.8cm　Mouth diameter 7cm　Bottom diameter 15.3cm, Unearthed at southern side of Longzhuge of Imperial Kiln heritage of Jingdezhen in Jiangxi Province in 2014, collected by the Imperial Kiln Museum of Jingdezhen

171 仿龙泉釉锥拱缠枝灵芝纹瓶

明嘉靖
高 22.5 厘米　口径 10.6 厘米　足径 9.5 厘米
故宫博物院藏

瓶唇口、直颈、圆鼓腹、圈足。外壁施仿龙泉青釉，内壁和外底施透明釉。颈部、腹部均锥拱缠枝灵芝纹，肩部锥拱卷草纹，近足处锥拱变形莲瓣纹。外底署青花楷体"大明嘉靖年制"六字双行外围双圈款。（黄卫文）

Vase with incised design of entwined *Lingzhi* fungus imitating Longquan glaze
Jiajing Period, Ming Dynasty, Height 22.5cm Mouth diameter 10.6cm Foot diameter 9.5cm, Collected by the Palace Museum

白釉碗

明嘉靖

高 6.1 厘米　口径 11 厘米　足径 3 厘米

故宫博物院藏

碗撇口、深弧腹、圈足。通体施透明釉，釉面莹润，色泽乳白。无款识。（黄卫文）

White glaze bowl

Jiajing Period, Ming Dynasty, Height 6.1cm Mouth diameter 11cm Foot diameter 3cm, Collected by the Palace Museum

173 白釉盏（残）

明嘉靖

残长 5.6 厘米　足径 3.6 厘米

1987 年江西省景德镇市御窑厂遗址出土，景德镇御窑博物馆藏

盏已残，不可复原。瓷质坚硬、细腻，内外壁均施透明釉。除盏心和底足外均不加装饰。盏心署青花楷体"茶"字，外围青花双圈，外底署青花楷体"金箓大醮坛用"六字双行外围双圈款。（谢俊仪）

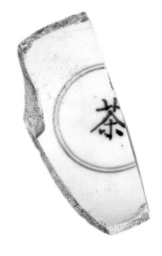 

White glaze small cup (Incomplete)
Jiajing Period, Ming Dynasty, Remaining length 5.6cm Mouth diameter 3.6cm, Unearthed at Imperial Kiln heritage of Jingdezhen in Jiangxi Province in 1987,
collected by the Imperial Kiln Museum of Jingdezhen

白釉盏（残）

明嘉靖
高 4.3 厘米　口径 8.9 厘米　足径 3.4 厘米
1987 年江西省景德镇市御窑厂遗址出土，景德镇御窑博物馆藏

盏撇口、弧腹、圈足。胎质洁白、坚硬。内、外壁均施透明釉。外底署青花楷体"金箓大醮坛用"六字双行外围双圈款。

根据相同地层出土的器物来看，这类器物通常在盏心部位的青花双圈内书"酒""枣汤""茶"等字样，据考证该器物为道教焚修祭醮之物。（谢俊仪）

White glaze small cup (Incomplete)
Jiajing Period, Ming Dynasty, Height 4.3cm　Mouth diameter 8.9cm　Foot diameter 3.4cm, Unearthed at Imperial Kiln heritage of Jingdezhen in Jiangxi Province in 1987, collected by the Imperial Kiln Museum of Jingdezhen

175 | 白釉盏（残）

明嘉靖

残长 6.7 厘米　足径 3.7 厘米

1987 年江西省景德镇市御窑厂出土，景德镇御窑博物馆藏

盏撇口、弧腹、圈足，外底署青花楷体"金箓大醮坛用"六字双行外围单圈款。盏内分别书变圈"酒""枣汤""茶"等字。

此盏当为道教焚修祭醮之物。（谢俊仪）

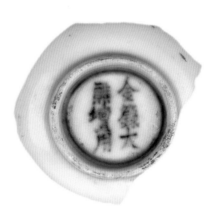

White glaze small cup (Incomplete)
Jiajing Period, Ming Dynasty, Remaining length 6.7cm　Mouth diameter 3.7cm, Unearthed at Imperial Kiln heritage of Jingdezhen in Jiangxi Province in 1987, collected by the Imperial Kiln Museum of Jingdezhen

283

176 白釉盘

明嘉靖

高 3.8 厘米　口径 19.4 厘米　足径 10.6 厘米

故宫博物院藏

盘撇口、浅弧腹、圈足。通体施透明釉，釉质温润。圈足内施青白釉。外底署青花楷体"大明嘉靖年制"六字双行外围双圈款。（黄卫文）

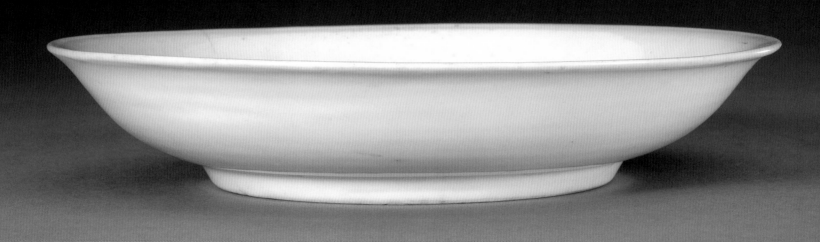

White glaze plate
Jiajing Period, Ming Dynasty, Height 3.8cm Mouth diameter 19.4cm Foot diameter 10.6cm, Collected by the Palace Museum

白釉锥拱云凤纹罐

明嘉靖

高 15.4 厘米　口径 6.8 厘米　足径 7.4 厘米

故宫博物院藏

罐直口、短颈、溜肩、肩下渐敛、圈足。通体施透明釉，外壁釉下锥拱纹饰。肩部锥拱折枝花纹，腹部锥拱云凤纹，胫部锥拱变形莲瓣纹。圈足内施青白釉。外底署青花楷体"大明嘉靖年制"六字双行外围双圈款。（黄卫文）

White glaze jar with incised design of phoenix and cloud
Jiajing Period, Ming Dynasty, Height 15.4cm Mouth diameter 6.8cm Foot diameter 7.4cm, Collected by the Palace Museum

白釉锥拱折枝花纹方罐

明嘉靖
高 12.2 厘米　口横 5 厘米　口纵 4.9 厘米
足横 5.7 厘米　足纵 5.5 厘米
故宫博物院藏

罐呈四方形，唇口、短直颈、溜肩、腹部上丰下敛、方圈足。通体施透明釉，外壁釉下锥拱纹饰。口沿锥拱回纹，肩部锥拱俯莲瓣纹，腹部锥拱折枝花卉和朵云纹，胫部锥拱变形莲瓣纹。外底署青花楷体"大明嘉靖年制"六字双行外围双方框款。（黄卫文）

White glaze square jar with incised design of branched flowers
Jiajing Period, Ming Dynasty, Height 15.4cm Mouth length 5cm Mouth width 4.9cm Foot length 5.7cm Foot width 5.5cm, Collected by the Palace Museum

179　白釉锥拱团龙纹碗

明嘉靖
高 7.3 厘米　口径 21.1 厘米　足径 8.4 厘米
故宫博物院藏

　　碗敞口、深弧腹、圈足。通体施透明釉。内底锥拱云龙纹，外壁近口沿处锥拱菱形纹饰，腹部锥拱四组团龙纹。圈足内施青白釉。外底锥拱楷体"大明嘉靖年制"六字双行外围双圈款。（黄卫文）

White glaze bowl with incised design of coiled dragon
Jiajing Period, Ming Dynasty, Height 7.3cm Mouth diameter 21.1cm Foot diameter 8.4cm, Collected by the Palace Museum

白釉锥拱云凤纹碗

明嘉靖

高 7.6 厘米　口径 13.9 厘米　足径 7.4 厘米

故宫博物院藏

碗敞口、深弧腹、圈足。通体施透明釉，釉下锥拱纹饰。内底和外壁腹部均锥拱云凤纹，外壁胫部锥拱变形莲瓣纹。圈足内施青白釉。外底署青花楷体"嘉靖年制"四字双行外围双圈款。（黄卫文）

White glaze bowl with incised design of phoenix and cloud

Jiajing Period, Ming Dynasty, Height 7.6cm Mouth diameter 13.9cm Foot diameter 7.4cm, Collected by the Palace Museum

白釉锥拱云凤纹盘

明嘉靖

高 4 厘米　口径 19 厘米　足径 11.2 厘米

故宫博物院藏

盘撇口、浅弧腹、圈足。通体施透明釉，釉下锥拱纹饰。内底锥拱云凤纹，外壁锥拱云龙纹。圈足内施青白釉。外底署青花楷体"大明嘉靖年制"六字双行外围双圈款。（唐雪梅）

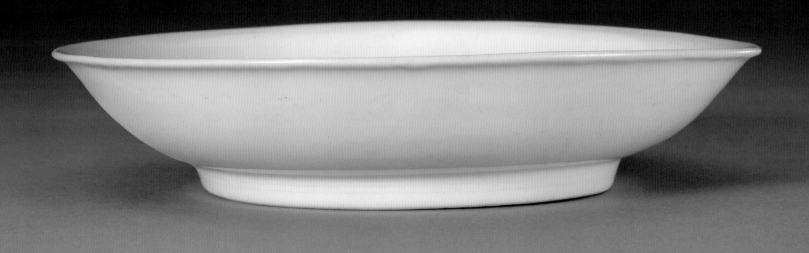

White glaze plate with incised design of phoenix and cloud
Jiajing Period, Ming Dynasty, Height 4cm Mouth diameter 19cm Foot diameter 11.2cm, Collected by the Palace Museum

白釉锥拱海水纹盘

明嘉靖

高 6.6 厘米　口径 39 厘米　足径 23.5 厘米

故宫博物院藏

盘敞口、浅弧腹、圈足。通体施透明釉。内底锥拱海水纹。圈足内施青白釉。外底锥拱楷体"大明嘉靖年制"六字双行外围双圈款。(唐雪梅)

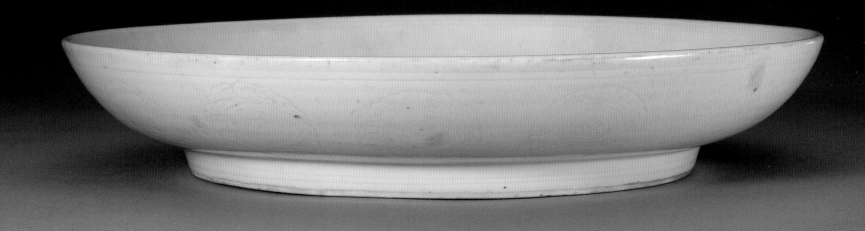

White glaze plate with incised design of waves
Jiajing Period, Ming Dynasty, Height 6.6cm Mouth diameter 39cm Foot diameter 23.5cm, Collected by the Palace Museum

白釉刻涩胎云龙纹盘（残）

明嘉靖
高 4.3 厘米　口径 28 厘米　足径 12.8 厘米
2014 年江西省景德镇市御窑厂遗址出土，景德镇御窑博物馆藏

盘敞口、浅弧腹、圈足。内外壁均施透明釉。这件盘使用了两种装饰工艺，盘心和外壁剔刻龙纹露胎，露胎处待填低温彩，龙爪和云纹以暗刻的形式表现。外底署青花楷体"大明嘉靖年制"六字双行外围双圈款。（李军强）

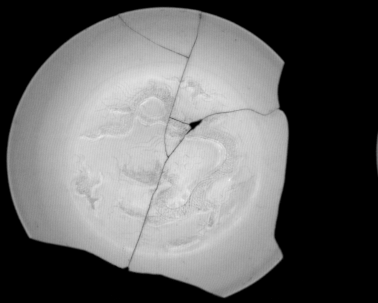

White glaze plate with biscuit-fired design of dragon and cloud (Incomplete)
Jiajing Period, Ming Dynasty, Height 4.3cm Mouth diameter 28cm Foot diameter 12.8cm, Unearthed at Imperial Kiln heritage of Jingdezhen in Jiangxi Province in 2014, collected by the Imperial Kiln Museum of Jingdezhen

涩胎刻折枝花纹六边梨式壶（残）

明嘉靖

残高 15.4 厘米　足径 7.4 厘米

2014 年江西省景德镇市御窑厂遗址龙珠阁南侧出土，景德镇御窑博物馆藏

壶敛口、鼓腹、圈足。壶身作六边梨形，圈足和流亦作六边形，造型特别。外壁每一面刻有折枝莲托金钱、银锭纹。内外壁作涩胎。这件壶为低温彩瓷器的半成品。（李军强）

Biscuit-fired pear-shaped pot with incised design of branched flowers (Incomplete)
Jiajing Period, Ming Dynasty, Remaining height 15.4cm Foot diameter 7.4cm, Unearthed at southern side of Longzhuge of Imperial Kiln heritage of Jingdezhen in Jiangxi Province in 2014, collected by the Imperial Kiln Museum of Jingdezhen

涩胎刻花盖盒（残）

明嘉靖

残长 22.9 厘米

1987 年江西省景德镇市御窑厂遗址出土，景德镇御窑博物馆藏

盖子母口，圈足。口沿刻回纹，外壁刻福山寿海纹。内外壁皆无釉涩胎。（邵昕）

Biscuit-fired covered box with incised design (Incomplete)
Jiajing Period, Ming Dynasty, Remaining length 22.9cm, Unearthed at Imperial Kiln heritage of Jingdezhen in Jiangxi Province in 1987, collected by the Imperial Kiln Museum of Jingdezhen

186 | 涩胎刻花盖盒（残）

明嘉靖

残长 18 厘米

1987 年江西省景德镇市御窑厂遗址出土，景德镇御窑博物馆藏

盒盖呈扁圆形，子母口。盖面与盖身皆刻龙穿缠枝莲纹，口沿处刻卷草纹。内壁施釉不及口沿。（邵昕）

Biscuit-fired covered box with incised design (Incomplete)
Jiajing Period, Ming Dynasty, Remaining length 18cm, Unearthed at Imperial Kiln heritage of Jingdezhen in Jiangxi Province in 1987, collected by the Imperial Kiln Museum of Jingdezhen

色彩缤纷
杂釉彩、斗彩、五彩、红绿彩瓷器

　　嘉靖朝御窑彩瓷的种类比以往有所增加，产量也较大。其中尤以五彩瓷器最为兴盛，其中的精品声誉颇高，可与著名的永乐宣德青花瓷、成化斗彩瓷相提并论。嘉靖御窑五彩瓷器所用色彩有红、黄、绿、紫、黑、孔雀绿等，均色调纯正，整个画面显得绚烂陆离。尤其突出红、绿两种彩，给人以红浓、绿翠之视觉感受。善用醒目的孔雀绿彩也是嘉靖五彩瓷的一个突出特点。

　　除了五彩瓷、斗彩瓷以外，嘉靖朝御窑瓷器还特别流行各种杂釉彩装饰，如黄地绿彩、红地黄彩、黄地红彩、白地绿彩等，形成嘉靖朝御窑彩瓷的特殊面貌。

Colorful Porcelain

Multi-Colored Porcelain, *Doucai* Porcelain, Polychrome Porcelain and Red-and-Green Color Porcelain

The variety and production of decorative porcelain increased in Jiajing period. The polychrome porcelain had the highest reputation and its competitive products can be bracketed with famous blue-and-white porcelain in Yongle, Xuande periods and *Doucai* porcelain in Chenghua period. The polychrome porcelain of Jiajing imperial kiln used colors like red, yellow, green, purple, black and peacock green. Those pure colors made the decoration gorgeous and weirdly colourful. Especially the red and green colors showed the strong contrast between dark red and deep green. The good use of peacock green was also one outstanding feature of polychrome porcelain in Jiajing period.

Besides the polychrome porcelain and *Doucai* porcelain, the popular imperial kiln porcelain of Jiajing period also contained miscellaneous glazed porcelain like green color on yellow ground, yellow color on red ground, red color on yellow ground, green color on white ground and so on. Those porcelain formed the special face of colorful glazed porcelain of Jiajing imperial kiln.

187 黄地绿彩锥拱螭龙纹碗

明嘉靖

残高 6.3 厘米　足径 4.8 厘米

2014 年江西省景德镇市御窑厂遗址出土，景德镇御窑博物馆藏

碗撇口、深弧腹、圈足。口沿、底足外壁饰绿彩弦纹一道。外壁刻螭云龙纹并挂低温绿彩，空白处挂黄彩。内壁施透明釉。外底青花楷体"大明嘉靖年制"六字双行外围双圈款。

其工艺过程：先在坯胎上刻螭云龙纹，底用钴料书款，内壁、外底施白釉，经高温烧成。然后在外壁素胎上施黄彩，纹饰上填绿彩，经二次烤烧成的低温铅釉。

低温黄彩、绿彩器装饰始创于明永乐朝官窑，嘉靖沿袭。（肖鹏）

Bowl with incised design of *Chi*-dragon design on yellow ground (Incomplete)
Jiajing Period, Ming Dynasty, Remaining height 6.3cm　Foot diameter 4.8cm, Unearthed at Imperial Kiln heritage of Jingdezhen in Jiangxi Province in 2014, collected by the Imperial Kiln Museum of Jingdezhen

188 黄地绿彩锥拱婴戏图碗

明嘉靖
高 7 厘米　口径 15.5 厘米　足径 5.5 厘米
故宫博物院藏

碗撇口、深弧腹、圈足。内壁施浇黄釉，外壁浇黄地绿彩婴戏图装饰，纹饰均先于釉下锥拱而成，再填以绿彩。圈足内施青白釉。外底署青花楷体"大明嘉靖年制"六字双行款。（唐雪梅）

Bowl with incised design of children at play in green color on yellow ground
Jiajing Period, Ming Dynasty, Height 7cm Mouth diameter 15.5cm Foot diameter 5.5cm, Collected by the Palace Museum

303

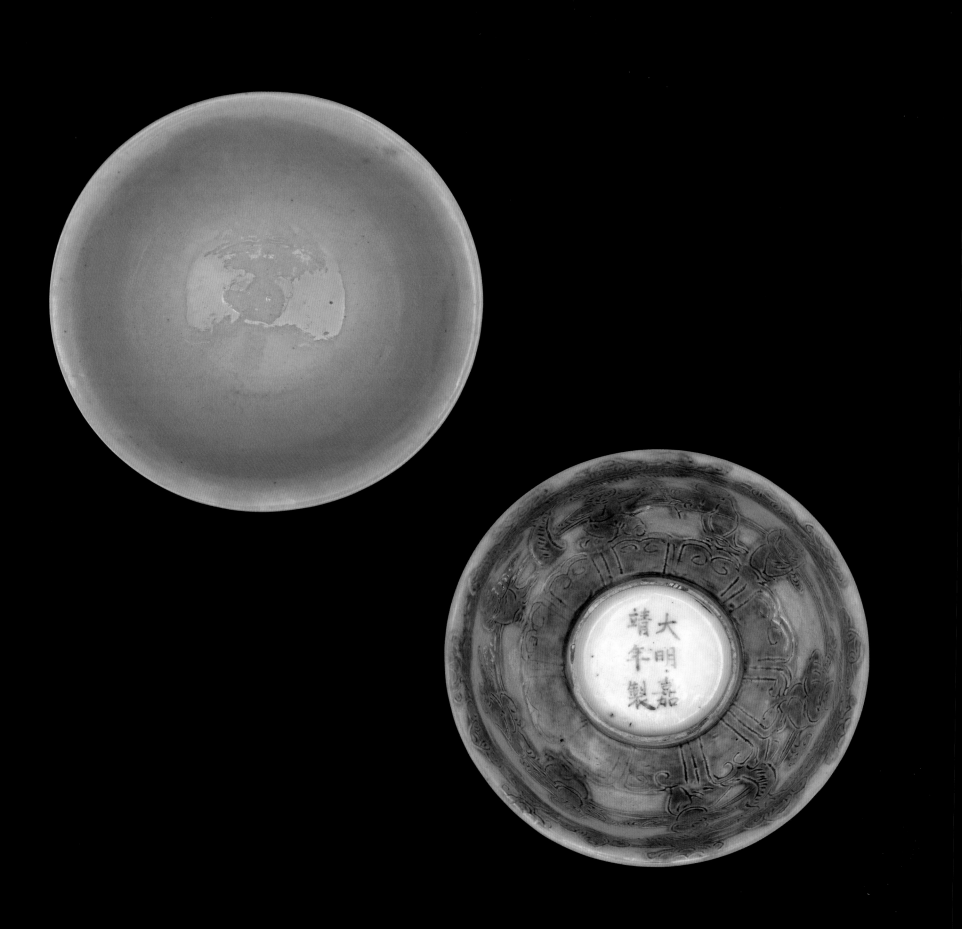

黄地绿彩锥拱婴戏图碗

明嘉靖
高 5.8 厘米　口径 15.2 厘米　足径 4.5 厘米
故宫博物院藏

碗撇口、深弧腹、圈足。通体施浇黄釉。内壁光素，外壁绿彩装饰。近口沿处和近足处分别绘朵花和变形莲瓣纹，腹部饰婴戏图。纹饰均先于釉下锥拱而成，再填以绿彩。圈足内施青白釉。外底署青花楷体"大明嘉靖年制"六字双行款。（唐雪梅）

Bowl with incised design of children at play in green color on yellow ground
Jiajing Period, Ming Dynasty, Height 5.8cm Mouth diameter 15.2cm Foot diameter 4.5cm, Collected by the Palace Museum

黄地绿彩锥拱花鸟图卧足碗

明嘉靖
高 5.6 厘米　口径 12.4 厘米　足径 5.6 厘米
故宫博物院藏

碗敞口、深弧腹、卧足。内壁施浇黄釉。外壁浇黄地绿彩花鸟图装饰，纹饰均先于釉下锥拱而成，再填以绿彩。圈足内施青白釉。外底署青花楷体 "大明嘉靖年制" 六字双行款。（唐雪梅）

Bowl with inward foot and incised design of flowers and birds in green color on yellow ground
Jiajing Period, Ming Dynasty, Height 5.6cm Mouth diameter 12.4cm Foot diameter 5.6cm, Collected by the Palace Museum

191 黄地绿彩锥拱花鸟图卧足碗

明嘉靖
高 5.6 厘米　口径 12.4 厘米　足径 5.3 厘米
故宫博物院藏

碗敞口、深弧腹、卧足。内壁施浇黄釉。外壁浇黄地绿彩花鸟图装饰，纹饰均先于釉下锥拱而成，再填以绿彩。圈足内施青白釉。外底署青花楷体"大明嘉靖年制"六字双行款。（唐雪梅）

Bowl with inward foot and incised design of flowers and birds in green color on yellow ground
Jiajing Period, Ming Dynasty, Height 5.6cm Mouth diameter 12.4cm Foot diameter 5.3cm, Collected by the Palace Museum

黄地绿彩锥拱凤鸟纹方斗杯

明嘉靖
高 9 厘米　口横 19 厘米　口纵 19 厘米　足横 9.2 厘米　足纵 9.1 厘米
故宫博物院藏

杯呈方斗式，撇口、斜腹、方圈足。内、外均施浇黄釉地绿彩装饰。内壁近口沿处饰缠枝花纹，内底在绿方框内饰凤鸟纹。外壁四面均饰凤鸟纹。纹饰均先于釉下锥拱而成，再填以绿彩。方圈足内施青白釉。外底署青花楷体"大明嘉靖年制"六字双行款。（唐雪梅）

Cup with incised design of phoenix and bird in green color on yellow ground
Jiajing Period, Ming Dynasty, Height 9cm Mouth length 19cm Mouth width 19cm foot length 9.2com foot width 9.1cm, Collected by the Palace Museum

193 **黄地绿彩锥拱云龙纹盘**

明嘉靖

高 2.5 厘米　口径 13.3 厘米　足径 8.4 厘米

故宫博物院藏

盘敞口、浅弧腹、圈足。内、外均施黄地绿彩。内底饰双龙纹，外壁饰云龙纹。纹饰均先于釉下锥拱而成，再填以绿彩。圈足内施青白釉。外底署青花楷体"大明嘉靖年制"六字双行款。（唐雪梅）

Plate with incised design of dragon and cloud in green color on yellow ground
Jiajing Period, Ming Dynasty, Height 2.5cm Mouth diameter 13.3cm Foot diameter 8.4cm, Collected by the Palace Museum

194 | 黄地绿彩锥拱云龙纹盘
明嘉靖
高 2.4 厘米　口径 13.3 厘米　足径 8.6 厘米
故宫博物院藏

盘敞口、浅弧腹、圈足。内、外均施黄地绿彩。内底饰双龙纹，外壁饰云龙纹。纹饰均先于釉下锥拱而成，再填以绿彩。圈足内施青白釉。外底署青花楷体"大明嘉靖年制"六字双行款。（唐雪梅）

Plate with incised design of dragon and cloud in green color on yellow ground
Jiajing Period, Ming Dynasty, Height 2.4cm Mouth diameter 13.3cm Foot diameter 8.6cm, Collected by the Palace Museum

195 黄地绿彩锥拱缠枝花托杂宝纹盘

明嘉靖
高 3.6 厘米　口径 16.6 厘米　足径 10 厘米
故宫博物院藏

盘撇口、浅弧腹、圈足。内壁施浇黄釉，内底和外壁均浇黄地绿彩缠枝花托杂宝纹装饰，纹饰均先于釉下锥拱而成，再填以绿彩。圈足内施青白釉。外底署青花楷体"大明嘉靖年制"六字双行款。（唐雪梅）

Plate with incised design of entwined flowers and treasures in green color on yellow ground
Jiajing Period, Ming Dynasty, Height 3.6cm Mouth diameter 16.6cm Foot diameter 10cm, Collected by the Palace Museum

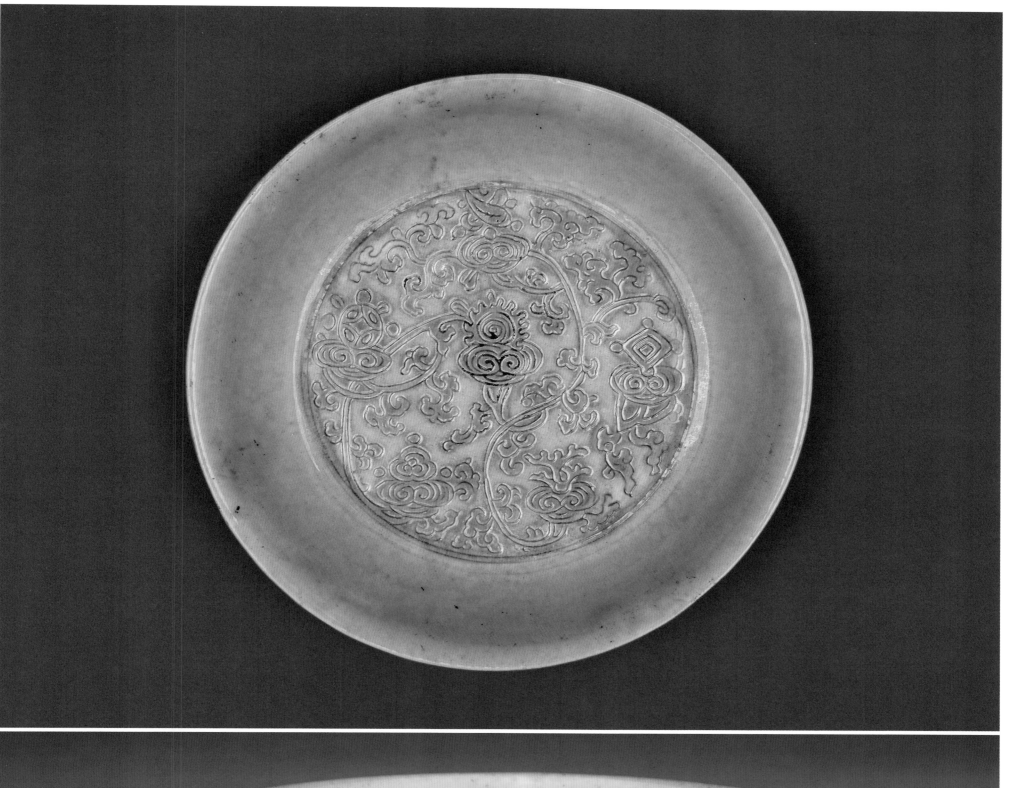

黄地矾红彩海水云龙纹盖罐

明嘉靖

通高 18.5 厘米　口径 7.2 厘米　足径 9.2 厘米

故宫博物院藏

罐直口、短颈、丰肩、鼓腹、腹下渐收、圈足。附伞形盖，盖顶置宝珠钮。盖内、罐内和圈足内均施透明釉。盖面和罐外壁均以浇黄釉地矾红彩海水云龙纹装饰，图案轮廓及细部均用墨彩勾描。外底署青花楷体"大明嘉靖年制"六字双行款。

黄地红彩工艺始于明宣德时期，嘉靖时期颇为流行。其制作方法是：器物成型后先入窑经高温素烧，然后施以浇黄釉入炉经低温焙烧，再以矾红彩在黄地上描绘纹饰，或填涂纹饰外的隙地，衬托黄色纹饰。再次入炉经略低于黄釉的烧成温度焙烧而成，呈现黄地衬托红花或红地衬托黄花的艺术效果，色彩对比强烈。（郭玉昆）

Lidded jar with design of dragon, cloud and waves in iron red color on yellow ground
Jiajing Period, Ming Dynasty, Overall height 18.5cm Mouth diameter 7.2cm Foot diameter 9.2cm, Collected by the Palace Museum

黄地矾红彩海水云龙纹罐

明嘉靖
高 20.7 厘米　口径 11.4 厘米　足径 10.8 厘米
故宫博物院藏

罐唇口、短颈、溜肩、鼓腹、下腹内收、圈足。外壁浇黄地矾红彩装饰，由上至下分别绘卷草、云龙和海水江崖纹。所有纹饰均用墨彩勾勒轮廓。圈足内施透明釉。外底署青花楷体"大明嘉靖年制"六字双行款。（唐雪梅）

Jar with design of dragon, cloud and waves in iron red color on yellow ground
Jiajing Period, Ming Dynasty, Height 20.7cm Mouth diameter 11.4cm Foot diameter 10.8cm, Collected by the Palace Museum

198 黄地矾红彩锥拱缠枝莲纹葫芦瓶

明嘉靖

高 45.1 厘米　口径 5.1 厘米　足径 13.4 厘米

故宫博物院藏

瓶呈宝葫芦形，小口、鼓腹、浅圈足。外壁黄地矾红彩纹饰。口部饰卷云纹，上下腹部均饰缠枝莲纹，口部饰折枝灵芝纹，腰部饰缠枝灵芝纹，腰部与下腹部以带状朵花纹相接。圈足内施青白釉。外底署青花楷体"大明嘉靖年制"六字双行外围双圈款。（唐雪梅）

Gourd-shaped vase with incised design of entwined lotus in iron red color on yellow ground
Jiajing Period, Ming Dynasty, Height 45.1cm Mouth diameter 5.1cm Foot diameter 13.4cm, Collected by the Palace Museum

199 | 黄地矾红彩云龙纹碗

明嘉靖
高 6.1 厘米　口径 10.8 厘米　足径 4.7 厘米
故宫博物院藏

碗敞口、深弧腹、卧足。外壁浇黄地矾红彩云龙纹装饰。碗内和圈足内均施透明釉。外底署青花楷体"大明嘉靖年制"六字双行款。（唐雪梅）

Bowl with design of dragon and cloud in iron red color on yellow ground
Jiajing Period, Ming Dynasty, Height 6.1cm Mouth diameter 10.8cm Foot diameter 4.7cm, Collected by the Palace Museum

327

酱地绿彩龙凤纹碗（残）

明嘉靖

足径 6.2 厘米

1988 年江西省景德镇市御窑厂遗址出土，景德镇御窑博物馆藏

碗圈足。通体以酱釉为地，酱釉地上绘饰绿彩。碗心内绘松鹤纹，纹饰以墨线勾边，外壁绘龙凤纹。外底署绿彩楷体"大明嘉靖年制"六字双行款。（熊喆）

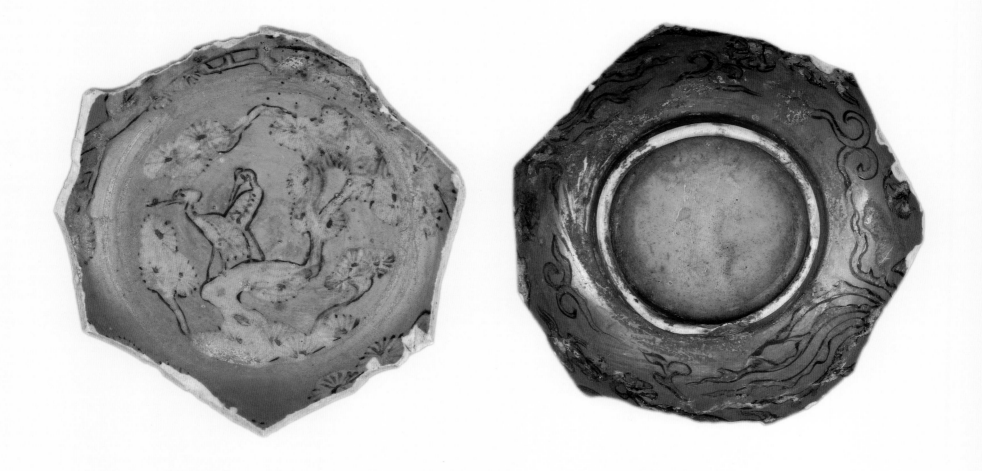

Bowl with design of dragon and phoenix in green color on brown ground (Incomplete)
Jiajing Period, Ming Dynasty, Foot diameter 6.2cm, Unearthed at Imperial Kiln heritage of Jingdezhen in Jiangxi Province in 1988, collected by the Imperial Kiln Museum of Jingdezhen

201 紫地黄彩锥拱云龙纹碗（残）

明嘉靖

残高 5 厘米　足径 5.3 厘米

1988 年江西省景德镇市御窑厂遗址出土，景德镇御窑博物馆藏

碗外壁刻云龙纹，下刻莲瓣。在刻画的纹饰上挂低温黄彩，纹饰外挂低温紫彩。碗内用釉上黑色颜料满饰缠枝灵芝，碗心双圈内饰一朵硕大灵芝。隙地挂低温紫彩。外底锥拱楷书"大明嘉靖年制"六字双行外围双圈款，并挂低温黄彩，空白处挂低温紫彩。纯用釉上黑色颜料绘制纹饰，在釉上颜料使用上有开拓性的创新。（肖鹏）

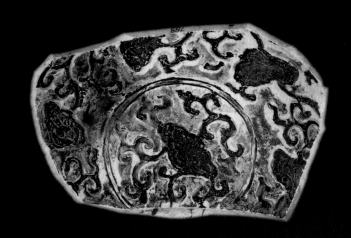

Bowl with incised design of dragon and cloud in yellow color on purple ground (Incomplete)
Jiajing Period, Ming Dynasty, Remaining height 5cm Foot diameter 5.3cm, Unearthed at Imperial Kiln heritage of Jingdezhen in Jiangxi Province in 1988, collected by the Imperial Kiln Museum of Jingdezhen

202 蓝地绿彩锥拱云凤纹碗（残）

明嘉靖

残长 13.1 厘米　足径 6 厘米

1987 年江西省景德镇市御窑厂遗址出土，景德镇御窑博物馆藏

碗圈足。碗心绘青花云龙纹，内壁施白釉。外壁在胎上锥拱四面开光凤纹，隙地锥拱云纹。外底锥拱楷体"大明嘉靖年制"六字双行外围双圈款。烧成后，锥拱处绘绿彩，填蓝地，经低温焙烧而成。（谢俊仪）

Bowl with incised design of phoenix and cloud in green color on blue ground (Incomplete)
Jiajing Period, Ming Dynasty, Remaining length 13.1cm Foot diameter 6cm, Unearthed at Imperial Kiln heritage of Jingdezhen in Jiangxi Province in 1987, collected by the Imperial Kiln Museum of Jingdezhen

白地绿彩海水云龙纹水丞

明嘉靖

高 7 厘米　口径 6 厘米　足径 8.2 厘米

故宫博物院藏

水丞敛口、鼓腹、浅圈足。外壁绿彩海水云龙纹装饰，纹饰以墨线描边。圈足内施青白釉。外底署绿彩楷体"大明嘉靖年制"六字双行外围双圈款。（唐雪梅）

204 白地矾红彩灵芝纹方形碗（残）

明嘉靖

残高 7.4 厘米　足横 7.21 厘米　足纵 7.2 厘米

1987 年江西省景德镇市御窑厂遗址出土，景德镇御窑博物馆藏

碗四方形，上丰下敛，矮方足。外壁矾红绘折枝瑞果纹，枝干盘曲成吉祥文字，因瓷片残缺，似为"福、寿、康、宁"四字。内壁口沿绘矾红灵芝纹，碗心绘矾红灵芝火珠纹。外底署青花楷体"大明嘉靖年制"六字双行款。（谢俊仪）

Square bowl with design of *Lingzhi* fungus in iron red color (Incomplete)
Jiajing Period, Ming Dynasty, Remaining length 7.4cm Foot length 7.21cm Foot width 7.2cm, Unearthed at Imperial Kiln heritage of Jingdezhen in Jiangxi Province in 1987, collected by the Imperial Kiln Museum of Jingdezhen

白地矾红彩二龙戏珠纹碗

明嘉靖
高 15.7 厘米　口径 36.7 厘米　足径 17.1 厘米
故宫博物院藏

碗撇口、深弧腹、圈足。通体施透明釉，外壁以矾红彩描绘二龙戏珠纹，间绘"壬"字形云纹和火珠纹。外底署青花楷体"大明嘉靖年制"六字双行外围双圈款。

龙纹形象最早出现于新石器时代文化遗物中，此后经过不断发展变化，明、清时期最后定型，成为中华文化的典型符号。（郭玉昆）

Bowl with design of two dragons chasing ball in iron red color on white ground
Jiajing Period, Ming Dynasty, Height 15.7cm Mouth diameter 36.7cm Foot diameter 17.1cm, Collected by the Palace Museum

206 矾红釉描金双系尊

明嘉靖
高 32.5 厘米　口径 18.4 厘米　底径 17.5 厘米
故宫博物院藏

尊直口、短颈、溜肩、斜腹微内曲、平底。颈部对称置双耳。内壁施透明釉，外壁施矾红釉，釉面厚薄、浓淡不均。外壁描金装饰，金彩脱落严重。可见口沿、颈部、下腹部绘弦纹，腹部绘牛犊，双耳亦以金彩勾勒轮廓。外底无釉，露白色胎。（冀洛源）

Iron red glaze *Zun* with two handles and gold paint
Jiajing Period, Ming Dynasty, Height 32.5cm Mouth diameter 18.4cm Bottom diameter 17.5cm, Collected by the Palace Museum

斗彩钵（残）

明嘉靖

残高 5.5 厘米　足径 9.5 厘米

2014 年江西省景德镇市御窑厂遗址出土，景德镇御窑博物馆藏

钵足微外撇，圈足边沿微泛火石红。腹部为缠枝花卉纹，胫部饰变形莲瓣纹。内壁通体施白釉。外底署青花楷体"大明嘉靖年制"六字双行款。款部有一小圆孔，故知此钵当为养花之用。

所谓"斗彩瓷"指其纹饰是由釉下青花勾出青花轮廓或纹饰和釉上红、绿、黄、紫诸色合绘而成的一种瓷器，这种彩瓷工艺创烧于明宣德，成化盛行，嘉靖沿袭。（肖鹏）

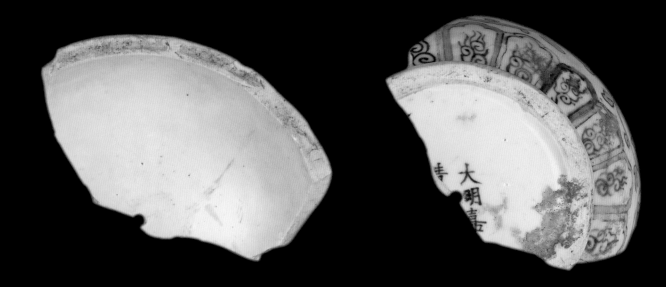

Doucai earthern bowl (Incomplete)

Jiajing Period, Ming Dynasty, Remaining height 5.5cm Foot diameter 9.5cm, Unearthed at Imperial Kiln heritage of Jingdezhen in Jiangxi Province in 2014, collected by the Imperial Kiln Museum of Jingdezhen

斗彩碗（残）

明嘉靖

残长 10.8 厘米　足径 6.2 厘米

1987 年江西省景德镇市御窑厂遗址珠山嘉靖地层出土，景德镇御窑博物馆藏

碗圈足，碗心绘青花斗彩"寿"字灵芝纹。这类纹饰在嘉靖御窑器物上较为常见。外底署青花楷体"大明嘉靖年制"六字双行款。

该碗釉上纹饰的边缘，绘有深色的边线。这不是常见于成化斗彩的青花线，是绘于釉上的墨线。釉上黑色颜料的使用意义重大，使五彩不需求助于釉下青花，纯用釉上颜料便可完成纹饰的绘制。（谢俊仪）

Doucai bowl (Incomplete)

Jiajing Period, Ming Dynasty, Remaining length 10.8cm Foot diameter 6.2cm, Unearthed at Imperial Kiln heritage of Jingdezhen in Jiangxi Province in 1987, collected by the Imperial Kiln Museum of Jingdezhen

斗彩婴戏图杯

明嘉靖

高 6.1 厘米　口径 4.9 厘米　足径 2.8 厘米

故宫博物院藏

杯敞口、深弧腹、圈足。外壁以斗彩绘两组婴戏图：一组为放风筝的场景，另一组为斗草场景，衬以流云、棕榈、柱石、芭蕉、兰草等。圈足内施青白釉。外底署青花楷体"大明嘉靖年制"六字双行外围双方框款。

此杯造型、纹饰和釉彩均模仿成化斗彩婴戏图杯。（唐雪梅）

Doucai cup with design of children at play

Jiajing Period, Ming Dynasty, Height 6.1cm Mouth diameter 4.9cm Foot diameter 2.8cm, Collected by the Palace Museum

斗彩折枝灵芝纹盘

明嘉靖
高 3.3 厘米　口径 14.7 厘米　足径 9 厘米
故宫博物院藏

盘撇口、折腹、圈足。内、外均施斗彩装饰。内底绘如意云头纹，外壁绘七组折枝灵芝纹。圈足内施青白釉。外底署青花楷体"大明嘉靖年制"六字双行外围双方框款。（唐雪梅）

Doucai plate with design of branched *Lingzhi* fungus
Jiajing Period, Ming Dynasty, Height 3.3cm Mouth diameter 14.7cm Foot diameter 9cm, Collected by the Palace Museum

斗彩折枝灵芝纹盘

明嘉靖
高 3.7 厘米　口径 14.7 厘米　足径 8.9 厘米
故宫博物院藏

盘撇口、折腹、圈足。内、外均施斗彩装饰。内底绘如意云头纹,外壁绘七组折枝灵芝纹。外底署青花楷体"大明嘉靖年制"六字双行外围双方框款。(唐雪梅)

Doucai plate with design of branched *Lingzhi* fungus
Jiajing Period, Ming Dynasty, Height 3.7cm Mouth diameter 14.7cm Foot diameter 8.9cm, Collected by the Palace Museum

斗彩缠枝宝相花纹盘

明嘉靖
高 5 厘米　口径 22.2 厘米　足径 13.7 厘米
故宫博物院藏

盘撇口、浅弧腹、圈足。内、外壁近口沿处和圈足外墙均画一道青花弦线。外壁绘斗彩缠枝宝相花纹；外底中心绘斗彩折枝牡丹，花心署青花楷体"大明嘉靖年制"六字双行外围双方框款。（唐雪梅）

Doucai **plate with design of entwined flowers**
Jiajing Period, Ming Dynasty, Height 5cm Mouth diameter 22.2cm Foot diameter 13.7cm, Collected by the Palace Museum

213 | 五彩云龙纹方盖罐

明嘉靖
通高 16.8 厘米　口横 5 厘米　口纵 4 厘米
足横 5.6 厘米　足纵 5.4 厘米
故宫博物院藏

罐呈四方形。附盖，盖顶置宝珠钮。盖和罐外壁均绘五彩装饰。盖面绘"壬"字形云纹，罐颈部绘蕉叶纹，肩部绘"壬"字形云纹，腹部四面均绘云龙纹，近足处绘变形仰莲瓣纹。方圈足内施青白釉。外底署青花楷体"大明嘉靖年制"六字双行外围双方框款。

方形器物的制作工艺较圆形器物难度大，而且容易变形，嘉靖朝景德镇御器厂烧造的方形器物较多，如方瓶、方罐、方盘、方杯等，体现出嘉靖朝御窑瓷器追求器物造型复杂的特点。此件方盖罐堪称嘉靖朝方形器的代表作。（郭玉昆）

Polychrome square lidded jar with design of dragon and cloud
Jiajing Period, Ming Dynasty, Overall height 16.8cm Mouth length 5cm Mouth width 4cm Foot length 5.6cm Foot width 5.4cm,
Collected by the Palace Museum

214 | 五彩开光海水龙纹瓜棱罐

明嘉靖

高 39.5 厘米　口径 21.5 厘米　足径 18 厘米

故宫博物院藏

罐直口、丰肩、瓜棱形腹、圈足。外壁以红、黄、绿、蓝等色彩描绘纹饰。颈部绘折枝花六组，腹部圆形开光内绘海水龙纹，龙身矫健，气势非凡，自上而下分别辅以蕉叶纹、海水纹。图案布局疏密得当，画笔流畅，具有很强的艺术感染力。外底中心内凹呈脐状，施透明釉，署青花楷体"大明嘉靖年制"六字双行外围双圈款。

嘉靖朝景德镇御窑瓷器产量在明代各朝堪称最多，由于采用"官搭民烧"的做法，出现了官窑、民窑竞烧的局面。同时，瓷器的对外输出也极大地刺激和促进了陶瓷品种的创新。

（郭玉昆）

Polychrome lobed jar with design of dragon and waves in reserved panels

Jiajing Period, Ming Dynasty, Height 39.5cm Mouth diameter 21.5cm Foot diameter 18cm, Collected by the Palace Museum

五彩云鹤暗八仙图罐

明嘉靖

高 19.3 厘米　口径 13.2 厘米　足径 11 厘米

故宫博物院藏

罐唇口、短颈、丰肩、圈足。通体以青花加红、黄、绿彩描绘纹饰。颈部绘六组如意云头纹，肩部绘变形莲瓣纹，罐身绘云鹤穿花和暗八仙纹，近足处绘变形蕉叶纹。圈足内施青白釉。外底署青花楷体"大明嘉靖年制"六字双行款。

此罐纹饰色彩艳丽，主题纹饰以云鹤为主，充满道教色彩，反映出当时皇宫中崇尚道教之风。（郭玉昆）

Polychrome jar with design of crane, cloud and symbols of the Eight Immortals
Jiajing Period, Ming Dynasty, Height 19.3cm Mouth diameter 13.2cm Foot diameter 11cm, Collected by the Palace Museum

216 | 五彩海水天马纹盖罐

明嘉靖

通高 18 厘米　口径 8.5 厘米　足径 8.7 厘米

故宫博物院藏

罐直口、短颈、鼓腹、圈足。附伞形盖，盖顶置宝珠钮。外壁五彩装饰。颈部绘蕉叶纹，肩部绘缠枝莲纹，腹部绘四匹天马在云海间跃奔，近足处绘变形莲瓣纹。圈足内施青白釉。外底署青花楷体"大明嘉靖年制"六字双行外围双圈款。

此罐纹饰构图严谨，突出使用红、绿二彩，并以黄、黑、紫彩作局部点缀，增强了画面的立体感。（郭玉昆）

Polychrome lidded jar with design of mythical horse and waves
Jiajing Period, Ming Dynasty, Overall height 18cm Mouth diameter 8.5cm Foot diameter 8.7cm, Collected by the Palace Museum

217 五彩鱼藻纹盖罐

明嘉靖

通高 33.2 厘米　口径 19.5 厘米　足径 24.1 厘米

故宫博物院藏

罐直口、短颈、丰肩、硕腹、圈足。盖面和罐外壁均以红、黄、绿彩和青花装饰。盖面绘璎珞纹，盖顶置火焰纹宝珠钮，边沿饰鱼藻纹。罐肩部绘变形莲瓣纹；腹部绘莲池鱼藻纹，八尾红色鲤鱼姿态各异，极其醒目，衬以莲荷、水草、浮萍；近底处绘蕉叶纹。圈足内施青白釉。外底署青花楷体"大明嘉靖年制"六字双行款。

此罐是嘉靖朝御窑青花五彩瓷器中的名品，其形体硕大，胎体厚重，色彩艳丽，构图疏密有致。所绘鲤鱼鳞鳍清晰，与周围的莲花、浮萍、水草融合在一起，显得生动逼真。（郭玉昆）

Polychrome lidded jar with design of fish and water plants
Jiajing Period, Ming Dynasty, Overall height 33.2cm Mouth diameter 19.5cm Foot diameter 24.1cm, Collected by the Palace Museum

五彩鱼藻纹盖罐

明嘉靖
通高 33.2 厘米　口径 19.5 厘米　足径 24.1 厘米
故宫博物院藏

罐直口、短颈、丰肩、硕腹、圈足。附伞形盖，盖顶置宝珠钮。盖面和罐外壁均五彩装饰。盖面绘璎珞纹。罐肩部绘变形莲瓣纹，腹部通景五彩鱼藻纹。以釉下青花和釉上诸彩描绘荷花、水藻和游鱼等图案，鱼戏水草之中，怡然自得。圈足内施青白釉。外底署青花楷体"大明嘉靖年制"六字双行款。

明代嘉靖、万历年间景德镇御器厂烧造的青花五彩瓷器，色彩浓艳热烈，绘画笔法追求朴拙，盛极一时。（郭玉昆）

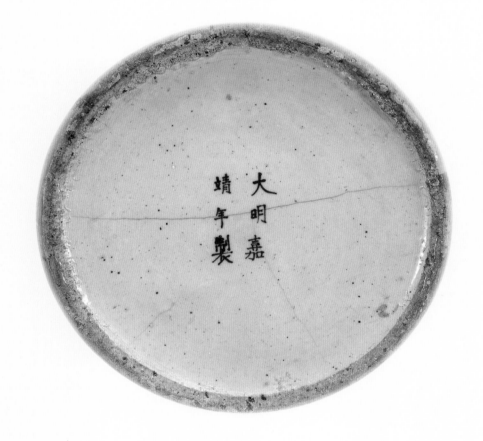

Polychrome lidded jar with design of fish and water plants
Jiajing Period, Ming Dynasty, Overall height 33.2cm Mouth diameter 19.5cm Foot diameter 24.1cm, Collected by the Palace Museum

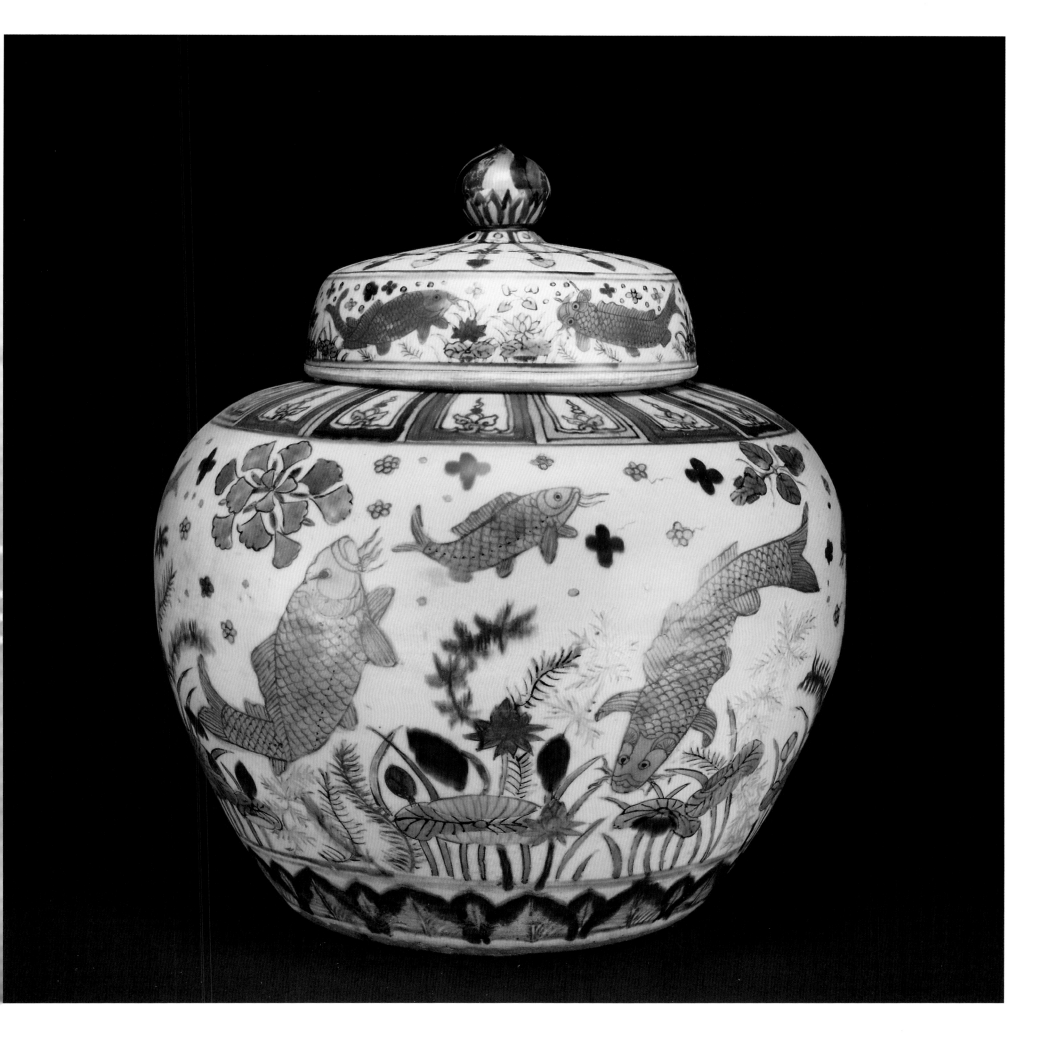

五彩开光人物图委角方盒

明嘉靖

通高 9.6 厘米　口径 11.7 厘米　足径 8.2 厘米

故宫博物院藏

盒呈方形，委角、平顶、子母口、方圈足亦做成委角。盖和盒身外壁均五彩装饰。盖面绘两人于苍松之下，一人持剑，一人手握圆牌，四目相对，似在切磋交流，周围衬以洞石花卉。盖外壁和盒身外壁均绘四组折枝花纹，上、下口沿处绘缠枝花纹。方圈足内施青白釉。外底署青花楷体"大明嘉靖年制"六字双行款。

此盒成型工艺较为复杂，纹饰以红、黄、绿、赭、青花等色彩描绘而成，色彩艳丽丰富，纹饰较为少见。（郭玉昆）

Polychrome square box with figure design in reserved panels
Jiajing Period, Ming Dynasty, Overall height 9.6cm Mouth diameter 11.7cm Foot diameter 8.2cm, Collected by the Palace Museum

220 | 五彩龙凤纹碗

明嘉靖

高 6.4 厘米　口径 15.2 厘米　足径 5.4 厘米

故宫博物院藏

碗撇口、深弧腹、圈足。内、外壁近口沿处各画两道矾红彩弦线，内底绘青花团龙纹。外壁通景绘四组五彩龙凤纹，龙凤之间绘灵芝、仙桃作间隔。圈足内施青白釉。外底署青花楷体"大明嘉靖年制"六字双行款。

嘉靖朝御窑五彩瓷器造型既有秀气的盘、碗、杯、瓶等，也有胎厚体大的罐，还有新创的方斗杯、方盖罐等。通常画面多使用红、绿两种彩，黄彩、黑彩仅用作点缀，遂使画面显得红艳绿翠，热烈生动。（郭玉昆）

Polychrome bowl with design of dragon and phoenix
Jiajing Period, Ming Dynasty, Height 6.4cm Mouth diameter 15.2cm Foot diameter 5.4cm, Collected by the Palace Museum

五彩开光人物图方斗杯

明嘉靖
高 6.2 厘米　口横 11.7 厘米　口纵 11.6 厘米
足横 3.9 厘米　足纵 3.8 厘米
故宫博物院藏

　　杯呈方斗式，上大下小、方口、方圈足。内、外均施青花五彩装饰。内壁近口沿处绘缠枝灵芝纹，内底青花双方框内书写楷体"寿"字。外壁近口沿处绘卷草纹，腹部四面开光内各绘一组人物图，开光间饰折枝花纹。方圈足内施青白釉。外底署青花楷体"大明嘉靖年制"六字双行款。（唐雪梅）

Polychrome cup with figure design in reserved panels
Jiajing Period, Ming Dynasty, Height 6.2cm Mouth length 11.7cm Mouth width 11.6cm Foot length 3.9cm Foot width 3.8cm, Collected by the Palace Museum

五彩开光人物图方斗杯

明嘉靖

高 6.4 厘米　口边长 11.6 厘米　足边长 6.4 厘米

故宫博物院藏

杯呈方斗形，方口、斜腹、方圈足。内、外均施五彩装饰。内壁近口沿处绘缠枝灵芝纹，内底双方框内书写一青花楷体"寿"字。外壁近口沿处绘红彩卷草纹，腹部四面菱花形开光内分别绘人物图，两两一组。方圈足内施青白釉。外底署青花楷体"大明嘉靖年制"六字双行款。

方斗杯是流行于明代嘉靖朝的一种杯式，因形似方斗而得名。古时制作方形器，不似圆器那样能利用陶车的旋转直接拉坯而成，其工艺比较特殊，需要将坯泥制成片镶接而成。由于工艺复杂和技术所限，嘉靖朝烧造的方斗杯多有变形。（郭玉昆）

Polychrome cup with figure design in reserved panels
Jiajing Period, Ming Dynasty, Height 6.4cm Mouth side length 11.6cm Foot side length 6.4cm, Collected by the Palace Museum

深远影响
后仿嘉靖朝御窑瓷器

后仿嘉靖朝御窑瓷器主要分为三类，即：一类系指造型、纹饰、款识等均模仿嘉靖朝御窑瓷器原作者；另一类系指只仿写嘉靖御窑瓷器年款者，造型和纹饰具有仿制时期器物的特点；还有一类是在原胎上后加彩者。

后仿嘉靖朝御窑瓷器以清代康熙朝雍正朝、民国和 20 世纪 70 年代末以来三个不同时期的仿品最为多见。所仿品种有青花、青花加矾红彩、五彩、斗彩、素三彩、矾红彩、浇黄釉瓷等。鉴别时需从器物的造型、纹饰、胎、釉、彩、款识等方面寻其差异。

Profoundly Influence

Jiajing Imperial Porcelain Imitated by Later Ages

The imitated porcelain of Jiajing imperial kiln can be divided into three types. The first type imitated the modeling, decoration, inscriptions of Jiajing imperial kiln porcelain. The second one only imitated inscription of Jiajing porcelain, but the modeling and decoration had own feature of that time. The third type used the skill of adding colors on the original body.

The most common porcelain of imitated Jiajing porcelain was produced in Kangxi, Yongzheng periods of the Qing dynasty and the Republic of China, the late 1970s. The imitated porcelain contained blue-and-white porcelain, blue-and-white with iron red porcelain, polychrome porcelain, *Doucai* porcelain, plain tricolor porcelain, iron red glaze porcelain, bright yellow glaze porcelain and so on. Therefore, the porcelain needs to be authenticated from different aspects like modeling, decoration, body, glaze, color, technology, inscriptions and so on.

223 青花折枝牡丹狮子纹碗

清康熙
高 4 厘米　口径 17.6 厘米　足径 6.5 厘米
故宫博物院藏

碗敞口、斜腹、折底、圈足。通体施透明釉，口沿施酱釉。内、外皆有青花装饰。内壁口沿绘折线纹及草纹，内底绘折枝牡丹。外壁绘三头狮子，间绘三枝牡丹。外底署青花楷体"大明嘉靖年制"六字双行外围双圈仿款。

此碗为清康熙时期作品，瓷质莹润，青花发色艳丽，所绘狮子生动活泼，惹人喜爱。(郭玉昆)

Blue and white bowl with design of lion and branched peony
Kangxi Period, Qing Dynasty, Height 4cm Mouth diameter 17.6cm Foot diameter 6.5cm, Collected by the Palace Museum

224 | 青花折枝牡丹狮子纹碗

清康熙

高 5.8 厘米　口径 17.5 厘米　足径 6 厘米

故宫博物院藏

碗敞口、斜腹、折底、圈足。通体施透明釉，口沿施酱釉。内、外皆有青花装饰。内壁口沿绘卷草纹，内底绘折枝牡丹。外壁绘三头狮子，间绘三枝牡丹。外底署青花楷体"大明嘉靖年制"六字双行外围双圈仿款。

康熙时期此种纹饰还有狮子穿花、狮子戏球等，多用青花描绘，亦有少量斗彩制品。

（郭玉昆）

Blue and white bowl with design of lion and branched peony

Kangxi Period, Qing Dynasty, Height 5.8cm Mouth diameter 17.5cm Foot diameter 6cm, Collected by the Palace Museum

青花婴戏图杯

清康熙
高 4.8 厘米　口径 7 厘米　足径 3.2 厘米
故宫博物院藏

杯撇口、深弧腹、圈足。内壁光素无纹饰。外壁绘青花婴戏图，四童子游戏于洞石花卉间，或手持灯笼、或扑蝶。外底署青花楷体"大明嘉靖年制"六字双行外围双圈仿款。

　　此杯造型小巧，纹饰布局和款识均模仿嘉靖朝青花婴戏图杯。由于所用青料不同，致使与嘉靖时期制品之青花发色差异明显。（郭玉昆）

Blue and white cup with design of children at play
Kangxi Period, Qing Dynasty, Height 4.8cm Mouth diameter 7cm Foot diameter 3.2cm, Collected by the Palace Museum

青花半身仕女图盘

清康熙

高 4.7 厘米　口径 16.5 厘米　足径 6.5 厘米

故宫博物院藏

盘撇口、浅腹、圈足。内、外皆有青花装饰。内底绘仕女刺绣图，一位眉清目秀的女子，身着重衫，双手拈线于口，目视绣架，似在构思。空白处题书"刺绣谩成文，蛩声入罗幕"。外壁绘远山近树，俨然一幅山水画卷。外底署青花楷体"大明嘉靖年制"六字双行外围双圈仿款。

此盘绘画笔触细腻，人物刻画生动传神，青花发色艳丽，具有较高的艺术欣赏性。（郭玉昆）

Blue and white plate with lady design
Kangxi Period, Qing Dynasty, Height 4.7cm Mouth diameter 16.5cm Foot diameter 6.5cm, Collected by the Palace Museum

青花花木兰图盘

清康熙
高 4.8 厘米　口径 16.2 厘米　足径 6.5 厘米
故宫博物院藏

盘撇口、浅腹、圈足。通体施透明釉，口沿施酱釉。内、外皆有青花装饰。内底绘一女子头戴簪缨，身披铠甲，背插护旗，双手横握宝剑，飒爽英姿，英雄气概扑面而来，空白处题"雌木兰"。外壁绘远山近树，宛如一幅山水画卷。外底署青花楷体"大明嘉靖年制"六字双行外围双圈仿款。

康熙时期人物绘画往往构图较满，给人以顶天立地之感，具有鲜明的时代特征。（郭玉昆）

Blue and white plate with design of lady Hua Mulan
Kangxi Period, Qing Dynasty, Height 4.8cm Mouth diameter 16.2cm Foot diameter 6.5cm, Collected by the Palace Museum

浆胎青花缠枝花卉纹串铃盒

清康熙

通高 7.5 厘米　口径 5.8 厘米　足径 4.8 厘米

故宫博物院藏

盒上下以子母口扣合，斜弧腹、圈足。盖、盒身外壁均绘青花装饰。盖面中心有一圆孔，盖面绘缠枝花卉纹。盒身外壁绘三组缠枝花卉纹。外底署青花楷体"大明嘉靖年制"六字三行外围双方框仿款。（蒋艺）

Blue and white box with design of entwined flowers on beige ground
Kangxi Period, Qing Dynasty, Overall height 7.5cm Mouth diameter 5.8cm Foot diameter 4.8cm, Collected by the Palace Museum

浇黄釉锥拱折枝花果纹盘

清康熙
高 3.7 厘米　口径 15.5 厘米　足径 9.2 厘米
故宫博物院藏

盘撇口、浅弧腹、圈足。通体施黄釉，釉面纯净。釉下锥拱纹饰。内、外壁均锥拱六组折枝花果纹，内底锥拱一组折枝花果纹。纹饰纤细灵动。外底锥拱楷体"大明嘉靖年制"六字双行外围双圈仿款。

锥拱又称锥花，是一种陶瓷装饰技法，即用铁锥在坯体上刻划纹饰，纹饰线条纤柔流畅。

（郭玉昆）

Bright yellow plate with incised design of raised branched flowers and fruits
Kangxi Period, Qing Dynasty, Height 3.7cm Mouth diameter 15.5cm Foot diameter 9.2cm, Collected by the Palace Museum

斗彩缠枝莲纹蒜头瓶

清康熙
高 20 厘米　口径 2 厘米　底径 7 厘米
故宫博物院藏

瓶口呈蒜头形、长颈、溜肩、垂腹、束胫、足部外撇、平底。外壁满绘斗彩缠枝莲纹，布局疏密有致，色彩淡雅亮丽。口沿下自右向左署青花楷体"大明嘉靖年制"六字横排仿款，款周围饰卷草纹。

康熙朝斗彩瓷器在继承以往斗彩技法的基础之上，呈现鲜明的时代特征，即胎体轻薄、釉色洁白、釉质滋润，色彩丰富艳丽，施彩均匀，并以色彩浓淡表现物体远近向背，具有较好的层次感与立体感。（郭玉昆）

Doucai vase with garlic-shaped mouth and design of entwined lotus
Kangxi Period, Qing Dynasty, Height 20cm Mouth diameter 2cm Bottom diameter 7cm, Collected by the Palace Museum

231 青花龙凤纹兽耳衔环瓶

清雍正

高 17.5 厘米　口径 3.6 厘米　底径 7.5 厘米

故宫博物院藏

瓶直口、长颈、垂腹、圈足外撇、平底。颈部两侧对称置环形兽耳，兽耳各衔一圆环。外壁通体青花装饰。颈部由上至下绘仰蕉叶纹、卷枝纹和俯蕉叶纹；腹部绘龙凤纹，间隙处饰云纹；足部近底处绘如意云头纹；兽耳和圆环上满绘卷枝纹。外底无釉露胎。口沿下自右向左署青花楷体"大明嘉靖年制"六字横排仿款。（蒋艺）

Blue and white vase with animal-shaped handles and design of dragon and phoenix
Yongzheng Period, Qing Dynasty, Height 17.5cm Mouth diameter 3.6cm Bottom diameter 7.5cm, Collected by the Palace Museum

青花缠枝葫芦纹葫芦瓶

清雍正
高 17.2 厘米　口径 2.3 厘米　底径 7 厘米
故宫博物院藏

瓶呈宝葫芦形，小口、束腰、鼓腹、平底。外壁满绘青花缠枝葫芦纹，近口沿和近底处各画两道弦线。外底无釉露胎。无款识。（蒋艺）

Blue and white gourd-shaped vase with design of entwined gourds
Yongzheng Period, Qing Dynasty, Height 17.2cm Mouth diameter 2.3cm Bottom diameter 7cm, Collected by the Palace Museum

青花庭院仕女图盘

清雍正

高 4.2 厘米　口径 18 厘米　足径 11.8 厘米

故宫博物院藏

盘撇口、浅腹、圈足。内、外皆有青花装饰。内底绘一土坡，其上广植松、竹、梅。外壁绘通景仕女图，一仕女端坐于轩内，正注视前方，不远处两童子正在专情于游戏，亭台栏杆、洞石花卉错落其间。外底署青花楷体"大明嘉靖年制"六字双行外围双圈仿款。

此盘纹饰布局疏朗，仕女姿态优雅。其纹饰仿自明宣德朝御窑青花仕女图盘，清代自康熙朝开始仿烧，此后历朝皆有仿烧。（郭玉昆）

Blue and white plate with design of lady at courtyard
Yongzheng Period, Qing Dynasty, Height 4.2cm Mouth diameter 18cm Foot diameter 11.8cm, Collected by the Palace Museum

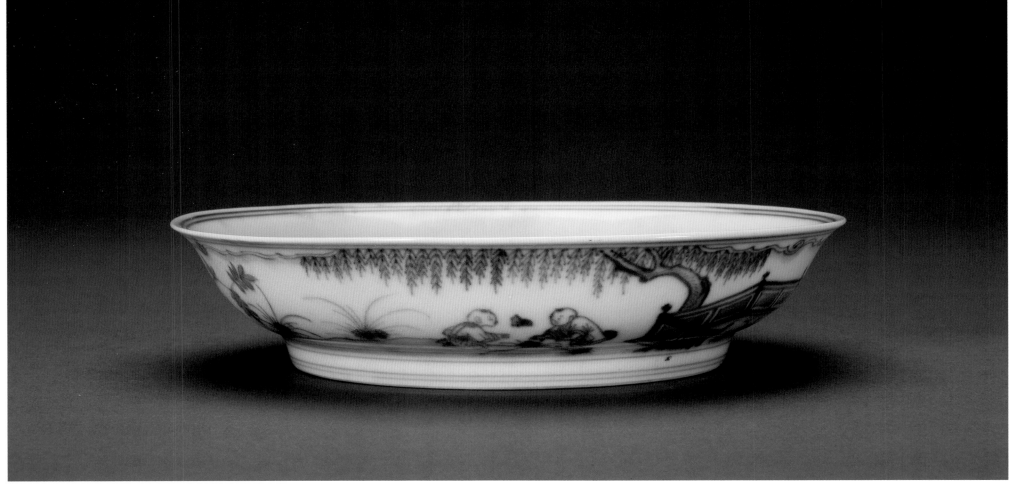

黄地红彩云龙戏珠纹盖罐

清乾隆

通高 16.7 厘米　口径 5 厘米　足径 6.1 厘米

故宫博物院藏

罐直口、溜肩、鼓腹、圈足。附伞形盖，盖顶置宝珠钮。盖面、罐外壁以黄地红彩装饰。近口沿处画回纹，肩部绘绘如意云头纹；腹部绘赶珠龙纹，龙昂首、抬爪，龙身绕罐腹部一周，间隙处绘云气纹；胫部绘海水江崖纹。外底署矾红彩篆体"大清乾隆年制"六字三行外围双方框款。

此罐装饰技法系仿自嘉靖御窑器物。（蒋艺）

Lidded jar with design of dragon chasing ball and cloud in red color on yellow ground
Qianlong Period, Qing Dynasty, Overall height 16.7cm Mouth diameter 5cm Foot diameter 6.1cm, Collected by the Palace Museum

五彩云龙纹方盖罐

民国

通高 15 厘米　口横 4.9 厘米　口纵 4.9 厘米

足横 5.8 厘米　足纵 5.8 厘米

故宫博物院藏

罐呈四方形，溜肩、鼓腹、方圈足。附方伞形盖，盖顶置宝珠钮。盖面和罐外壁均以五彩装饰。肩部绘云纹，腹部四面均绘云龙纹，胫部绘变形莲瓣纹。外底署青花楷体"大明嘉靖年制"六字双行仿款。（蒋艺）

Polychrome square lidded jar with design of dragon and cloud
The Republic of China, Overall height 15cm Mouth length 4.9cm Mouth width 4.9cm Foot length 5.8cm Foot width 5.8cm, Collected by the Palace Museum

明代嘉靖隆庆万历

御窑瓷器 下

景德镇御窑遗址出土与故宫博物院藏传世瓷器对比

故宫博物院、景德镇市陶瓷考古研究所 编

故宫出版社

Imperial Porcelains from the Reign of Jiajing, Longqing and Wanli in the Ming Dynasty Vol.II

A Comparison of Porcelains from the Imperial Kiln Site at Jingdezhen and Imperial Collection of the Palace Museum

Compiled by the Palace Museum and the Archaeological Research Institute of Ceramic in Jingdezhen

The Forbidden City Publishing House

隆庆时期

Longqing Period, Ming Dynasty

浓丽明艳
青花瓷器

　　隆庆朝历时仅 6 年，景德镇御器厂烧造时间较短。但据《江西省大志·陶书》（万历本）载："隆庆五年……单开要烧造里外鲜红碗、锺、瓯并大小龙缸、方盒各项共十万五千七百七十桌、个、对。"可知当时御窑烧造瓷器的数量仍相当可观。

　　隆庆御窑青花瓷器注重造型多样化，常见四方、长方、多方、瓜棱、银锭、方胜等异形器，有的还配以镂空装饰。所用青料仍为进口"回青"与国产"石子青"的混合料，但由于配比掌握得更加准确，烧成后纹饰发色更加纯正。隆庆御窑青花瓷器纹饰常见有祥云、龙、凤、蟠螭、蜂猴、松鹿、鱼藻、荷莲、花鸟、攀枝娃娃等。

　　隆庆御窑青花瓷器所署年款有别于传统惯例，多为青花楷体"大明隆庆年造"，六字年款结尾用"制"字的极少。

Bright and Gorgeous

Blue-and-White Porcelain

Longqing period lasted for only six years, so the firing time of Jingdezhen imperial kiln was not long. According to the recording in book *Jiang Xi Sheng Da Zhi: Tao Shu* (in Wanli period), the products of imperial kiln still had a large number of output at that time.

The blue-and-white porcelain of Longqing imperial kiln laid emphasis on the diversification of modeling. The porcelain modeling contained square, rectangular, melon ridge, silver ingot, and some were decorated with openwork. The glaze material was mixed by import *Huiqing* and domestic *Shizi Qing* (pebble blue) which made the decoration color more purely after fired. The decoration of blue-and-white porcelain of Longqing imperial kiln was often designed with the pattern of cloud, dragon, phoenix, coiled *Chi,* deer and pine tree, fish and seaweed, lotus, flower and bird, children and so on.

The year inscription on blue-and-white porcelain of Longqing imperial kiln was different from traditional inscription. It used blue-and-white regular script characters of Da Ming Long Qing Nian Zao and rarely used character of Zhi in six characters of year inscription.

236 | 青花团龙纹提梁壶

明隆庆

通高 30 厘米　口径 10.5 厘米　足径 15.3 厘米

故宫博物院藏

壶短颈、圆肩、鼓腹下敛、圈足。腹部一侧置曲流，肩部架起高提梁。附伞形盖，盖顶置宝珠钮。通体青花装饰。外壁绘五条团龙纹，间以灵芝托杂宝纹。辅助纹饰有莲瓣、缠枝花、云龙、朵云纹等。外底署青花楷体"大明隆庆年造"六字双行外围双圈款。（孙悦）

Blue and white pot with handle and design of coiled dragon
Longqing Period, Ming Dynasty, Overall height 30cm Mouth diameter 10.5cm Foot diameter 15.3cm, Collected by the Palace Museum

青花龙凤纹盒

明隆庆

通高 15.3 厘米　口径 20.9 厘米　足径 19.2 厘米

故宫博物院藏

盒呈圆形。上、下以子母口扣合。通体施透明釉，唯器身口沿与盖内沿无釉。通体青花装饰。盖面绘龙凤穿花纹，盖和盒之侧壁均绘青花双龙、双凤和花卉纹，盖下沿与盒上沿分别绘卷草纹。外底署青花楷体"大明隆庆年造"六字双行外围双圈款。（孙悦）

Blue and white box with design of dragon and phoenix
Longqing Period, Ming Dynasty, Overall height 15.3cm Mouth diameter 20.9cm Foot diameter 19.2cm, Collected by the Palace Museum

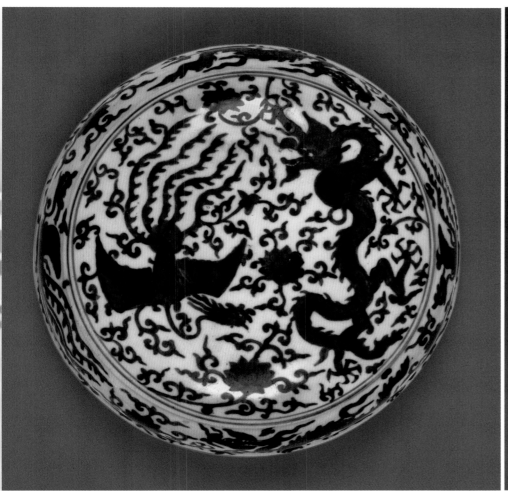

青花云龙纹蟋蟀罐

明隆庆

通高 10.6 厘米　口径 13.2 厘米　足径 13.4 厘米

故宫博物院藏

罐呈圆筒形，口略小于圈足。附盖，盖面微隆起。盖面、罐外壁皆有青花装饰。盖面中心绘球路纹，亦称钱纹，外围绘云龙纹。罐外壁绘云龙纹，胫部绘灵芝状云头纹。外底署青花楷体"大明隆庆年造"六字双行外围双圈款。（孙悦）

Blue and white cricket jar with design of dragon and cloud
Longqing Period, Ming Dynasty, Overall height 10.6cm Mouth diameter 13.2cm Foot diameter 13.4cm, Collected by the Palace Museum

青花缠枝莲纹蟋蟀罐

明隆庆

高 8.7 厘米　口径 12.8 厘米　足径 13.4 厘米

故宫博物院藏

罐呈圆筒形，直腹微外弧、圈足。通体施透明釉，内、外壁近口沿处和足端不施釉。外壁腹部绘青花缠枝莲纹。外底署青花楷体"大明隆庆年造"六字双行外围双圈款。（孙悦）

Blue and white cricket jar with design of entwined lotus
Longqing Period, Ming Dynasty, Height 8.7cm Mouth diameter 12.8cm Foot diameter 13.4cm, Collected by the Palace Museum

青花蟠螭纹碗

明隆庆

高 6 厘米　口径 12 厘米　足径 5 厘米

故宫博物院藏

碗撇口、深弧腹、圈足。内、外皆有青花装饰。内底绘一组蟠螭纹，外壁绘两组蟠螭纹，间以花卉纹。外底署青花楷体"大明隆庆年制"六字双行款。此碗属于民窑产品。（孙悦）

Blue and white bowl with coiled *Chi* design
Longqing Period, Ming Dynasty, Height 6cm Mouth diameter 12cm Foot diameter 5cm, Collected by the Palace Museum

青花蟠螭纹碗

明隆庆
高 6 厘米　口径 12 厘米　足径 5 厘米
故宫博物院藏

碗撇口、深弧腹、圈足。内、外皆有青花装饰。内底绘一组蟠螭纹，外壁绘两组蟠螭纹，间以花卉纹。外底署青花楷体"大明隆庆年制"六字双行款。此碗属于民窑产品。（孙悦）

Blue and white bowl with coiled *Chi* design
Longqing Period, Ming Dynasty, Height 6cm Mouth diameter 12cm Foot diameter 5cm, Collected by the Palace Museum

青花折枝梅花蜂蝶纹碗

明隆庆

高 6.3 厘米　口径 12.1 厘米　足径 5.2 厘米

故宫博物院藏

碗撇口、深弧腹、圈足。内、外皆有青花装饰。内底双圈内绘花卉图案，外壁绘两组折枝梅花纹，并以寥寥数笔描绘蜂、蝶各一只穿梭于两组梅花之间，使整个画面更赋灵动气息。外底署青花楷体"大明隆庆年制"六字双行款。此碗属于民窑产品。（孙悦）

Blue and white bowl with design of branched plum blossom, bee and butterfly
Longqing Period, Ming Dynasty, Height 6.3cm Mouth diameter 12.1cm Foot diameter 5.2cm, Collected by the Palace Museum

青花折枝梅花蜂蝶纹碗

明隆庆

高 6.2 厘米　口径 12.1 厘米　足径 5 厘米

故宫博物院藏

碗撇口、深弧腹、圈足。内、外皆有青花装饰。内底青花双圈内绘花卉纹，外壁绘两组折枝梅花纹，并以寥寥数笔描绘蜂蝶各一只穿梭于两组梅花之间，使整个画面更赋灵动气息。外底署青花楷体"大明隆庆年制"六字双行款。此碗属于民窑产品。（孙悦）

Blue and white bowl with design of branched plum blossom, bee and butterfly
Longqing Period, Ming Dynasty, Height 6.2cm Mouth diameter 12.1cm Foot diameter 5cm, Collected by the Palace Museum

411

青花喜鹊登梅图碗

明隆庆

高 6.7 厘米　口径 12.2 厘米　足径 6.5 厘米

故宫博物院藏

碗撇口、深弧腹、圈足。内、外皆有青花装饰。内底双圈内绘月映梅图，外壁绘两组喜鹊登梅图。构图简单，笔法粗率。外底署青花楷体"大明隆庆年制"六字双行款。此碗属于民窑产品。

一树梅花、一轮弯月，是陶瓷器传统装饰图案，在元代龙泉窑青瓷上即有出现，明初宣德青花瓷器上多有使用，意在表现宋代诗人林和靖"疏影横斜水清浅，暗香浮动月黄昏"之意。

（孙悦）

Blue and white bowl with design of magpie and plum blossom
Longqing Period, Ming Dynasty, Height 6.7cm Mouth diameter 12.2cm Foot diameter 6.5cm, Collected by the Palace Museum

245　青花喜鹊登梅图碗

明隆庆

高 6.8 厘米　口径 12 厘米　足径 4.5 厘米

故宫博物院藏

碗撇口、深弧腹、圈足。内、外皆有青花装饰。内底双圈内绘喜鹊登梅图，外壁绘两组喜鹊登梅图。外底署青花楷体"大明隆庆年制"六字双行款，笔画粗放。此碗属于民窑产品。（孙悦）

Blue and white bowl with design of magpie and plum blossom
Longqing Period, Ming Dynasty, Height 6.8cm Mouth diameter 12cm Foot diameter 4.5cm, Collected by the Palace Museum

青花凤穿缠枝花纹盘

明隆庆

高 3.6 厘米　口径 17.1 厘米　足径 10.5 厘米

故宫博物院藏

盘敞口、弧腹、圈足。内、外皆有青花装饰。内壁近口沿处绘两道弦线，内底双圈内绘凤穿缠枝花纹。外壁绘双凤穿缠枝花纹。外底署青花楷体"大明隆庆年造"六字双行外围双圈款。（孙悦）

Blue and white plate with design of phoenix among entwined flowers

Longqing Period, Ming Dynasty, Height 3.6cm Mouth diameter 17.1cm Foot diameter 10.5cm, Collected by the Palace Museum

青花螭龙纹盘

明隆庆

高 3.3 厘米　口径 14.3 厘米　足径 9.5 厘米

故宫博物院藏

盘敞口、浅弧腹、圈足。内壁绘三组青花螭龙纹，内底中心绘一组青花螭龙纹。外底署青花楷体"隆庆年制"四字双行款。此盘属于民窑产品。（孙悦）

Blue and white plate with *Chi*-dragon design
Longqing Period, Ming Dynasty, Height 3.3cm Mouth diameter 14.3cm Foot diameter 9.5cm, Collected by the Palace Museum

青花螭龙纹盘

明隆庆
高 3 厘米　口径 14.2 厘米　足径 8.6 厘米
故宫博物院藏

盘敞口、浅弧腹、圈足。内壁绘三组青花螭龙纹。内底锥拱一小团花图案。外底署青花楷体"隆庆年制"四字双行外围单圈款。此盘属于民窑产品。（孙悦）

Blue and white plate with *Chi*-dragon design
Longqing Period, Ming Dynasty, Height 3cm Mouth diameter 14.2cm Foot diameter 8.6cm, Collected by the Palace Museum

青花螭龙纹盘

明隆庆

高 3 厘米　口径 14.2 厘米　足径 8.6 厘米

故宫博物院藏

盘敞口、浅弧腹、圈足。内壁绘三组青花螭龙纹。内底锥拱一小团花图案。外底署青花楷体"隆庆年制"四字双行外围单圈款。此盘属于民窑产品。（孙悦）

Blue and white plate with *Chi*-dragon design
Longqing Period, Ming Dynasty, Height 3cm Mouth diameter 14.2cm Foot diameter 8.6cm, Collected by the Palace Museum

青花双鹊纹八角盘

明隆庆

高 3.2 厘米　口径 14.2 厘米　足径 8.5 厘米

故宫博物院藏

盘呈八方形，撇口、浅腹、圈足。内、外皆有青花装饰。内底绘双鹊栖息于庭院中，一只站立院中，一只栖于枝头，周围饰以栏杆、花草、洞石、蝴蝶等。外壁八面均绘灵芝托杂宝纹。外底署青花楷体"隆庆年造"四字双行外围双方框款。（孙悦）

Blue and white octagonal plate with design of two magpies
Longqing Period, Ming Dynasty, Height 3.2cm Mouth diameter 14.2cm Foot diameter 8.5cm, Collected by the Palace Museum

251 青花标本（残）

明隆庆

残长 10.5 厘米

1987 年江西省景德镇市御窑厂珠山遗址出土，景德镇御窑博物馆藏

残，器形不详。青花色调泛紫灰，纹饰为穿花凤。底书双圈款，当为"大明隆庆年造"六字。该器为在窑内因匣钵倒坍而报废，器形似为渣斗，沾有匣钵渣。（韦有明）

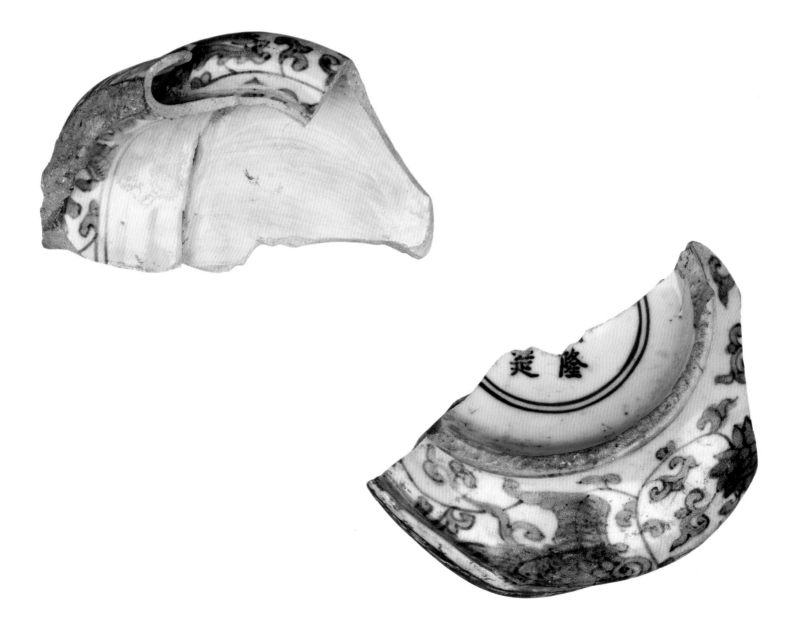

Blue and white ware (Incomplete)
Longqing Period, Ming Dynasty, Remaining length 10.5cm, Unearthed at Zhushan Imperial Kiln heritage of Jingdezhen in Jiangxi Province in 1987, collected by the Imperial Kiln Museum of Jingdezhen

深远影响
后仿隆庆朝御窑瓷器

后仿隆庆朝御窑瓷器主要分为三类，即：一类系指造型、纹饰、款识等均模仿隆庆朝御窑瓷器原作者；另一类系指只仿写隆庆御窑瓷器年款者，造型和纹饰则具有仿制时期的特点；还有一类是在原胎上后加彩者。

后仿隆庆朝御窑瓷器数量不多，以清代康熙朝、民国和 20 世纪 70 年代末以来仿品最为多见，所仿品种有青花、青花加矾红彩、五彩瓷等。鉴别时主要还应从造型、纹饰、胎、釉、彩、款识等方面寻其破绽。

Profoundly Influence

Longqing Imperial Porcelain Imitated by Later Ages

The imitated porcelain of Longqing imperial kiln can be divided into three types. The first type imitated the modeling, decoration, inscriptions of Longqing imperial kiln porcelain. The second one only imitated inscription of Longqing porcelain, but the modeling and decoration had the own feature of that time. The third type used the skill of adding colors on the original body.

There are not many imitated Longqing porcelain of which the most common porcelain was produced in Kangxi period of the Qing dynasty, the Republic of China and the late 1970s. The imitated porcelain contained blue-and-white porcelain, blue-and-white with iron red porcelain, polychrome porcelain and so on. The porcelain needs to be authenticated from different aspects like modeling, decoration, body, glaze, color, technology, inscriptions and so on.

青花"寿"字洗

清康熙

高 6 厘米　口径 17.4 厘米　足径 12 厘米

故宫博物院藏

洗敞口、弧腹、圈足。内、外皆有青花装饰。内底自里向外画三组青花双圈，中心书写篆体"寿"字；第一组和第二组弦线之间书写四组"寿"字，间以变形花卉；第二组和第三组弦线之间绘八组莲瓣形开光，每个开光内均书写一篆体"寿"字。外壁绘六组草石纹。外底署青花楷体"大明隆庆年制"六字双行外围双圈仿款。（蒋艺）

Blue and white washer with Chinese character "Shou"
Kangxi Period, Qing Dynasty, Height 6cm Mouth diameter 17.4cm Foot diameter 12cm, Collected by the Palace Museum

青花题诗魁星图杯

清康熙

高 4.8 厘米　口径 6.5 厘米　足径 3 厘米

故宫博物院藏

杯撇口、折沿、深弧腹、圈足。外壁绘青花魁星点斗图，配以诗句。外底署青花楷体"隆庆年造"四字双行仿款。（蒋艺）

Blue and white cup with design of *Kuixing* and poems
Kangxi Period, Qing Dynasty, Height 4.8cm Mouth diameter 6.5cm Foot diameter 3cm, Collected by the Palace Museum

425

青花题诗魁星图杯

清康熙
高 4.8 厘米　口径 6.5 厘米　足径 3 厘米
故宫博物院藏

杯撇口、折沿、深弧腹、圈足。外壁绘青花魁星点斗图，配以诗句。外底署青花楷体"隆庆年造"四字双行仿款。（蒋艺）

Blue and white cup with design of *Kuixing* and poems
Kangxi Period, Qing Dynasty, Height 4.8cm Mouth diameter 6.5cm Foot diameter 3cm, Collected by the Palace Museum

青花加矾红彩鱼纹杯

清康熙

高 2.8 厘米　口径 7 厘米　足径 3 厘米

故宫博物院藏

杯敞口、深腹、卧足。内底青花双圈内以青花加矾红彩描绘三条游鱼。外壁近口沿处绘青花几何纹，腹部绘四条矾红彩鱼纹。外底署青花楷体"大明隆庆年制"六字双行外围方框仿款。

（蒋艺）

Blue and white cup with design of fish in iron red color
Kangxi Period, Qing Dynasty, Height 2.8cm Mouth diameter 7cm Foot diameter 3cm, Collected by the Palace Museum

青花加矾红彩海水云龙纹杯

清康熙
高 3.8 厘米　口径 8 厘米　足径 3.7 厘米
故宫博物院藏

杯撇口、深弧腹、圈足。内底和外壁均以青花加矾红彩装饰，以矾红彩绘龙纹，以青花绘海水纹。外底署青花楷体"大明隆庆年造"六字双行外围双圈仿款。

此杯上的图案装饰、龙纹画法和款识字体书写风格，均与故宫博物院藏康熙矾红彩海水云龙纹碗相似，故判定其为康熙朝景德镇御窑烧造的伪托隆庆年款产品。（孙悦）

Blue and white cup with design of dragon, cloud and waves in iron red color
Kangxi Period, Qing Dynasty, Height 3.8cm Mouth diameter 8cm Foot diameter 3.7cm, Collected by the Palace Museum

万历时期

Wanli Period, Ming Dynasty

浓丽明艳
青花、青花釉里红、青花加彩瓷器

　　万历御窑青花瓷器所用青料仍为进口"回青"与国产"石子青"的混合料为主，同时，还新使用一种产自浙江的青料，名曰"浙料"。使用"浙料"描绘的青花瓷器，纹饰呈现蓝中泛灰色调，色泽不及混合料浓艳。

　　在绘画技法方面，典型万历御窑青花瓷器一般先以较浓青料勾描图案轮廓，再以较淡青料填染。由于万历皇帝仍迷信道教，致使八仙人物、老子讲道、树干绕成"福""禄""寿""全寿"等装饰题材盛行。

　　万历御窑青花瓷器所署款识以青花楷体"大明万历年制"六字双行款多见，少用青花楷体"万历年制"四字双行款。

　　万历朝仿烧前朝青花瓷器，主要仿宣德、成化御窑产品，既有按造型、纹饰、款识等完全模仿者，也有只模仿造型、纹饰而署本朝年款者。

Bright and Gorgeous

Blue-and-White Porcelain, Blue-and-White and Underglaze Red Porcelain and Blue-and-White with Polychrome Porcelain

Besides the import material *Huiqing* and domestic *Shizi Qing* (pebble blue) material, the blue-and-white porcelain of Wanli imperial kiln also used a kind of blue material named *Zheliao* which was produced in Zhejiang province. Because of *Zheliao*, the porcelain decoration showed a clear gray in blue color which was not as garish as mixed material.

In the aspect of drawing skills, the typical blue-and-white porcelain of Wanli imperial kiln generally used thick blue material to delineate pattern outline and filled it by light blue material. Because the Wanli emperor believed Taoism, the related story and figures like the Eight Immortals, Lao-tzu, characters of lucky, treasure, longevity of Taoism were used for decoration.

Wanli imperial kiln often used regular script with blue-and-white color of six characters in two rows (Da Ming Wan Li Nian Zhi)for inscription and occasionally use four characters(Wan Li Nian Zhi) as inscription.

The Wanli imperial kiln imitated blue-and-white porcelain of Xuande and Chenghua periods. Some imitation porcelain had the same modeling, decoration and inscriptions as the original porcelain. Some imitated modeling and decoration, but had the inscription of Wanli period.

青花缠枝莲托团"寿"字罐

明万历

高 48 厘米　口径 23.5 厘米　足径 27 厘米

故宫博物院藏

罐唇口、短颈、丰肩、鼓腹、腹下渐收、浅圈足。外壁青花装饰。颈部绘几何花纹，腹部满绘缠枝莲托团"寿"字，近底处绘如意云头纹。外底无釉，中心脐状凹进，内施透明釉，署青花楷体"大明万历年制"六字双行外围双圈款。（陈志鸿）

Blue and white jar with design of entwined lotus and medallion of Chinese character "Shou"
Wanli Period, Ming Dynasty, Height 48cm Mouth diameter 23.5cm Foot diameter 27cm, Collected by the Palace Museum

青花折枝花果纹罐

明万历
高 10.8 厘米　口径 7.6 厘米　足径 7.8 厘米
故宫博物院藏

罐直口、短颈、丰肩、鼓腹、腹下渐收、圈足。通体施透明釉，足端无釉。外壁青花装饰。颈部绘变形俯莲瓣纹，腹部四面绘折枝花果纹，近底处绘变形仰莲瓣纹。外底署青花楷体"大明万历年制"六字双行外围双圈款。（陈志鸿）

Blue and white jar with design of branched flowers and fruits
Wanli Period, Ming Dynasty, Height 10.8cm Mouth diameter 7.6cm Foot diameter 7.8cm, Collected by the Palace Museum

青花二龙戏珠纹扇形蟋蟀罐

明万历
高 9.8 厘米　口横 9.2 厘米　口纵 7.6 厘米
足横 8.9 厘米　足纵 7.3 厘米
故宫博物院藏

罐呈扇形，直腹，口、底尺度相若，圈足。附盖，盖面中心置圆钮。盖外和罐外壁均有青花装饰。盖面绘二龙戏珠纹；罐身一面绘一龙纹，另三面均绘二龙戏珠纹。外底自右向左署青花楷体"大明万历年制"六字横排外围长方框款，框外绘莲瓣纹。（陈志鸿）

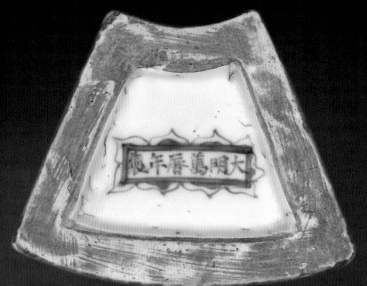

Blue and white fan-shaped cricket jar with design of two dragons chasing ball
Wanli Period, Ming Dynasty, Height 9.8cm Mouth length 9.2cm Mouth width 7.6cm Foot length 8.9cm Foot width 7.3cm, Collected by the Palace Museum

青花云龙凤纹出戟尊

明万历
高 21.9 厘米　口径 15.7 厘米　足径 11.3 厘米
故宫博物院藏

尊撇口、阔颈、鼓腹、圈足外撇，颈、腹、胫部各置一对出戟。外壁青花装饰。颈部绘洞石牡丹，腹部两面分别绘云龙纹和云凤纹，胫部绘"壬"字形云、朵花、圈点纹。外底署青花楷体"大明万历年制"六字双行外围双圈款。

此尊造型源于商周青铜器。明代景德镇御窑瓷尊流行于中、晚期，属于宫廷陈设用瓷。
（陈志鸿）

Blue and white *Zun* with flanges and design of dragon, phoenix and cloud
Wanli Period, Ming Dynasty, Height 21.9cm Mouth diameter 15.7cm Foot diameter 11.3cm, Collected by the Palace Museum

261 | 青花云龙凤纹出戟尊

明万历
高 21.9 厘米　口径 15.5 厘米　足径 11.1 厘米
故宫博物院藏

尊撇口、阔颈、鼓腹、圈足外撇。颈、腹、胫部各置一对出戟。外壁通体青花装饰。颈部绘洞石牡丹；腹部两面分别绘云龙纹和云凤纹；胫部绘"壬"字形云、朵花、圈点纹。外底署青花楷体"大明万历年制"六字双行外围双圈款。

此尊造型源于商周青铜器，明代中、晚期多见，属于宫廷陈设用瓷。（陈志鸿）

Blue and white *Zun* with flanges and design of dragon, phoenix and cloud
Wanli Period, Ming Dynasty, Height 21.9cm Mouth diameter 15.5cm Foot diameter 11.1cm, Collected by the Palace Museum

青花云鹤八卦纹出戟尊

明万历

高 22.8 厘米　口径 14.7 厘米　足径 10.5 厘米

故宫博物院藏

尊撇口、阔颈、鼓腹、圈足外撇。颈、腹、胫部各置一对出戟。外壁青花装饰。颈部绘蕉叶纹，腹部绘云鹤八卦纹，胫部依次绘"壬"字形云、俯莲瓣、圈点纹。外底署青花楷体"大明万历年制"六字双行款。

此尊在纹饰构图方面不落窠臼，以细长蕉叶顶天立地布满颈部，其下腹部的云鹤与八卦纹上下交错排列，别开生面。（陈志鸿）

Blue and white *Zun* with flanges and design of crane, cloud and the Eight Diagrams
Wanli Period, Ming Dynasty, Height 22.8cm Mouth diameter 14.7cm Foot diameter 10.5cm, Collected by the Palace Museum

263 青花瑞兽纹菱花式花觚

明万历
高 76.5 厘米　口径 22.6 厘米　足径 19.3 厘米
故宫博物院藏

觚呈菱花口、折沿、瓜棱形鼓腹、圈足外撇。外壁自上而下分布九层青花纹饰。颈部绘洞石花卉草虫、双龙穿花、折枝灵芝托杂宝、回纹；腹部绘上下两层瑞兽；胫部绘折枝花、瑞兽、湖石花卉纹；近底处绘如意云头、折枝花纹。口沿下自右向左署青花楷体"大明万历年制"六字横排外围长方框款。

此菱花式花觚造型别致，有别于传统圆形花觚。青花纹饰繁缛、色泽艳丽，属于皇室佛前供器。（陈志鸿）

Blue and white lobed flower vase with design of auspicious beast
Wanli Period, Ming Dynasty, Height 76.5cm Mouth diameter 22.6cm Foot diameter 19.3cm, Collected by the Palace Museum

264 | **青花龙穿花纹带盖梅瓶**
明万历
通高 72 厘米　口径 10.4 厘米　足径 19.3 厘米
故宫博物院藏

梅瓶唇口、短颈、丰肩、长圆腹、圈足。附伞形盖，盖顶置宝珠钮。盖外和瓶外壁均有青花装饰。盖钮、盖面绘莲瓣纹，盖周壁绘龙穿花纹。瓶外壁以龙穿花为主题纹饰，上、下分别绘俯、仰变形莲瓣纹。肩部自右向左署青花楷体"大明万历年制"六字横排款。

此梅瓶形体高大、造型规整、画工精细、青花发色纯正，1956 年出土于北京昌平明定陵，堪称万历朝御窑青花瓷器的代表作。（陈志鸿）

Blue and white lidded prunus vase with design of dragon among flowers
Wanli Period, Ming Dynasty, Overall height 72cm Mouth diameter 10.4cm Foot diameter 19.3cm, Collected by the Palace Museum

青花龙穿花纹带盖梅瓶

明万历
通高 73 厘米　口径 10.4 厘米　足径 19.3 厘米
故宫博物院藏

梅瓶唇口、短颈、丰肩、长圆腹、圈足。附伞形盖，盖顶置宝珠钮。盖外和瓶外壁均青花装饰。盖钮、盖面绘莲瓣纹，盖周壁绘龙穿花纹。瓶外壁以龙穿花为主题纹饰，上、下分别绘俯、仰变形莲瓣纹。肩部自右向左署青花楷体"大明万历年制"六字横排款。

此梅瓶形体高大、造型规整、画工精细、青花发色纯正，1956 年与前述梅瓶一起出土于北京昌平明定陵，堪称万历朝御窑青花瓷器的代表作。（陈志鸿）

Blue and white lidded prunus vase with design of dragon among flowers
Wanli Period, Ming Dynasty, Overall height 73cm Mouth diameter 10.4cm Foot diameter 19.3cm, Collected by the Palace Museum

青花龙穿花纹梅瓶

明万历
高 43 厘米　口径 6.7 厘米　足径 15 厘米
故宫博物院藏

梅瓶唇口、短颈、丰肩、长圆腹、圈足。外壁有青花纹饰。肩部和近足处分别绘俯、仰变形莲瓣纹，腹部绘龙穿花纹。肩部自右向左署青花楷体"大明万历年制"六字横排款。

此瓶外撇的小口、略长的细颈与丰满的肩部，都呈现出万历朝梅瓶独有的特征。（陈志鸿）

Blue and white prunus vase with design of dragon among flowers
Wanli Period, Ming Dynasty, Height 43cm Mouth diameter 6.7cm Foot diameter 15cm, Collected by the Palace Museum

267 | ## 青花龙穿花纹梅瓶
明万历
高 42.7 厘米　口径 6.8 厘米　底径 13.5 厘米
故宫博物院藏

梅瓶唇口、短颈、丰肩、长圆腹、平砂底。外壁有青花装饰。肩部和胫部均绘变形莲瓣纹。腹部绘双龙穿缠枝花纹，龙立姿，昂首、张口、探足、五爪。肩上部自右向左署青花楷体"大明万历年制"六字横排款。（冀洛源）

Blue and white prunus vase with design of dragon among flowers
Wanli Period, Ming Dynasty, Height 42.7cm Mouth diameter 6.8cm Bottom diameter 13.5cm, Collected by the Palace Museum

青花人物故事图梅瓶

明万历
高 65.7 厘米　口径 8.1 厘米　足径 17 厘米
故宫博物院藏

梅瓶唇口出沿、短颈、丰肩、长腹、圈足。外壁青花装饰。肩部如意头形云肩内绘折枝花纹，隙地点缀杂宝纹；腹部绘《四爱图》，分别为"王羲之爱鹅""陶渊明爱菊""林和靖爱梅""周敦颐爱莲"，周围以祥云、远山、松柏、洞石、栏杆、盆景、花卉等相衬；近足处绘朵花纹、变形莲瓣纹。肩部顺时针署青花楷体"大明万历年制"六字环形款。（陈志鸿）

Blue and white prunus vase with figure design
Wanli Period, Ming Dynasty, Height 65.7cm Mouth diameter 8.1cm Foot diameter 17cm, Collected by the Palace Museum

青花人物故事图梅瓶

明万历

高 63.7 厘米　口径 8.3 厘米　足径 18 厘米

故宫博物院藏

梅瓶唇口出沿、短颈、丰肩、长腹、圈足。外壁青花装饰。肩部如意头形云肩内绘折枝花纹，隙地点缀杂宝纹；腹部绘《四爱图》，分别为"王羲之爱鹅""陶渊明爱菊""林和靖爱梅""周敦颐爱莲"，周围以祥云、远山、松柏、洞石、栏杆、盆景、花卉等相衬；近足处绘朵花纹、变形莲瓣纹。肩部顺时针署青花楷体"大明万历年制"六字环形款。（陈志鸿）

Blue and white prunus vase with figure design
Wanli Period, Ming Dynasty, Height 63.7cm Mouth diameter 8.3cm Foot diameter 18cm, Collected by the Palace Museum

淡描青花满池娇图瓶

明万历

高 26 厘米　口径 6.5 厘米　足径 8.3 厘米

故宫博物院藏

瓶撇口、长颈、丰肩、圆腹、圈足。通体青花装饰。内、外壁近口沿处绘花叶纹。外壁颈部自上而下绘璎珞纹、折枝花纹、海水江崖纹；肩部绘蕉叶纹；腹部绘通景鸳鸯莲池图，鹭鸶飞于空中，鸳鸯戏于池塘，周围绘荷莲、水草、茨菇等；近足处绘变形仰莲瓣纹。外底署青花楷体"大明万历年制"六字双行外围双圈款。

此瓶可能烧造于万历晚期，青花图案以白描技法绘就，瓶口内外均以花叶作边饰，颇有新意。也可将此瓶看作斗彩瓷器的半成品。（陈志鸿）

Blue and white vase with design of lotus and mandarin duck in light color
Wanli Period, Ming Dynasty, Height 26cm Mouth diameter 6.5cm Foot diameter 8.3cm, Collected by the Palace Museum

271 青花鱼藻纹蒜头瓶

明万历

高 37.5 厘米　口径 7.7 厘米　足径 18 厘米

故宫博物院藏

瓶口呈蒜头形，长颈、垂腹、圈足。外壁有青花装饰。口沿绘变形莲瓣纹；颈部绘倒垂梅枝映月；肩部和圈足外墙绘卷草纹；腹部绘游鱼戏水，伴以莲花、茨菇、荷叶、浮萍等。口沿下自右向左署青花楷体"大明万历年制"六字横排款。

此种形体高大的蒜头瓶多见于万历朝，其蒜头形直口较嘉靖朝蒜头瓶的口部大。（陈志鸿）

Blue and white vase with garlic-shaped mouth and design of fish and water plants
Wanli Period, Ming Dynasty, Height 37.5cm Mouth diameter 7.7cm Foot diameter 18cm, Collected by the Palace Museum

青花龙凤纹象耳衔环瓶

明万历

高 21 厘米　口径 5.4 厘米　底径 7.9 厘米

故宫博物院藏

瓶盘口、细颈、垂腹、足外撇、平砂底。颈部凸起两道弦线，两侧对称置象耳衔环。外壁有青花装饰。颈部绘卷草纹，上、下辅以俯、仰蕉叶纹；象耳和活环处绘变形回纹；肩部绘留白朵花纹；腹部绘两组龙凤纹。近底处绘如意云头纹、变形莲瓣纹。口沿下自右向左署青花楷体"大明万历年制"六字横排款。

此瓶造型、纹饰均承袭嘉靖朝作品，仅署款不同。清代康熙、雍正朝景德镇御窑厂均有所仿，且形神具备，唯器底多带有镟坯痕。（陈志鸿）

Blue and white vase with elephant-shaped ears and design of dragon and phoenix
Wanli Period, Ming Dynasty, Height 21cm Mouth diameter 5.4cm Bottom diameter 7.9cm, Collected by the Palace Museum

青花龙凤纹象耳衔环瓶

明万历
高 21.9 厘米　口径 4.6 厘米　底径 8.5 厘米
故宫博物院藏

　　瓶盘口、细颈、垂腹、足外撇、平砂底。颈部凸起两道弦线，两侧对称置象耳衔环。外壁有青花装饰。颈部绘卷草纹，上、下辅以俯、仰蕉叶纹；象耳和活环处绘变形回纹；肩部绘留白朵花纹；腹部绘两组龙凤纹。近底处绘如意云头纹、变形莲瓣纹。口沿下自右向左署青花楷体"大明万历年制"六字横排款。

　　此瓶造型、纹饰均承袭嘉靖朝作品，仅署款不同。清代康熙、雍正朝景德镇御窑厂均有所仿，且形神具备，唯器底多带有镟坯痕。（陈志鸿）

Blue and white vase with elephant-shaped ears and design of dragon and phoenix
Wanli Period, Ming Dynasty, Height 21.9cm Mouth diameter 4.6cm Bottom diameter 8.5cm, Collected by the Palace Museum

青花龙凤纹象耳衔环瓶

明万历

高 22 厘米　口径 4.7 厘米　底径 8.4 厘米

故宫博物院藏

瓶盘口、细颈、垂腹、足外撇、平砂底。颈部凸起两道弦线，两侧对称置象耳衔环。外壁有青花装饰。颈部绘卷草纹，上、下辅以俯、仰蕉叶纹；象耳和活环处绘变形回纹；肩部绘留白朵花纹；腹部绘两组龙凤纹。近底处绘如意云头纹、变形莲瓣纹。口沿下自右向左署青花楷体"大明万历年制"六字横排款。

此瓶造型、纹饰均承袭嘉靖朝作品，仅署款不同。清代康熙、雍正朝景德镇御窑厂均有所仿，且形神具备，唯器底多带有镟坯痕。（陈志鸿）

Blue and white vase with elephant-shaped ears and design of dragon and phoenix
Wanli Period, Ming Dynasty, Height 22cm Mouth diameter 4.7cm Bottom diameter 8.4cm, Collected by the Palace Museum

青花云龙纹缸

明万历

高 32 厘米　口径 61.5 厘米　底径 41 厘米

故宫博物院藏

缸宽方唇口、斜曲腹、平底。外壁有青花装饰。唇口上下沿和腹部上下各画两道弦线，腹部绘双龙，首尾相接，间以宝珠，伴以云纹。龙昂首、张口、探足、五爪。（冀洛源）

Blue and white vat with design of dragon and cloud
Wanli Period, Ming Dynasty, Height 32cm Mouth diameter 61.5cm Bottom diameter 41cm, Collected by the Palace Museum

469

276 青花海水二龙戏珠纹长方鼎式炉

明万历

高 13.5 厘米　口边长 13.2 厘米　足距 13.2 厘米

故宫博物院藏

炉呈长方鼎式，直口、折腹、下承以四个如意形足。口沿两侧对称置冲耳。外壁有青花装饰。腹上部四面绘二龙戏珠纹，下部绘海浪纹。外底留有四个支烧钉痕，中心署青花楷体"大明万历年制"六字三行外围双长方框款。

瓷质香炉早在宋代已经出现且颇为盛行，南北方窑场均有烧造。由于万历皇帝的生母信奉佛教，曾被尊为"九莲菩萨"，故此时景德镇御窑场大量烧造香炉，且造型变化多端。（高晓然）

Blue and white rectangular tripod incense burner with design of two dragons chasing ball and waves
Wanli Period, Ming Dynasty, Height 13.5cm Mouth side length 13.2cm Distance between feet 13.2cm, Collected by the Palace Museum

青花云鹤天马纹带盖三足炉

明万历

通高 17.5 厘米　口径 15.4 厘米　足距 12.6 厘米

故宫博物院藏

炉敞口、弧腹、两侧饰穿环兽耳、下承以三个兽足。附拱形盖，平顶，顶上置宝珠钮。通体青花装饰。盖钮绘朵花，花心书写一"福"字；平顶绘缠枝花卉，间以杂宝纹；边壁绘如意云头纹和云鹤纹。炉身外壁腹部绘天马穿行于云朵浪花之间。内底署青花楷体"万历九年李衙置用"八字双行款。

万历早期御窑青花瓷器所用青料多为"回青"和"石子青"的混合料，青花色泽蓝中微泛紫红色调，此三足炉即具有这种特征。（高晓然）

Blue and white lidded tripod incense burner design of crane, mythical horse and cloud

Wanli Period, Ming Dynasty, Overall height 17.5cm Mouth diameter 15.4cm Distance between feet 12.6cm, Collected by the Palace Museum

青花祥云八卦纹三足炉

明万历
高 13.4 厘米　口径 13.9 厘米　足距 14.4 厘米
故宫博物院藏

炉敛口、鼓腹、收底，下承以三个兽足。外壁有青花装饰，共绘三层纹饰。上部绘火焰纹，中部绘相间排列的八卦、云纹，下部绘海水纹。外底有较宽涩圈，中心有脐状凹进，脐内施透明釉，且署青花楷体"大明万历年制"六字三行外围双圈款。（高晓然）

Blue and white tripod incense burner design of the Eight Diagrams and cloud
Wanli Period, Ming Dynasty, Height 13.4cm Mouth diameter 13.9cm Distance between feet 14.4cm, Collected by the Palace Museum

青花镂空云龙戏珠纹盒

明万历

通高 15 厘米　口径 22.2 厘米　足径 17 厘米

故宫博物院藏

盒呈圆形，上、下以子母口扣合，圈足。通体青花镂空装饰。盖面饰开光云龙戏珠纹，盖、盒身侧壁饰钱纹锦地开光花卉纹，上、下口沿分别绘卷草纹。外底署青花楷体"大明万历年制"六字三行外围双圈款。

此盒胎体厚重，青花色泽蓝中泛灰。（高晓然）

Blue and white box with design of dragon chasing ball and cloud in openwork
Wanli Period, Ming Dynasty, Overall height 15cm Mouth diameter 22.2cm Foot diameter 17cm, Collected by the Palace Museum

青花龙穿缠枝花纹盒

明万历

通高 10.5 厘米　口径 16.3 厘米　足径 15.9 厘米

故宫博物院藏

盒呈圆形，上、下以子母口扣合，圈足。附拱形平顶盖。通体青花装饰。盖面中心方形开光内绘折枝花，四角均绘"卍"字；开光外对称绘莲花、螺纹间以镂空装饰。盖、盒侧壁均绘龙穿缠枝花纹。外底署青花楷体"大明万历年制"六字双行外围双圈款。

此盒纹饰绘画具有万历朝御窑青花瓷器画风朴拙、装饰繁缛但层次清晰、繁而不乱之风格。

（高晓然）

Blue and white box with design of dragon among flowers
Wanli Period, Ming Dynasty, Overall height 10.5cm Mouth diameter 16.3cm Foot diameter 15.9cm, Collected by the Palace Museum

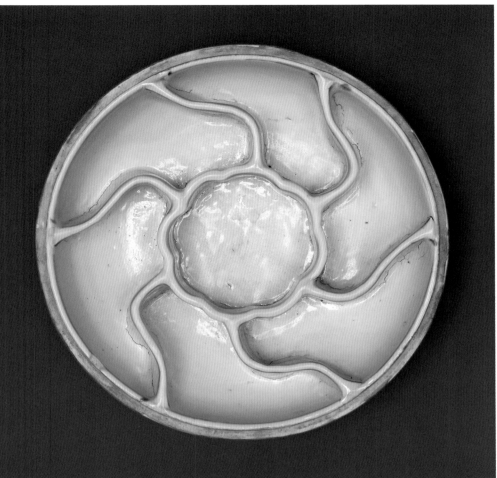

青花龙穿花纹盒盖（残）

明万历

残长 6.1 厘米

2013 年江西省景德镇市御窑厂遗址出土，景德镇御窑博物馆藏

盖为方形，盖作子母口，盖底一周涩胎，有明显的火石红。底部其他部分施透明釉。盖面四周有一圈平面凸起并绘卷草纹一周，盖面绘龙穿花纹。（李子嵬）

 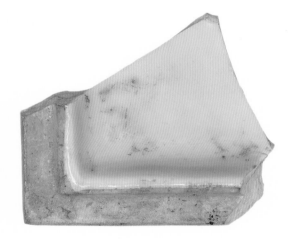

Blue and white box cover with design of dragon among flowers (Incomplete)
Wanli Period, Ming Dynasty, Remaining length 6.1cm, Unearthed at Imperial Kiln heritage of Jingdezhen in Jiangxi Province in 2013, collected by the Imperial Kiln Museum of Jingdezhen

282 | **青花云龙戏珠婴戏图盒**
明万历
通高 12.2 厘米　口径 20.9 厘米　足径 16.3 厘米
故宫博物院藏

盒呈圆形，上、下以子母口扣合，圈足。附拱形平顶盖。通体青花装饰。盖面圆形开光内绘婴戏图，16 个童子在庭院中嬉戏玩耍，稚趣可爱。盖、盒侧壁均绘云龙戏珠纹，上、下口边均绘杂宝纹，圈足外墙绘卷草纹。外底署青花楷体"大明万历年制"六字双行外围双圈款。

婴戏图早在唐代瓷器上即已出现，宋、元时期瓷器上颇为流行，但明代以前瓷器上婴戏图所表现的孩童人数均较少。明、清时期瓷器上婴戏图所表现的孩童数量大大增加，有 16 子、20 子乃至百子等，并常常衬以山水栏杆、花草树木，生活气息浓郁。（高晓然）

Blue and white box with design of dragon chasing ball, cloud and children at play
Wanli Period, Ming Dynasty, Overall height 12.2cm Mouth diameter 20.9cm Foot diameter 16.3cm, Collected by the Palace Museum

青花云龙戏珠婴戏图盒

明万历

通高 11.3 厘米　口径 20.8 厘米　足径 16.2 厘米

故宫博物院藏

盒呈圆形，上、下以子母口扣合，圈足。附拱形平顶盖。通体青花装饰。盖面圆形开光内绘婴戏图，16 个童子在庭院中嬉戏玩耍，稚趣可爱。盖、盒侧壁均绘云龙戏珠纹，上、下口边分别绘杂宝纹，圈足外墙绘卷草纹。外底署青花楷体"大明万历年制"六字双行外围双圈款。

婴戏图早在唐代瓷器上即已出现，宋、元时期瓷器上颇为流行，但明代以前瓷器上婴戏图所表现的孩童人数均较少。明、清时期瓷器上婴戏图所表现的孩童数量大大增加，有 16 子、20 子乃至百子等，并常常衬以山水栏杆、花草树木，生活气息浓郁。（高晓然）

Blue and white box with design of dragon chasing ball, cloud and children at play
Wanli Period, Ming Dynasty, Overall height 11.3cm Mouth diameter 20.8cm Foot diameter 16.2cm, Collected by the Palace Museum

青花人物图盒

明万历

通高 12.6 厘米　口径 21.8 厘米　足径 15.7 厘米

故宫博物院藏藏

盒呈圆形，上、下以子母口扣合，圈足。附拱形平顶盖。通体青花装饰。盖面圆形开光内绘人物故事图，隙地衬以影壁、栏杆、树石花草等。盖面圆形开光外和盒腹部均有菱形开光，开光内绘折枝花鸟图。上、下口边均绘锦纹间杂宝纹，圈足外墙绘卷草纹。外底署青花楷体"大明万历年制"六字双行外围双圈款。

万历朝景德镇御窑青花瓷器装饰题材非常丰富，除传统的云龙、花卉、山水图外，人物故事图更为常见，不论是反映当时社会生活的人物，还是历史题材、戏曲故事中的人物，应有尽有。此盒展现的人物故事图，布局疏密有致、层次分明，人物刻画生动传神。（高晓然）

Blue and white box with figure design
Wanli Period, Ming Dynasty, Overall height 12.6cm Mouth diameter 21.8cm Foot diameter 15.7cm, Collected by the Palace Museum

青花人物图盒

明万历
通高 11.8 厘米　口径 20.8 厘米　足径 14.4 厘米
故宫博物院藏

盒呈圆形，上、下以子母口扣合，圈足。附拱形平顶盖。通体青花装饰。盖面圆形开光内绘人物故事图，隙地衬以影壁、栏杆、树石花草等。盖和盒侧壁均有菱形开光，开光内绘折枝花鸟图。上、下口边均绘锦纹间杂宝纹，圈足外墙绘卷草纹。外底署青花楷体"大明万历年制"六字双行外围双圈款。

锦地开光是万历朝御窑青花瓷的装饰特色，见有古钱锦、米字锦、梅花锦等，开光有圆形、长方形、四方花瓣、长方花瓣等多种形式。（高晓然）

Blue and white box with figure design
Wanli Period, Ming Dynasty, Overall height 11.8cm Mouth diameter 20.8cm Foot diameter 14.4cm, Collected by the Palace Museum

青花镂空龙穿花纹长方盒

明万历

通高 11 厘米　口横 29 厘米　口纵 18.2 厘米

足横 25 厘米　足纵 14 厘米

故宫博物院藏

盒呈长方形，上、下以子母口扣合，圈足。附拱形平顶盖。通体青花装饰。盖面菱形开光内饰镂空龙穿花纹，盖和盒身侧壁均绘双龙穿花纹，飘逸灵动的龙纹极具神采。外底署青花楷体"大明万历年制"六字双行外围双圈款。

此盒装饰繁缛满密，镂空与绘画技法相结合，给人耳目一新之感。（高晓然）

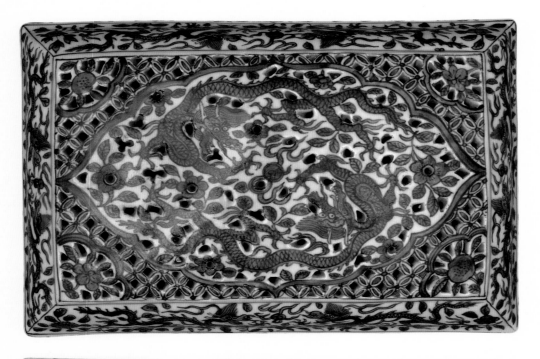

Blue and white rectangular box with design of dragon among flowers in openwork
Wanli Period, Ming Dynasty, Overall height 11cm Mouth length 29cm Mouth width 18.2cm Foot length 25cm Foot width 14cm, Collected by the Palace Museum

287 青花镂空缠枝花托杂宝长方盒

明万历

通高 8.5 厘米　口横 26 厘米　口纵 19.5 厘米

足横 21.5 厘米　足纵 15 厘米

故宫博物院藏

盒呈长方形，上、下以子母口扣合，圈足。附拱形平顶盖。通体青花装饰。盖面锦地海棠式开光内饰镂空缠枝花托杂宝纹，盖和盒侧壁四面均绘二龙戏珠纹。外底自右向左署青花楷体"大明万历年制"六字横排外围双长方框款。

万历朝御窑瓷器中镂空装饰颇为盛行，这种装饰不仅增加了图案的立体感，而且也丰富了装饰的层次感。（高晓然）

Blue and white rectangular box with design of entwined flowers and treasures in openwork

Wanli Period, Ming Dynasty, Overall height 8.5cm Mouth length 26cm Mouth width 19.5cm Foot length 21.5cm Foot width 15cm, Collected by the Palace Museum

青花麒麟纹方盒

明万历

通高 10 厘米　口横 14.5 厘米　口纵 14.5 厘米

足横 12 厘米　足纵 12 厘米

故宫博物院藏

盒呈四方形，上、下以子母口扣合，方圈足。附拱形平顶盖。通体青花装饰。盖面花瓣式开光内绘半卧麒麟望月，周围衬以山石、蕉叶、花草等。盖和盒侧壁四面均绘折枝花鸟图。无款识。

麒麟为传说中的瑞兽，有"福增贵子"的吉祥寓意，是明、清瓷器上常见的装饰题材。（高晓然）

Blue and white square box with *Qilin* design
Wanli Period, Ming Dynasty, Overall height 10cm Mouth length 14.5cm Mouth width 14.5cm Foot length 12cm Foot width 12cm, Collected by the Palace Museum

青花松鹿图狮钮盖盒

明万历

通高 3.2 厘米　口径 3.4 厘米　足径 2.8 厘米

故宫博物院藏

盒呈筒式，上、下以子母口扣合，圈足。附平顶狮钮盖。通体青花装饰。盖面绘花卉纹，侧壁绘回纹。盒身外壁绘松鹿纹。外底署青花楷体"大明万历年制"六字双行外围单圈款。

此盒小巧别致，青花发色纯正，纹饰寓意吉祥。（高晓然）

Blue and white box with lion-shaped knob and design of deer and pine tree
Wanli Period, Ming Dynasty, Overall height 3.2cm Mouth diameter 3.4cm Foot diameter 2.8cm, Collected by the Palace Museum

青花锦地开光折枝花卉纹叠盒

明万历

通高 24.4 厘米　口径 19.8 厘米　足径 19.6 厘米

故宫博物院藏

盒呈筒形三屉式，中间两屉内分格，圈足。附拱形盖。通体青花装饰。盖面和盖、盒侧壁分别绘锦地方形委角开光和长方形委角开光，开光内均绘折枝花纹。中间两屉内均分为五格，每格内均绘折枝花纹。各层外底均署青花楷体"大明万历年制"六字双行外围双圈款。

锦地开光装饰在明代天顺朝瓷器上即已出现，万历朝瓷器上广为使用，成为此朝瓷器装饰的一大特点。（高晓然）

Blue and white three-tiered box with design of branched flowers on brocade ground in reserved panels
Wanli Period, Ming Dynasty, Overall height 24.4cm Mouth diameter 19.8cm Foot diameter 19.6cm, Collected by the Palace Museum

291 青花锦地开光折枝花卉纹叠盒

明万历

通高 25.3 厘米　口径 20 厘米　足径 19.3 厘米

故宫博物院藏

盒呈筒形三屉式，中间两屉内均分格，圈足。附拱形盖。通体青花装饰。盖面和盖、盒侧壁分别绘锦地方形委角开光和长方形委角开光，开光内均绘折枝花纹。中间两屉内均分五格，每格内均绘折枝花纹。各层外均底署青花楷体"大明万历年制"六字双行外围双圈款。

此叠盒造型规整、古朴庄重，青花色泽浓艳，纹饰布局繁缛，反映出万历朝景德镇御窑制瓷工艺的鲜明特色。（高晓然）

Blue and white three-tiered box with design of branched flowers on brocade ground in reserved panels

Wanli Period, Ming Dynasty, Overall height 25.3cm Mouth diameter 20cm Foot diameter 19.3cm, Collected by the Palace Museum

| 青花盒盖（残）

明万历

残长 11.5 厘米

2013 年江西省景德镇市御窑厂遗址出土，景德镇御窑博物馆藏

　　该标本为子母口盖盒的器盖部位，瓷质坚硬、细腻，胎体厚重，器盖内、外壁均施透明釉。内壁口沿部位为涩胎，胎呈火石红，外壁施满釉，釉色白中泛青。从正视角度来看器盖外壁上窄下宽，整体呈圆弧状，同时四壁相交处呈委角，顶端为平面。盖顶及各壁分别戳两个小孔，利于器内香料等物的挥发，但这件器盖的大部分小孔因施釉过厚而被堵塞，从而使器物失去原本的作用，这也是此器被废弃的重要原因。器物内壁素面无纹，外壁及盖顶部位则以青花料分别绘制锦地纹、龙纹、回纹及花卉等纹样，并以几何方框等形式串联起来，使整组图案达到多样变化、对立统一的艺术效果。（韦有明）

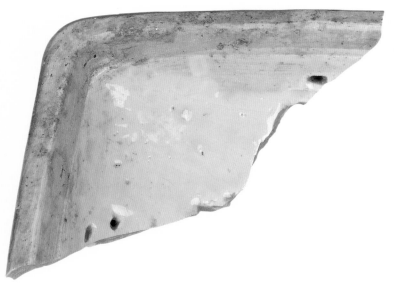

Blue and white box cover (Incomplete)
Wanli Period, Ming Dynasty, Remaining length 11.5cm, Unearthed at Imperial Kiln heritage of Jingdezhen in Jiangxi Province in 2013, collected by the Imperial Kiln Museum of Jingdezhen

青花云龙纹印泥盒

明万历
通高 6 厘米　口径 2.3 厘米　足径 3.6 厘米
故宫博物院藏

盒呈圆形，上、下以子母口扣合，圈足。附拱形平顶盖。通体施透明釉。外壁绘青花云龙纹。外底署青花楷体"大明万历年制"六字三行外围双圈款。

万历朝景德镇御窑厂烧造了大量文房用具，诸如笔插、笔管、笔洗、笔山、砚滴、烛台、书桌插屏等。此盒内因遗留有红色印泥，故应属于文房用印泥盒。（高晓然）

Blue and white inkpad box with design of dragon and cloud
Wanli Period, Ming Dynasty, Overall height 6cm Mouth diameter 2.3cm Foot diameter 3.6cm, Collected by the Palace Museum

505

294 | 青花云龙纹印泥盒

明万历

通高 2.3 厘米　口径 2.7 厘米　足径 2.3 厘米

故宫博物院藏

盒呈圆形，上、下以子母口扣合，圈足。附拱形平顶盖。通体绘青花云龙纹。外底署青花楷体"大明万历年制"六字三行外围双圈款。

瓷盒在唐代已出现，多为日用品，有镜盒、粉盒、药盒、香盒、印泥盒等之分。明代万历时期景德镇御器厂烧造的瓷盒，式样之繁多，堪称一绝。（高晓然）

Blue and white inkpad box with design of dragon and cloud
Wanli Period, Ming Dynasty, Overall height 2.3cm Mouth diameter 2.7cm Foot diameter 2.3cm, Collected by the Palace Museum

青花二龙戏珠纹水丞

明万历
高 4 厘米　口径 2.8 厘米　足径 4.3 厘米
故宫博物院藏

水丞敛口、溜肩、鼓腹、腹下渐收、圈足。外壁绘青花二龙戏珠纹，上、下辅以如意云头纹。外底署青花楷体"大明万历年制"六字三行外围双圈款。（高晓然）

Blue and white water container with design of two dragons chasing ball
Wanli Period, Ming Dynasty, Height 4cm Mouth diameter 2.8cm Foot diameter 4.3cm, Collected by the Palace Museum

507

青花二龙戏珠纹水丞

明万历
高 10.2 厘米　口径 9 厘米　足径 8.9 厘米
故宫博物院藏

水丞敛口、圆腹、圈足。外壁以青花绘二龙戏珠纹，上、下衬以如意云头和卷草纹。外底署青花楷体"大明万历年制"六字双行外围双圈款。

此器胎体较轻，青花发色亮丽，所绘龙纹威严凶猛，堪称万历朝御窑文房用瓷中的精品。（陈润民）

Blue and white water container with design of two dragons chasing ball
Wanli Period, Ming Dynasty, Height 10.2cm Mouth diameter 9cm Foot diameter 8.9cm, Collected by the Palace Museum

青花龙穿缠枝莲纹水丞

明万历
高 10 厘米　口径 9 厘米　足径 9.2 厘米
故宫博物院藏

水丞敛口、圆腹、圈足。通体青花装饰。腹部主题图案为龙穿缠枝莲纹，近底处绘卷草纹。外底署青花楷体"大明万历年制"六字双行外围双圈款。

此器造型饱满，青花发色明快。瓷器上的龙穿花纹始见于宣德朝，明代中晚期尤为盛行。（陈润民）

Blue and white water container with design of dragon among entwined lotus
Wanli Period, Ming Dynasty, Height 10cm Mouth diameter 9cm Foot diameter 9.2cm, Collected by the Palace Museum

509

青花缠枝莲纹水丞

明万历

高 9.2 厘米　口径 5.8 厘米　足径 8.3 厘米

故宫博物院藏

水丞敛口、鼓腹、圈足外撇。外壁有青花装饰。腹部主题纹饰为缠枝莲纹，上、下衬以变形莲瓣和朵花纹。外底署青花楷体"大明万历年制"六字双行外围双圈款，款字端庄工整。

从此水丞上的纹饰风格和青花发色看，应是仿照宣德御窑青花瓷烧造而成。（陈润民）

Blue and white water container with design of entwined lotus
Wanli Period, Ming Dynasty, Height 9.2cm Mouth diameter 5.8cm Foot diameter 8.3cm, Collected by the Palace Museum

299 青花开光妇人课子图水丞

明万历
高 13.8 厘米　口径 10.5 厘米　足径 13.5 厘米
故宫博物院藏

水丞敛口、鼓腹、圈足。通体施透明釉，圈足内无釉露胎。外壁有青花装饰。近口沿处绘卷草纹，肩部绘如意云头纹，腹部主题图案为四组海棠形开光，开光内绘妇人课子图，开光间以朵云相隔。（陈润民）

Blue and white water container with design of ladies teaching children in reserved panels
Wanli Period, Ming Dynasty, Height 13.8cm Mouth diameter 10.5cm Foot diameter 13.5cm, Collected by the Palace Museum

300 青花龙纹笔架

明万历

高 10.1 厘米　长 15.5 厘米　宽 4 厘米

故宫博物院藏

笔架呈弯月形。上部三个山峰塑有三条立行龙，中间正面龙高大，怒目叱咤，两侧龙昂首对称呼应，通体以青花描绘的细节，基座上画海水江崖纹，青花发色艳丽。外底署青花楷体"大明万历年制"六字双行外围双长方框款。

这种笔架造型新颖，为万历朝新创式样，装饰上仅见青花与五彩两种，传世不多。（陈润民）

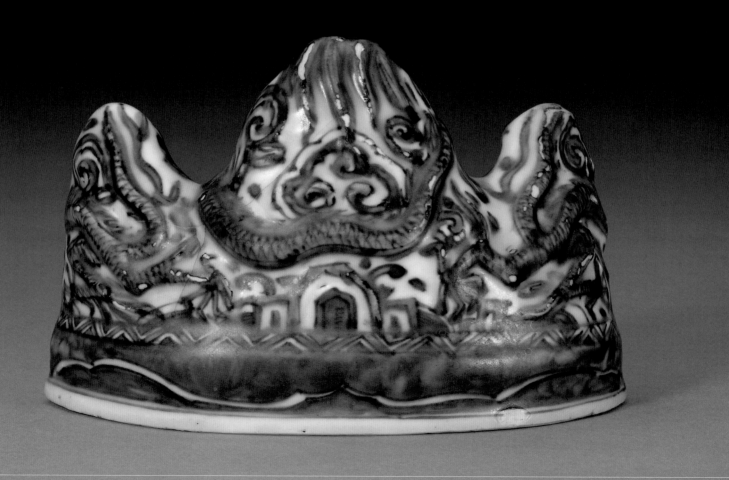

Blue and white brush rack with dragon design
Wanli Period, Ming Dynasty, Height 10.1cm Length 15.5cm Width 4cm, Collected by the Palace Museum

青花龙纹笔架

明万历
高 10.3 厘米　长 12.8 厘米　宽 4.1 厘米
故宫博物院藏

笔架呈弯月形。上部三个山峰塑有三条立行龙，中间正面龙高大，怒目叱咤，两侧龙昂首对称呼应，通体以青花描绘龙的细节，局部镂空，基座上画海水江崖纹，青花发色清新淡雅，釉面莹润。外底自右向左署青花楷体"大明万历年制"六字横排外围双长方框款。

这种三峰形笔架，烧成难度大，工艺要求较高，属于明代宫廷文房用瓷中的精品。（陈润民）

Blue and white brush rack with dragon design
Wanli Period, Ming Dynasty, Height 10.3cm Length 12.8cm Width 4.1cm, Collected by the Palace Museum

302 | 青花棋盘（残）

明万历

残长 14.7 厘米　厚 2.2 厘米

1988 年江西省景德镇市御窑厂遗址出土，景德镇御窑博物馆藏

　　棋盘两面施釉，用青花绘制，一面为围棋盘，围棋盘每格尺寸为 2.9 厘米 × 2.9 厘米，象棋盘每格尺寸为 5.9 厘米 × 6.7 厘米。按象棋棋盘推算，整块棋盘尺寸约为 65 厘米 × 67 厘米。

　　围棋盘这面有一道露胎残缺的棱，棱似乎是安放装烧支撑物之处，由于支撑物与棋盘烧结在一起，敲碎了支撑物，留下的痕迹就形成这道棱。由此可见该棋盘是用了不少于两道的支撑物平置装烧的。由于底面有釉，一定会和支撑物粘连，烧成的可能性极低。

　　《明神宗实录》谓：万历十二年（1584 年）三月，"工匠给事中王敬民极言瓷器烧造之苦与玲珑奇巧之难。得旨，棋盘、屏风减半烧造"。至今未见明代其他时期烧造棋盘的史料，因青花色调与万历青花相似，故这块棋盘瓷片的年代定为万历年间。（韦有明）

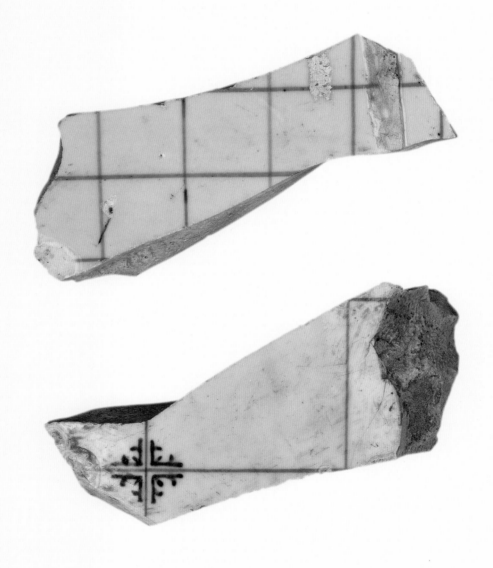

Blue and white chessboard (Incomplete)
Wanli Period, Ming Dynasty, Remaining length 14.7cm Thickness 2.2cm, Unearthed at Imperial Kiln heritage of Jingdezhen in Jiangxi Province in 1988, collected by the Imperial Kiln Museum of Jingdezhen

| **青花瓷碑**（残）

明万历

残长 12.1 厘米　厚 1.7 厘米

1989 年江西省景德镇市御窑厂珠山遗址出土，景德镇御窑博物馆藏

瓷碑一面施白釉，上部边线内绘青花龙戏珠纹，龙为双角五爪。仅存右边的边饰，为卷草纹。中部青花书碑文。

从残存文字可知，这是为御器厂后山新建的某建筑物立的碑文。《梁永传》谓："江西矿监潘相激浮梁景德镇民变，焚烧厂房……"对照碑文第二行：钦差提督江西矿税烧造株木查盘……"可知此碑为潘相所立。碑文第十行之"己亥之岁"，当为万历二十七年（1599 年）。该碑是研究明御器厂的重要史料。（韦有明）

Blue and white stele (Incomplete)

Wanli Period, Ming Dynasty, Remaining length 12cm Thickness 1.7cm, Unearthed at Zhushan Imperial Kiln heritage of Jingdezhen in Jiangxi Province in 1989, collected by the Imperial Kiln Museum of Jingdezhen

青花翼龙海水纹鼓钉绣墩

明万历
高 36.5 厘米　面径 22.3 厘米　足径 22.7 厘米
故宫博物院藏

绣墩呈鼓式、中空、平顶。外壁上下分别凸起鼓钉数周，两侧置对称兽耳。通体青花装饰。坐面绘两组双狮戏球纹。腹部所绘主题图案为两条在海水江崖上飞舞的翼龙，龙姿矫健、气势非凡。腹上部六组变形如意云头内绘天马纹；近底处绘朵云与海水江崖纹。

此绣墩造型古朴，胎体厚重，青花发色艳丽纯正；纹饰布局繁密，但层次清晰，主题突出。

（陈润民）

Blue and white stool with studs and design of winged-dragon and waves
Wanli Period, Ming Dynasty, Height 36.5cm Surface diameter 22.3cm Foot diameter 22.7cm, Collected by the Palace Museum

305 青花花鸟图绣墩

明万历

高 35.5 厘米　面径 24 厘米　足径 22.7 厘米

故宫博物院藏

绣墩呈鼓式、中空、平顶。外壁上下分别凸起鼓钉数周，两侧置对称兽耳。坐面绘两组双狮戏球纹，中心镂空古钱纹。腹部所绘主题图案为花鸟图，腹上部六组变形如意云头内均绘折枝花纹，云头间绘璎珞纹；近底处绘海水江崖纹。

此绣墩造型古朴，画面意境优美，孔雀与洞石牡丹花描画得生动活泼，饶有生趣。（陈润民）

Blue and white stool with design of flowers and birds

Wanli Period, Ming Dynasty, Height 35.5cm Surface diameter 24cm Foot diameter 22.7cm, Collected by the Palace Museum

青花人物图葵花式折沿盆

明万历
高 9.3 厘米　口径 35.5 厘米　足径 25 厘米
故宫博物院藏

盆呈八瓣葵花式，折沿、口沿起边、斜直腹、葵花式圈足。内、外青花装饰。内底、内壁和折沿上分别描绘不同的人物故事图，外壁折沿下绘缠枝花纹，腹部绘折枝莲托八吉祥纹。外底中心有圆形内凹，内施透明釉，署青花楷体"大明万历年制"六字双行外围双圈款，余处无釉。（张涵）

Blue and white lobed basin with flat rim and figure design
Wanli Period, Ming Dynasty, Height 9.3cm Mouth diameter 35.5cm Foot diameter 25cm, Collected by the Palace Museum

青花二龙戏珠纹碗

明万历
高 7.4 厘米　口径 15.2 厘米　足径 5.7 厘米
故宫博物院藏

碗撇口、深弧腹、圈足。外壁以青花描绘二龙戏珠纹，间以云纹。外底署青花楷体"大明万历年制"六字双行外围双圈款。

此碗为万历早期御窑之作，造型规整，青花发色艳丽，龙纹描画形象独特，代表了当时的绘画风格。（陈润民）

Blue and white bowl with design of two dragons chasing ball
Wanli Period, Ming Dynasty, Height 7.4cm Mouth diameter 15.2cm Foot diameter 5.7cm, Collected by the Palace Museum

青花二龙戏珠纹碗

明万历
高 7.6 厘米　口径 16.1 厘米　足径 5.7 厘米
故宫博物院藏

碗撇口、深弧腹、圈足。内、外皆有青花装饰。内底绘团龙纹。外壁主题纹饰是二龙戏珠纹，间以朵云纹，近底处绘如意云头纹。外底署青花楷体"大明万历年制"六字双行外围双圈款。此碗青花发色清新明快，双龙描画细致，身姿矫健，形象凶猛。（陈润民）

Blue and white bowl with design of two dragons chasing ball
Wanli Period, Ming Dynasty, Height 7.6cm Mouth diameter 16.1cm Foot diameter 5.7cm, Collected by the Palace Museum

309 青花云龙戏珠纹碗

明万历

高 7.2 厘米　口径 16.9 厘米　足径 6.9 厘米

故宫博物院藏

碗撇口、深弧腹、圈足。内、外皆有青花装饰。内壁近口沿处绘几何纹，内底绘二龙戏珠纹。外壁主题图案为两组云龙戏珠纹，近底处绘变形莲瓣纹。外底署青花楷体"万历年德府造"六字双行外围双圈款。

此碗系万历朝位于山东济南的德王府所订烧。其青花发色蓝中略泛灰，所绘龙纹张牙舞爪，姿态凶猛，颇具时代特征。（陈润民）

Blue and white bowl with design of dragon chasing ball and cloud
Wanli Period, Ming Dynasty, Height 7.2cm Mouth diameter 16.9cm Foot diameter 6.9cm, Collected by the Palace Museum

青花二龙戏珠花果纹碗

明万历

高 8.8 厘米　口径 19.7 厘米　足径 7.9 厘米

故宫博物院藏

碗撇口、深弧腹、圈足。内、外皆有青花装饰。内底绘二龙戏珠纹，内壁绘四组灵芝纹。外壁近口沿处绘杂宝纹，腹部主题图案为四组盆景花果纹，间以蜂蝶纹，近底处绘缠枝莲纹。外底署青花楷体"大明万历年制"六字双行外围双圈款。

　　盆景花果装饰新颖别致，在万历朝寓意"太平盛世"，多见于青花、五彩器上，清代康熙朝民窑瓷器上大量出现。（陈润民）

Blue and white bowl with design of two dragons chasing ball, flowers and fruits

Wanli Period, Ming Dynasty, Height 8.8cm Mouth diameter 19.7cm Foot diameter 7.9cm, Collected by the Palace Museum

青花二龙戏珠花果纹碗

明万历
高 8.5 厘米　口径 19.8 厘米　足径 8.7 厘米
故宫博物院藏

碗撇口、深弧腹、圈足。内、外皆有青花装饰。内底绘二龙戏珠纹，内壁绘四组灵芝纹。外壁近口沿处绘杂宝纹，腹部主题图案为四组盆景花果纹，间以蜂蝶纹，近底处绘缠枝莲纹。外底署青花楷体"大明万历年制"六字双行外围双圈款。

此碗青花发色艳丽，以盆景花果为装饰题材，构思新颖，画面颇具清雅之气。（陈润民）

Blue and white bowl with design of two dragons chasing ball, flowers and fruits
Wanli Period, Ming Dynasty, Height 8.5cm Mouth diameter 19.8cm Foot diameter 8.7cm, Collected by the Palace Museum

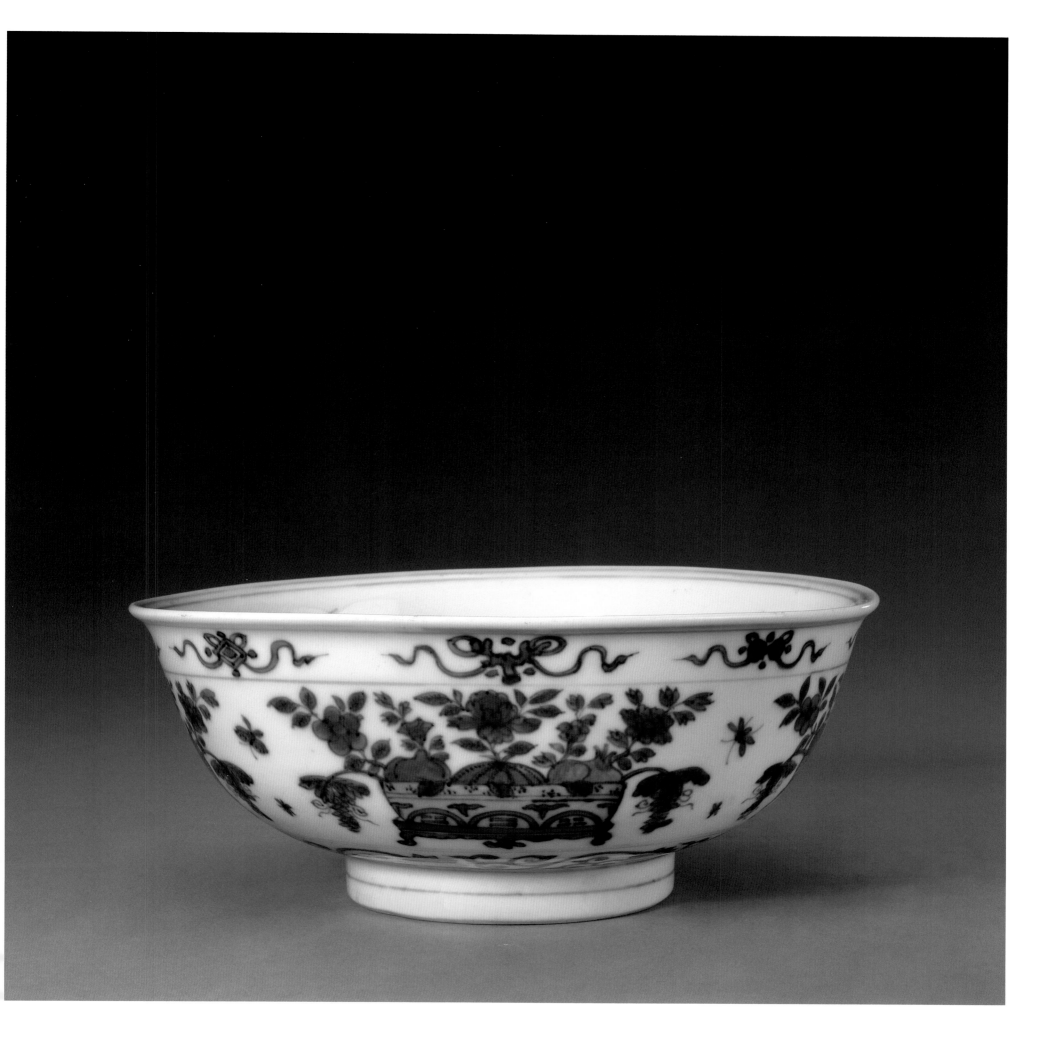

青花二龙戏珠花果纹碗

明万历

高 8.3 厘米　口径 19.6 厘米　足径 9 厘米

故宫博物院藏

碗撇口、深弧腹、圈足。底心微塌。内、外皆有青花装饰。内底绘二龙戏珠纹，内壁对称绘四组灵芝纹。外壁近口沿处绘杂宝纹，腹部绘盆景花果，蜂蝶飞舞其间，近底处绘缠枝莲纹。外底署青花楷体"大明万历年制"六字双行外围双圈款。

盆景花果纹是万历朝青花瓷器上新出现的装饰纹样，亦称"万宝仰成"。画面中百花盛开、百果盈盘，旁有蜂蝶飞舞，寓意"太平盛世"。（郑宏）

Blue and white bowl with design of two dragons chasing ball, flowers and fruits

Wanli Period, Ming Dynasty, Height 8.3cm Mouth diameter 19.6cm Foot diameter 9cm, Collected by the Palace Museum

青花二龙戏珠海水纹碗

明万历
高 7.1 厘米　口径 17 厘米　足径 7.8 厘米
故宫博物院藏

碗撇口、深弧腹、圈足。内、外皆有青花装饰。内底绘团龙纹。外壁主题纹饰为二龙戏珠纹，近底处绘海水江崖纹。外底署青花楷体"万历年德府造"六字双行外围双圈款。

此碗青花发色艳丽，绘画笔触细腻。从所署款识看，此碗属于万历朝位于山东济南的德王府所订烧之专用器物。（陈润民）

Blue and white bowl with design of two dragons chasing ball and waves
Wanli Period, Ming Dynasty, Height 7.1cm Mouth diameter 17cm Foot diameter 7.8cm, Collected by the Palace Museum

青花龙凤穿花纹碗

明万历

高 8.5 厘米　口径 19.8 厘米　足径 5 厘米

故宫博物院藏

碗敞口、深弧腹、圈足。内、外皆有青花装饰。内底绘正面云龙纹。外壁主题纹饰为龙凤穿花纹。外底署青花楷体"大明万历年制"六字双行外围双圈款。

此碗青花发色艳丽，纹饰描绘精细。所绘龙凤穿花纹早在明初御窑瓷器上就已出现，万历朝御窑瓷器上广为流行，且描画技法更为娴熟，也是当时御窑瓷器上常见的装饰题材之一。

（陈润民）

Blue and white bowl with design of dragon and phoenix among flowers
Wanli Period, Ming Dynasty, Height 8.5cm Mouth diameter 19.8cm Foot diameter 5cm, Collected by the Palace Museum

315 青花凤穿花纹碗

明万历
高 4.2 厘米　口径 12.7 厘米　足径 5.1 厘米
故宫博物院藏

碗敞口、弧腹、圈足。内、外皆有青花装饰。内底绘团凤纹，外壁绘双凤穿花纹。外底署青花楷体"大明万历年制"六字双行外围双圈款。

明代御窑瓷器上的凤穿花纹早在明初即已出现，至万历朝御窑瓷器上广为流行，绘画技法亦更娴熟流畅。（陈润民）

Blue and white bowl with design of phoenix among flowers
Wanli Period, Ming Dynasty, Height 4.2cm Mouth diameter 12.7cm Foot diameter 5.1cm, Collected by the Palace Museum

青花瑞兽海水纹碗

明万历

高 5.2 厘米　口径 9.3 厘米　足径 4.4 厘米

故宫博物院藏

碗撇口、深弧腹、圈足略高。内、外皆有青花装饰。内底绘团海水纹。外壁主题纹饰为四只瑞兽踏浪奔驰在海水江崖上。外底署青花楷体"大明万历年制"六字双行外围双圈款。

此碗胎体较轻薄，青花发色淡雅。以瑞兽为装饰在宣德朝御窑瓷器上就已大量出现，因寓意吉祥，后来历朝御窑瓷器上多延续使用。（陈润民）

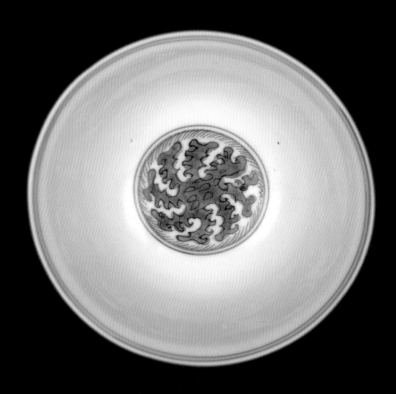

Blue and white bowl with design of auspicious beast and waves

Wanli Period, Ming Dynasty, Height 5.2cm Mouth diameter 9.3cm Foot diameter 4.4cm, Collected by the Palace Museum

317 │ 青花缠枝莲纹碗

明万历
高 9.5 厘米　口径 21 厘米　足径 7.7 厘米
故宫博物院藏

碗撇口、深弧腹、圈足。内、外皆有青花装饰。内底绘团莲纹。外壁主题纹饰为缠枝莲纹，近底处绘变形莲瓣纹。外底署青花楷体"大明万历年制"六字双行外围双圈款。

　　此碗属于典型的宫廷生活用瓷。其造型规整，青花发色艳丽明快，构图疏朗简洁。所绘缠枝莲纹花枝缠绕，上结六朵饱满的莲花，浑然一体。这种装饰风格的青花碗在清代康熙、光绪朝曾被大量烧造。（陈润民）

Blue and white bowl with design of entwined lotus
Wanli Period, Ming Dynasty, Height 9.5cm Mouth diameter 21cm Foot diameter 7.7cm, Collected by the Palace Museum

青花缠枝花卉纹碗

明万历

高6厘米　口径14.2厘米　足径5.8厘米

故宫博物院藏

碗敞口、深弧腹、圈足。底心微塌。胎体较轻，胎色白中泛灰，釉层较薄，青花呈色蓝中泛灰。内、外皆有青花装饰。内底绘莲花，内、外壁绘缠枝花卉纹。外底署青花楷体"大明万历年制"六字双行外围双圈款。

此碗造型、纹饰均模仿永乐、宣德御窑青花碗，但胎、釉和所用青料均与永乐、宣德御窑青花碗不同，特别是胎、釉质量均有所下降。（郑宏）

Blue and white bowl with design of entwined flowers
Wanli Period, Ming Dynasty, Height 6cm Mouth diameter 14.2cm Foot diameter 5.8cm, Collected by the Palace Museum

319 青花缠枝莲托梵文碗

明万历
高 3.8 厘米　口径 20 厘米　足径 12.3 厘米
故宫博物院藏

碗撇口、深弧腹、圈足。胎体较薄。内、外皆有青花装饰，青花略泛灰。内底绘四瓣莲花，花心、花瓣各书梵文一个。内、外壁近口沿处均书写梵文，外壁满绘缠枝莲纹，八个莲花朵各托一个梵文。外底署青花楷体"大明万历年制"六字双行外围双圈款。

缠枝莲托吉祥字是万历朝御窑青花瓷的装饰特征之一。此碗上所书梵文属于密宗吉祥咒，证明此碗属于皇室礼佛之器。（郑宏）

Blue and white bowl with design of entwined lotus and Sanskirt
Wanli Period, Ming Dynasty, Height 3.8cm Mouth diameter 20cm Foot diameter 12.3cm, Collected by the Palace Museum

543

青花内梵文外缠枝花叶纹碗

明万历

高 5.8 厘米　口径 11 厘米　足径 4.6 厘米

故宫博物院藏

碗撇口、深弧腹、圈足。内、外皆有青花装饰。内底书写九个梵文。外壁主题纹饰为缠枝花叶纹，近底处绘变形莲瓣纹。外底署青花楷体"大明万历年制"六字双行外围双圈款。（陈润民）

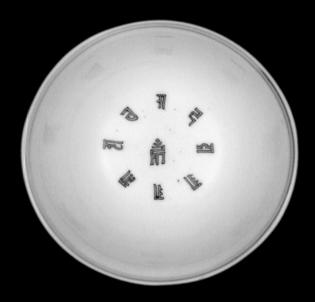

Blue and white bowl with design of Sanakirt inside and entwined flowers outside
Wanli Period, Ming Dynasty, Height 5.8cm Mouth diameter 11cm Foot diameter 4.6cm, Collected by the Palace Museum

青花祥云团莲纹碗

明万历

高 6.9 厘米　口径 15.9 厘米　足径 5.6 厘米

故宫博物院藏

碗撇口、深弧腹、圈足。内、外皆有青花装饰。内底绘团莲纹。外壁装饰分为三层：口沿与近底处分别绘朵梅、莲瓣纹，腹部绘仰、俯勾云纹，间绘团莲纹。外底署青花楷体"大明万历年制"六字双行外围双圈款。

此碗青花发色略为艳丽，纹饰新颖独特。（郑宏）

Blue and white bowl with design of lotus and cloud
Wanli Period, Ming Dynasty, Height 6.9cm Mouth diameter 15.9cm Foot diameter 5.6cm, Collected by the Palace Museum

545

322　青花松竹梅菊图"福寿康宁"碗

明万历

高 14.5 厘米　口径 30 厘米　足径 18.5 厘米

故宫博物院藏

碗直口、深弧腹、宽圈足。外壁绘青花松、竹、梅、菊图，枝干分别缠绕成"福""寿""康""宁"四字。外底署青花楷体"大明万历年制"六字双行外围双圈款。

松、竹、梅被称为"岁寒三友"，菊花亦高洁傲霜，四种植物合绘喻高风亮节的谦谦君子，加之"福寿康宁"吉祥祝语，使画面充满了美好祝愿。以植物、花纹衬托吉祥祝语，为万历朝青花瓷器的常用装饰。（郑宏）

Blue and white bowl with design of pine, bamboo, plum blossom, chrysanthemum and Chinese characters "Fu Shou Kang Ning"
Wanli Period, Ming Dynasty, Height 14.5cm Mouth diameter 30cm Foot diameter 18.5cm, Collected by the Palace Museum

青花携琴访友图碗

明万历

高 10.1 厘米　口径 21 厘米　足径 8.2 厘米

故宫博物院藏

碗敞口、深弧腹、圈足。内、外皆有青花装饰。内底绘松、竹、梅图。外壁一侧绘三位高士边交谈边前行，二书童捧书抱琴随后，旁立一仙鹤并伴有松树、竹木、殿宇、楼阁、栏杆等，空中祥云飘浮。外底署青花楷体"大明万历年制"六字双行外围双圈款。

此碗纹饰布局疏朗，青花发色浅淡，以松、竹、梅"岁寒三友"作主题纹饰，象征高人雅士所崇尚的圣洁、坚韧、迎霜傲雪的品行。（郑宏）

Blue and white bowl with design of visiting friend carry a _Qin_

Wanli Period, Ming Dynasty, Height 10.1cm Mouth diameter 21cm Foot diameter 8.2cm, Collected by the Palace Museum

青花海屋添筹图碗

明万历

高 6.5 厘米　口径 12 厘米　足径 4.3 厘米

故宫博物院藏

碗敞口、深弧腹、圈足。内、外皆有青花装饰。内底绘石榴、蟠桃、荔枝等三种瑞果，外壁绘"海屋添筹图"。人物神态生动有趣。青花呈色浅淡。外底署青花楷体"大明万历年制"六字双行外围双圈款。

"海屋添筹图"为中国传统祝寿题材图案。故事见于宋代苏轼《东坡志林·三老语》。书中提到"尝有三老人相遇，或问之年……一人曰：海水变桑田时，吾辄下一筹，尔来吾筹已满十间屋。"为三位仙人长老相比长寿之意。此碗外壁正是描绘这一故事场景。图中一仙老正将一筹码举起，欲投向海中楼阁，其旁一仙老持杖观望。（郑宏）

Blue and white bowl with design for celebrating longevity
Wanli Period, Ming Dynasty, Height 6.5cm Mouth diameter 12cm Foot diameter 4.3cm, Collected by the Palace Museum

325 青花胡人进宝图碗

明万历

高 8.4 厘米　口径 17.5 厘米　足径 7.7 厘米

故宫博物院藏

碗敞口、深弧腹、圈足。内、外皆有青花装饰，青花发色蓝中略泛灰。内底绘正面龙纹，内壁绘缠枝莲花托吉语"福如东海、寿比南山"。外壁绘八个手捧宝物的胡人，神态各异。外底署青花楷体"万历年德府造"六字双行外围双圈款。

此件为万历时期藩王订烧的祝寿礼品。"德府"即德王府。明英宗朱祁镇第二子朱见潾的封号，天顺元年（1457 年）被封为第一代德王，成化三年（1467 年）就藩济南府。至明末崇祯十七年（1644 年），德王世系结束，世袭七代延续 180 余年。明代万历年间的德王有德恭王朱载墱（1541 ～ 1574 年）、德定王朱翊錧（1577 ～ 1588 年）和德端王朱常㳅（1591 ～ 1632 年）等。（郑宏）

Blue and white bowl with design of offering treasures by *Hu* people
Wanli Period, Ming Dynasty, Height 8.4cm Mouth diameter 17.5cm Foot diameter 7.7cm, Collected by the Palace Museum

326 | 青花庭院仕女图碗

明万历
高 8.2 厘米　口径 22.1 厘米　足径 8.9 厘米
故宫博物院藏

碗敞口、深弧腹、塌底、圈足。外壁绘青花庭园仕女图，仕女在庭园中抚琴、对弈、读书、赏画等。远处有高山，近处有树石、栏杆。外底署青花楷体"大明万历年制"六字双行外围双圈款。

此碗造型、纹饰均模仿宣德朝御窑青花仕女图碗，但因所用青料有异，致使两者图案呈色不同。（郑宏）

Blue and white bowl with design of ladies at courtyard
Wanli Period, Ming Dynasty, Height 8.2cm Mouth diameter 22.1cm Foot diameter 8.9cm, Collected by the Palace Museum

青花童子拜观音图题经文碗

明万历

高 8 厘米　口径 16 厘米　底径 7 厘米

故宫博物院藏

碗撇口、深弧腹、璧形底。内、外皆有青花装饰。内底书写"南无无量寿佛"六字，环以缠枝莲纹。外壁一侧绘童子拜观音图，一侧题写楷体经文。观音俯视童子，童子双手合十作拜观音状。观音身着大袍，双手隐于袖中，脚踏竹筏之上，属于渡海观音形象。后面的韦驮身着戎装，手持宝瓶和槊，作武将装扮，立于波涛翻滚的海浪之上。经文 120 字，首句为"南无大慈大悲救苦救难观世音菩萨"，落款为"皇明万历四十四年岁次丙辰仲冬月吉日精造"，万历四十四年，即 1616 年。

此碗在造型方面的显著特点是底足呈璧形。因碗上所录经文落款有"万历四十四年"纪年，可被用作明清时期璧形底碗断代的标准器。（郑宏）

Blue and white bowl with design of children worship the Avalokitesvara and scriptures
Wanli Period, Ming Dynasty, Height 8cm Mouth diameter 16cm Bottom diameter 7cm, Collected by the Palace Museum

青花高士图碗（残）

明万历

口径 11 厘米　足径 5.4 厘米

2013 年江西省景德镇市御窑厂遗址出土，景德镇御窑博物馆藏

碗撇口、弧腹、圈足。器物内外壁均施透明釉，釉色白中泛青。内壁口沿处饰弦纹一圈，腹部光素无纹，碗心双圈内绘正面云龙纹一条。外壁口沿双圈内饰缠枝花卉纹一周，腹部至近底部绘柳树花草及文人雅士。外底署青花楷体"大明万历年制"六字双行外围双圈款。

该画面与仇英的《柳下眠琴图》颇有几分相似，画中人物呈行吟状，衣服部位用线条皴染出层次，并以迎风舞动的柳树花草衬托。整个画面构图协调，有一种飘然出尘的野逸之趣，表现出文人士大夫的高雅情趣。（韦有明）

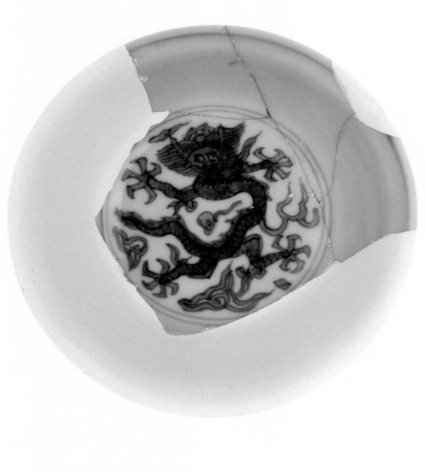

Blue and white bowl with design of distinguished scholar (Incomplete)
Wanli Period, Ming Dynasty, Mouth diameter 11cm Foot diameter 5.4cm, Unearthed at Imperial Kiln heritage of Jingdezhen in Jiangxi Province in 2013, collected by the Imperial Kiln Museum of Jingdezhen

329 | 青花人物图碗（残）

明万历

高 4.7 厘米

2013 年江西省景德镇市御窑厂遗址出土，景德镇御窑博物馆藏

碗撇口、弧腹、圈足。碗心绘双弦纹，内饰青花龙纹。外壁以仙人海水纹为主题纹饰，口沿绘缠枝花卉纹一周。（李子嵬）

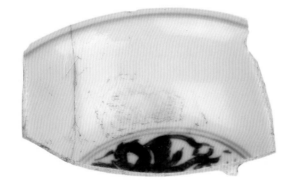

Blue and white bowl with figure design (Incomplete)
Wanli Period, Ming Dynasty, Height 12cm, Unearthed at Imperial Kiln heritage of Jingdezhen in Jiangxi Province in 2013, collected by the Imperial Kiln Museum of Jingdezhen

559

330 | 青花折枝花果纹葵口碗

明万历
高 7.9 厘米　口径 22.5 厘米　足径 7.7 厘米
故宫博物院藏

碗口呈葵瓣形，深弧腹、圈足。内、外皆有青花装饰。内底绘折枝花纹，内、外壁腹部均绘两层折枝花果纹，有莲花、菊花、葡萄、石榴等，圈足外墙绘卷枝纹。外底署青花楷体"大明万历年制"六字双行外围双圈款。

此碗造型、纹饰均模仿宣德朝御窑青花碗。（郑宏）

Blue and white bowl with lobed rim and design of branched flowers and fruits
Wanli Period, Ming Dynasty, Height 7.9cm Mouth diameter 22.5cm Foot diameter 7.7cm, Collected by the Palace Museum

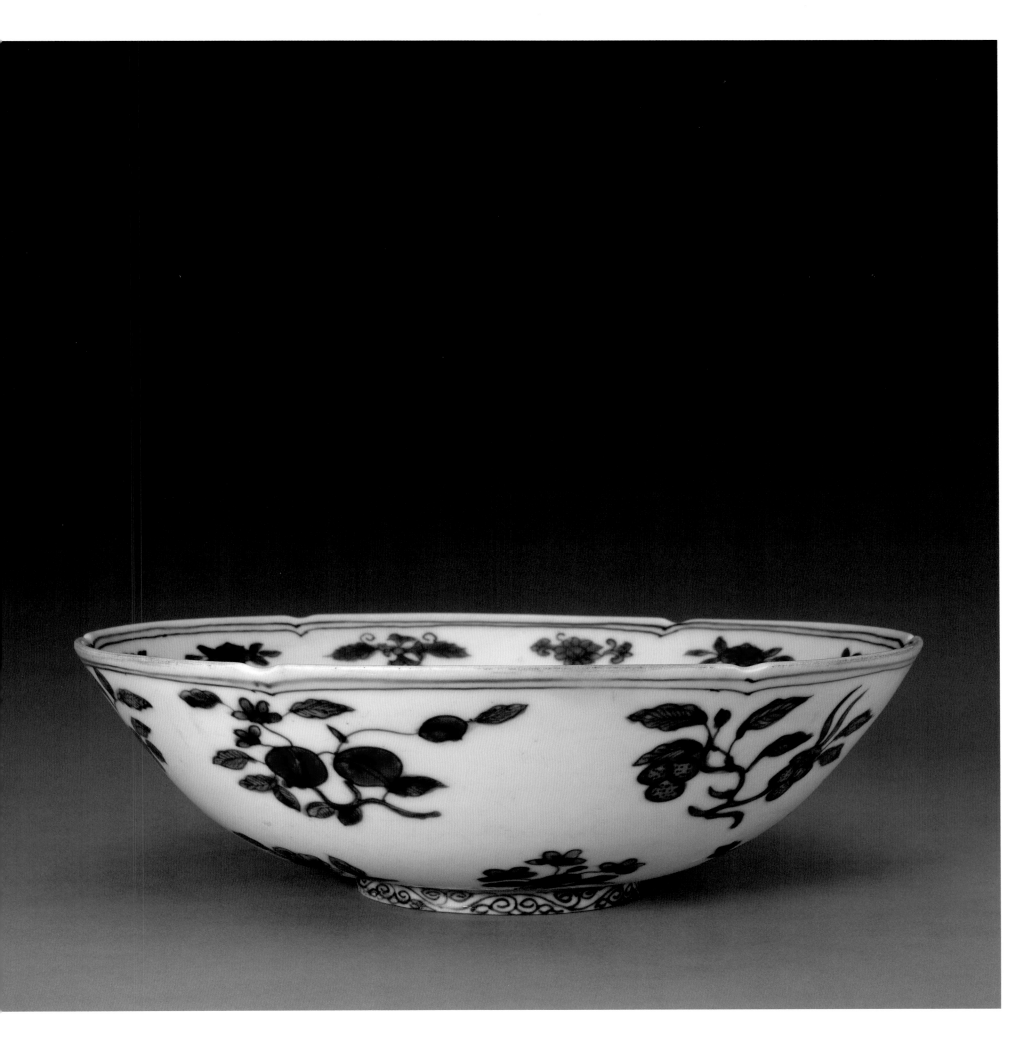

331 青花梵文卧足碗

明万历
高 4 厘米 口径 12 厘米 足径 4.7 厘米
故宫博物院藏

碗撇口、弧腹、卧足。内、外皆有青花装饰。内底绘梵文咒牌，为梵文咒语的字母组合。内、外壁均满书五层梵文咒语。外底署青花楷体"大明万历年制"六字双行外围双圈款。

此碗为皇室礼佛之器，部分字母写法不规范。万历时期出现许多藏传佛教供器，反映出此时宫廷或皇家寺庙藏传佛教器物的使用情况。（郑宏）

Blue and white bowl with inward foot and Sanskirt design
Wanli Period, Ming Dynasty, Height 4cm Mouth diameter 12cm Foot diameter 4.7cm, Collected by the Palace Museum

332 青花折枝花果纹卧足碗

明万历

高 4 厘米　口径 10.9 厘米　足径 5 厘米

故宫博物院藏

碗撇口、浅弧腹、卧足。内、外皆有青花装饰。内底绘莲花、牡丹、菊花、栀子四组折枝花，外壁绘折枝石榴、折枝桃等。外底署青花楷体"大明万历年制"六字双行外围双圈款。

石榴、桃实是中国传统吉祥图案，石榴寓意多子，桃实寓意长寿，合则寓意多子多福、福寿康宁。（郑宏）

Blue and white bowl with inward foot and design of branched flowers and fruits
Wanli Period, Ming Dynasty, Height 4cm Mouth diameter 10.9cm Foot diameter 5cm, Collected by the Palace Museum

333 | 青花伊斯兰花纹馒头心碗

明万历
高 4.2 厘米　口径 13.2 厘米　足径 3.4 厘米
故宫博物院藏

碗敞口、浅弧腹、卧足。碗心内凹。内、外皆有青花装饰。内底心和内壁均绘伊斯兰风格花纹，间以缠枝花纹。外壁近口沿处绘缠枝花纹，下绘伊斯兰风格花纹。青花呈色略泛灰。外底署青花楷体“大明万历年制”六字双行外围双圈款。

此碗系按永乐御窑青花伊斯兰风格花纹碗仿烧而成。（郑宏）

Blue and white bowl with medallion of flowers design
Wanli Period, Ming Dynasty, Height 4.2cm Mouth diameter 13.2cm Foot diameter 3.4cm, Collected by the Palace Museum

334 青花折枝花果纹梵文莲花式洗

明万历

高 5.5 厘米　口径 18.5 厘米　足径 5.5 厘米

故宫博物院藏

洗呈莲花式，由双层莲瓣组成，每层 16 瓣，圈足。内、外青花装饰。内底中心书写一梵文，外围双圈，双圈内、外均绘如意云头纹；内壁自里向外两层莲瓣之尖端分别绘朵花纹和旋涡纹，每个莲瓣内均画一圆点。外壁上层莲瓣内装饰相间排列的梵文和折枝花果纹，下层莲瓣描绘筋脉。外底署青花楷体 "大明万历年制" 六字双行外围双圈款。

明代万历时期，朝廷一直与西藏各教派保持密切联系，以维护西部地区的稳定。加之宫廷藏传佛教比较活跃，有大量僧人居住在北京，他们与宫廷来往密切，并受到皇帝的青睐。因此，万历朝景德镇御器厂烧造了许多藏传佛教寺庙供器，这些供器或在宫廷、或在皇家寺庙使用，或赏赐给西藏。

此种莲花式洗在清代康熙时期烧造过青花釉里红品种。（郑宏）

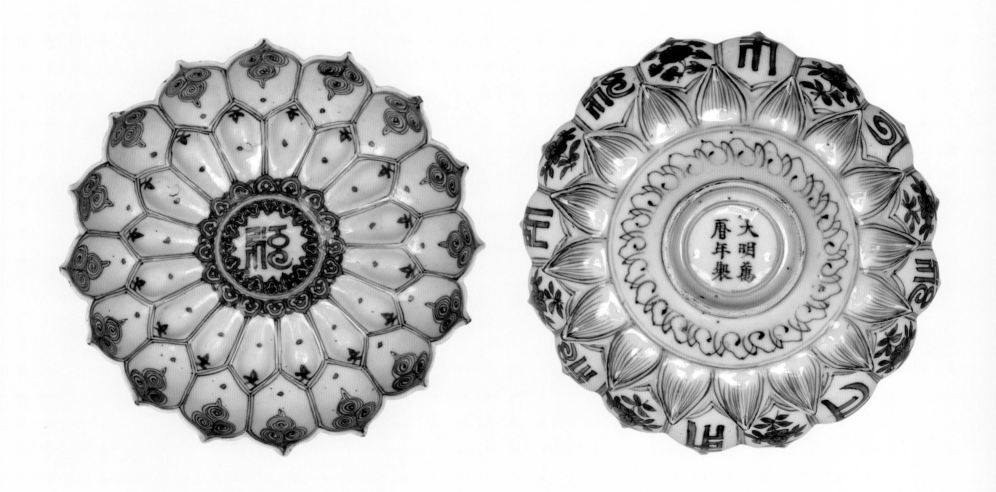

Blue and white washer with design of Sanskirt, branched flowers and fruits
Wanli Period, Ming Dynasty, Height 5.5cm Mouth diameter 18.5cm Foot diameter 5.5cm, Collected by the Palace Museum

335 青花开光花卉伴兔纹双耳杯

明万历
高 3 厘米　口径 4.3 厘米　足径 2.3 厘米
故宫博物院藏

杯敞口、深弧腹、圈足，腹部两侧对称置折枝花形耳。杯体小巧，做工较为精细。内、外皆有青花装饰，青花发色较深。内底绘折枝花纹，外壁在席地菱花形开光内绘花卉伴兔纹。兔纹为晚明时期常见的纹饰之一。外底署青花楷体"大明万历年制"六字双行外围单圈款。（郑宏）

Blue and white cup with two ears and design of rabbit and flowers in reserved panels
Wanli Period, Ming Dynasty, Height 3cm Mouth diameter 4.3cm Foot diameter 2.3cm, Collected by the Palace Museum

青花开光花卉伴兔纹双耳杯

明万历

高 3 厘米　口径 4.7 厘米　足径 2.3 厘米

故宫博物院藏

　　杯敞口、深弧腹、圈足，腹部两侧对称置折枝花形耳。杯体小巧，做工较为精细。内、外皆有青花装饰，青花发色略淡。内底绘折枝花纹，外壁席地菱花形开光内绘花卉伴兔纹。兔纹为晚明时期陶瓷器上常见的纹饰之一。外底署青花楷体"大明万历年制"六字双行外围单圈款。（郑宏 ）

Blue and white cup with two ears and design of rabbit and flowers in reserved panels
Wanli Period, Ming Dynasty, Height 3cm Mouth diameter 4.7cm Foot diameter 2.3cm, Collected by the Palace Museum

337 青花二龙戏珠纹盘

明万历

高 3.8 厘米　口径 20 厘米　足径 12.3 厘米

故宫博物院藏

盘撇口、浅弧腹、圈足。内、外皆有青花装饰。内底绘云龙纹，外壁绘二龙戏珠纹。外底署青花楷体"大明万历年制"六字双行外围双圈款。

二龙戏珠纹是明清御窑瓷器上的流行纹样。万历御窑瓷器上所绘龙纹趋于简化，以较浓青料勾线后，再以平涂方式染色。（郑宏）

Blue and white plate with design of two dragons chasing ball
Wanli Period, Ming Dynasty, Height 3.8cm Mouth diameter 20cm Foot diameter 12.3cm, Collected by the Palace Museum

338 | 青花双狮戏绣球纹盘

明万历
高 4.4 厘米　口径 25.2 厘米　足径 17.1 厘米
故宫博物院藏

盘撇口、浅弧腹、圈足。内、外壁均绘青花双狮戏球纹，间绘飘舞的绸带。外底署青花楷体"大明万历年制"六字双行外围双圈款。（张涵）

Blue and white plate with design of two lions chasing beribboned balls
Wanli Period, Ming Dynasty, Height 4.4cm Mouth diameter 25.2cm Foot diameter 17.1cm, Collected by the Palace Museum

339 青花瑞兽海水纹盘

明万历
高 4.2 厘米　口径 27 厘米　足径 18.7 厘米
故宫博物院藏

盘敞口、浅弧腹、圈足。内、外皆有青花装饰，图案纹饰以青花线描或青花涂蓝的方式表现。内底绘瑞兽图案，两只狮子卧于山石上，六只瑞兽或在水中嬉戏，或于山石间玩耍；内壁绘四组折枝花鸟图。外壁绘"壬"字形云纹，其间绘五组独角兽纹。外底署青花楷体"大明万历年制"六字双行外围双圈款。（张涵）

Blue and white plate with design of auspicious beast and waves
Wanli Period, Ming Dynasty, Height 4.2cm Mouth diameter 27cm Foot diameter 18.7cm, Collected by the Palace Museum

342 青花瑞果纹盘（残）

明万历

残长 12 厘米

1987 年江西省景德镇市御窑厂遗址出土，景德镇御窑博物馆藏

盘圈足。盘心绘青花瑞果纹，外壁有纹饰。外底署青花楷体"大明万历年制"六字双行外围双圈款。（韦有明）

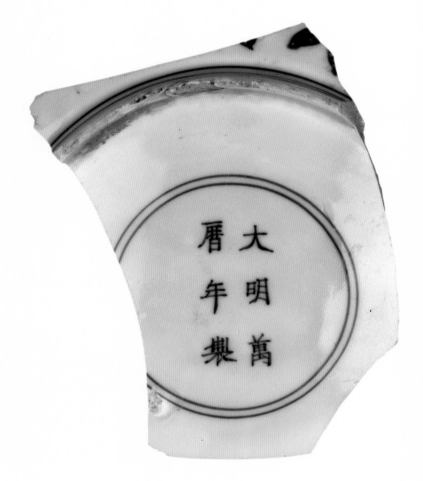

Blue and white plate with fruits design (Incomplete)
Wanli Period, Ming Dynasty, Remaining length 12cm, Unearthed at Imperial Kiln heritage of Jingdezhen in Jiangxi Province in 1987, collected by the Imperial Kiln Museum of Jingdezhen

343 | 青花盘（残）

明万历

残高 3.5 厘米　足径 7.2 厘米

1988 年江西省景德镇市御窑厂遗址出土，景德镇御窑博物馆藏

盘圈足。内施透明釉，光素无纹，外壁饰亭台栏杆，以花草、树木点缀其间。外底署青花楷体"大明万历年制"六字双行外围双圈款。（肖鹏）

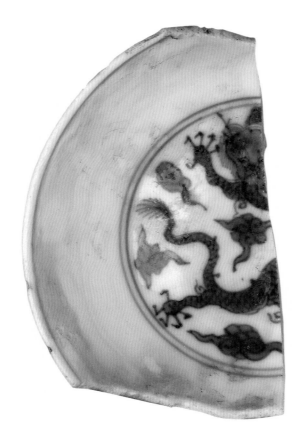 

Blue and white plate (Incomplete)
Wanli Period, Ming Dynasty, Remaining height 3.5cm Foot diameter 7.2cm, Unearthed at Imperial Kiln heritage of Jingdezhen in Jiangxi Province in 1988, collected by the Imperial Kiln Museum of Jingdezhen

344 青花高士图盘

明万历

高 4.2 厘米　口径 27.2 厘米　足径 18.9 厘米

故宫博物院藏

盘敞口、浅弧腹、圈足。内、外皆有青花装饰。内底绘"会友图"，两位高士在松树下相遇，拱手施礼，侍童手捧书册，侍立旁边。内壁以折枝花托杂宝纹装饰，外壁绘折枝花卉纹。外底署青花楷体"大明万历年制"六字双行外围双圈款。（张涵）

Blue and white plate with design of distinguished scholars
Wanli Period, Ming Dynasty, Height 4.2cm Mouth diameter 27.2cm Foot diameter 18.9cm, Collected by the Palace Museum

345　青花地拔白折枝花果纹盘

明万历

高 5.5 厘米　口径 31.7 厘米　足径 20.4 厘米

故宫博物院藏

盘撇口、浅弧腹、圈足。内、外皆有青花装饰。内底线描牡丹纹，内壁绘四季花果纹；外壁绘缠枝牡丹纹。外底署青花楷体"大明万历年制"六字双行外围双圈款。

此盘以青花地拔白工艺技法装饰，这种工艺始于元代青花瓷器，即先在素坯上，用钴料勾描纹饰轮廓，在轮廓外部渲染青料，而后施透明釉，最后经高温焙烧而成，形成青花地留白花效果。万历朝青花地拔白工艺在此基础上又加以改进，用细笔勾绘，线条更加纤细、遒劲。（张涵）

Plate with design of white branched flowers and fruits on underglaze blue ground
Wanli Period, Ming Dynasty, Height 5.5cm Mouth diameter 31.7cm Foot diameter 20.4cm, Collected by the Palace Museum

346 | **青花人物图碟**

明万历
高 1.7 厘米　口径 7 厘米　足径 4.4 厘米
故宫博物院藏

碟敞口、浅弧腹、圈足。内、外皆有青花装饰。内底双圈内绘高士图，高士坐于松柏下，与站立的童子交谈；内壁绘龙凤纹，间以火珠纹和"壬"字形云纹。外壁绘四组折枝花果纹。足端无釉。外底署青花楷体"大明万历年制"六字双行外围双圈款。（张涵）

Blue and white dish with figure design
Wanli Period, Ming Dynasty, Height 1.7cm Mouth diameter 7cm Foot diameter 4.4cm, Collected by the Palace Museum

347 | **青花缠枝花卉纹花口碟**

明万历

高 1.5 厘米　口径 6.8 厘米　足径 4 厘米

故宫博物院藏

碟口呈花瓣形、浅弧腹、圈足。通体施透明釉，足端无釉。内、外皆有青花装饰。内底绘青花双圈，外围缠枝花纹。内、外壁近口沿处均以双线描绘花瓣口，外壁满绘缠枝花纹。外底署青花楷体"大明万历年制"六字双行外围双圈款。（张涵）

Blue and white dish with bracket-shaped rim and design of entwined flowers
Wanli Period, Ming Dynasty, Height 1.5cm Mouth diameter 6.8cm Foot diameter 4cm, Collected by the Palace Museum

348 青花缠枝花卉纹花口碟

明万历

高 1.5 厘米　口径 6.8 厘米　足径 4 厘米

故宫博物院藏

碟口呈花瓣形、浅弧腹、圈足。通体施透明釉，足端无釉。内、外皆有青花装饰。内底绘青花双圈，外围缠枝花纹。内、外壁近口沿处均以双线描绘花瓣口，外壁满绘缠枝花纹。外底署青花楷体"大明万历年制"六字双行外围单圈款。（张涵）

Blue and white dish with bracket-shaped rim and design of entwined flowers
Wanli Period, Ming Dynasty, Height 1.5cm Mouth diameter 6.8cm Foot diameter 4cm, Collected by the Palace Museum

349 | 青花缠枝花卉纹花口碟

明万历
高 1.5 厘米　口径 6.8 厘米　足径 4 厘米
故宫博物院藏

碟口呈花瓣形、浅弧腹、圈足。通体施透明釉，足端无釉。内、外皆有青花装饰。内底绘青花双圈，外围缠枝花纹。内、外壁近口沿处均以双线描绘花瓣口，外壁满绘缠枝花纹。外底署青花楷体"大明万历年制"六字双行外围双圈款。（张涵）

Blue and white dish with bracket-shaped rim and design of entwined flowers
Wanli Period, Ming Dynasty, Height 1.5cm Mouth diameter 6.8cm Foot diameter 4cm, Collected by the Palace Museum

青花缠枝花卉纹花口碟

明万历

高 1.5 厘米　口径 6.8 厘米　足径 4 厘米

故宫博物院藏

碟口呈花瓣形、浅弧腹、圈足。通体施透明釉，足端无釉。内、外皆有青花装饰。内底绘青花双圈，外围缠枝花纹。内、外壁近口沿处均以双线描绘花瓣口，外壁满绘缠枝花纹。外底署青花楷体"大明万历年制"六字双行外围双圈款。（张涵）

Blue and white dish with bracket-shaped rim and design of entwined flowers
Wanli Period, Ming Dynasty, Height 1.5cm Mouth diameter 6.8cm Foot diameter 4cm, Collected by the Palace Museum

351 青花莲纹葵口碟（残）

明万历

残高 3.1 厘米　足径 5.2 厘米

2014 年江西省景德镇市御窑厂遗址出土，景德镇御窑博物馆藏

碟葵口、浅腹、圈足。内、外壁饰以相同的折枝莲纹。碟内心青花双圈内饰莲一束。外底署青花楷体"大明万历年制"六字双行外围双圈款。

此碟胎质细腻，造型别致。莲花纹饰简洁疏朗，给人以明朗舒畅的美感。（肖鹏）

Blue and white lobed dish with lotus design (Incomplete)
Wanli Period, Ming Dynasty, Remaining height 3.1cm foot diameter 5.2cm, Unearthed at Imperial Kiln heritage of Jingdezhen in Jiangxi Province in 2014, collected by the Imperial Kiln Museum of Jingdezhen

352 | 青花釉里红麒麟婴戏图碗

明万历
高 10.2 厘米　口径 22.4 厘米　足径 8.8 厘米
故宫博物院藏

碗撇口、深弧腹、圈足。通体以青花装饰为主，釉里红点缀于服饰和手持的吉祥花草间。内壁绘三层纹饰：近口沿处为朵云纹，并有一火焰纹，火焰中书写变体梵文；中层以杂宝纹为饰；内底绘一麒麟纹，麒麟的火焰形毛发以釉里红描绘。外壁绘婴戏图：一对夫妇倚门相对而坐，身后满绘婴孩。57 个婴孩分上、下两组排列，作各种游戏、玩耍。有的手持灵芝、有的手持葫芦、有的手执荷莲……场面活泼、热闹，充满生活气息。内、外纹饰组合，寓意"麒麟送子"，系明代典型的吉祥图案。外底署青花楷体"大明万历年制"六字双行外围双圈款。

青花釉里红工艺始于元末，由于铜红料的呈色技术较难掌握，因此烧成难度较大。明初宣德时期釉里红瓷器烧造较为成功，明中期以后曾一度衰退，嘉靖时期更用矾红代替铜红，据《浮梁县志·陶政》载："明嘉靖二十六年二月内，江西布政司呈称，鲜红桌器，拘获高匠，重悬赏格，烧造未成。欲照嘉靖九年日坛赤色器皿改烧矾红。"明中期以后釉里红制品寥寥无几，此器为明中晚期釉里红瓷器中不可多得的珍品。（郑宏）

Blue and white bowl with design of children at play, *Qilin* and underglaze red colors
Wanli Period, Ming Dynasty, Height 10.2cm Mouth diameter 22.4cm Foot diameter 8.8cm, Collected by the Palace Museum

青花加矾红彩云龙纹盘

明万历

高 4 厘米　口径 20.3 厘米　足径 12.5 厘米

故宫博物院藏

盘撇口、浅弧腹、圈足。内、外皆有矾红彩装饰。内底青花双圈内绘一条正面云龙，外壁绘八条腾飞于云间的龙。外底署青花楷体"大明万历年制"六字双行外围双圈款。（董健丽）

Blue and white plate with design of dragon and cloud in iron red colors
Wanli Period, Ming Dynasty, Overall height 4cm Mouth diameter 20.3cm Foot diameter 12.5cm, Collected by the Palace Museum

354 | 青花加彩花鸟图葫芦瓶

明万历
高 47.6 厘米　口径 7.1 厘米　足径 18 厘米
故宫博物院藏

瓶呈宝葫芦形，小口、直颈、鼓腹、束腰、浅圈足。通体以青花点缀红、绿彩装饰。颈部有两组椭圆形开光，开光内绘青花加红、绿彩折枝花纹，开光外绘青花鱼鳞纹。上、下腹部以青花作主色绘松、竹、梅纹，并辅以云气、山石、花草、雀鸟和灵芝，部分纹饰点缀红、绿彩。腰部有三组椭圆形开光，开光内均绘青花加红、绿彩折枝花纹，开光外绘青花鱼鳞纹。腰下绘青花如意云头纹，间施红、绿彩。外底无釉。（王照宇）

Blue and white gourd-shaped vase with design of flowers birds and red-and-green colors
Wanli Period, Ming Dynasty, Height 47.6cm Mouth diameter 7.1cm Foot diameter 18cm, Collected by the Palace Museum

355 | 青花加彩花鸟图葫芦瓶

明万历

高 50.2 厘米　口径 6.8 厘米　足径 18 厘米

故宫博物院藏

　　瓶呈宝葫芦形，小口、直颈、鼓腹、束腰、浅圈足。通体以青花点缀红、绿彩装饰。颈部有两组椭圆形开光，开光内绘青花加红、绿彩折枝花纹，开光外绘青花锦地。上、下腹部以青花作主色绘松、竹、梅纹，并辅以云气、山石、花草和雀鸟等，其中松针、竹叶施绿彩，梅花施红彩。腰部有三组椭圆形开光，开光内绘青花加红、绿彩折枝花纹，开光外绘青花鱼鳞纹。腰下绘如意云头纹，间施红、绿彩。外底无釉。（王照宇）

Blue and white gourd-shaped vase with design of flowers, birds and red-and-green colors
Wanli Period, Ming Dynasty, Height 50.2cm Mouth diameter 6.8cm Foot diameter 18cm, Collected by the Palace Museum

均匀纯净
单色釉瓷器

  万历御窑单色釉瓷器存世量较少，既有低温釉系的浇黄釉、茄皮紫釉瓷，也有高温釉系的祭蓝釉瓷。器物造型和制作工艺均沿袭嘉靖、隆庆朝御窑单色釉瓷传统，没有明显变化。

Uniformity and Pureness
Single Colored Glaze Porcelain

Smaller number of single colored glaze porcelain was persevered nowadays which contained the bright yellow glaze, aubergine purple glaze porcelain of low temperature glaze and sacrificial blue glaze porcelain of high temperature glaze. The modeling and technology followed the tradition of single colored glaze porcelain in Jiajing and Longqing imperial kilns without significant change.

浇黄釉碗

明万历

高 6 厘米　口径 14.7 厘米　足径 5.4 厘米

故宫博物院藏

碗撇口、深弧腹、圈足。通体施浇黄釉，釉色均匀。圈足内施透明釉。外底署青花楷体"大明万历年制"六字双行外围双圈款。（董健丽）

Bright yellow glaze bowl
Wanli Period, Ming Dynasty, Height 6cm Mouth diameter 14.7cm Foot diameter 5.4cm, Collected by the Palace Museum

357 浇黄釉碗

明万历

高 7.5 厘米　口径 18.4 厘米　足径 7 厘米

故宫博物院藏

碗撇口、深弧腹、圈足。通体施浇黄釉，釉色均匀。圈足内施透明釉。外底署青花楷体"大明万历年制"六字双行外围双圈款。（董健丽）

Bright yellow glaze bowl
Wanli Period, Ming Dynasty, Height 7.5cm Mouth diameter 18.4cm Foot diameter 7cm, Collected by the Palace Museum

603

358 | 浇黄釉碗

明万历
高 6.9 厘米　口径 16.9 厘米　足径 6.1 厘米
故宫博物院藏

碗撇口、深弧腹、圈足。内、外均施浇黄釉，圈足内施透明釉。外底署青花楷体"大明万历年制"六字双行外围双圈款。（董健丽）

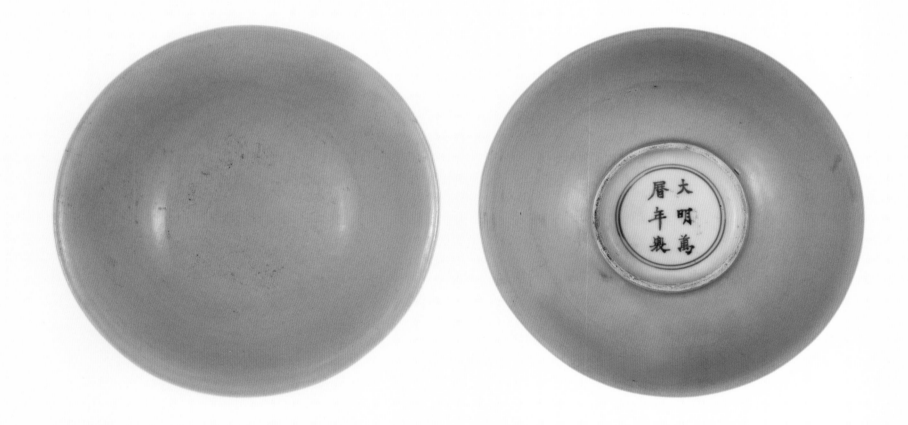

Bright yellow glaze bowl
Wanli Period, Ming Dynasty, Height 6.9cm Mouth diameter 16.9cm Foot diameter 6.1cm, Collected by the Palace Museum

浇黄釉碗

明万历
高 5.2 厘米　口径 9.7 厘米　足径 4.3 厘米
故宫博物院藏

碗撇口、深弧腹、圈足。胎体轻薄。内、外均施浇黄釉，圈足内施透明釉。外底署青花楷体"大明万历年制"六字双行外围双圈款。（董健丽）

Bright yellow glaze bowl
Wanli Period, Ming Dynasty, Height 5.2cm Mouth diameter 9.7cm Foot diameter 4.3cm, Collected by the Palace Museum

360 | 浇黄釉锥拱云龙纹碗

明万历
高 7.5 厘米　口径 14.7 厘米　足径 5.5 厘米
故宫博物院藏

碗撇口、深弧腹、圈足。胎体轻薄。外壁施浇黄釉，内壁和圈足内均施透明釉。外壁腹部锥拱云龙纹，圈足外墙锥拱回纹。外底署青花楷体"大明万历年制"六字双行外围双圈款。
（董健丽）

Bright yellow glaze bowl with incised design of dragon and cloud
Wanli Period, Ming Dynasty, Height 7.5cm Mouth diameter 14.7cm Foot diameter 5.5cm, Collected by the Palace Museum

361 浇黄釉锥拱云龙纹盘

明万历
高 2.3 厘米　口径 12.1 厘米　足径 7 厘米
故宫博物院藏

盘撇口、浅弧腹、圈足。通体施浇黄釉，圈足内施透明釉。内底锥拱正面龙纹，外壁锥拱云龙纹。外底署青花楷体"大明万历年制"六字双行外围双圈款。（董健丽）

Bright yellow glaze plate with incised design of dragon and cloud
Wanli Period, Ming Dynasty, Height 2.3cm Mouth diameter 12.1cm Foot diameter 7cm, Collected by the Palace Museum

362 | 浇黄釉锥拱缠枝莲纹盘

明万历

高 2.3 厘米　口径 13.1 厘米　足径 8 厘米

故宫博物院藏

盘撇口、浅弧腹、圈足。通体施浇黄釉，圈足内施透明釉。内、外壁均锥拱缠枝莲纹。外底署青花楷体"大明万历年制"六字双行外围双圈款。（董健丽）

Bright yellow glaze plate with incised design of entwined lotus
Wanli Period, Ming Dynasty, Height 2.3cm Mouth diameter 13.1cm Foot diameter 8cm, Collected by the Palace Museum

363 | **内白釉外黄釉锥拱二龙戏珠纹碗**
明万历
高 6.8 厘米　口径 14.2 厘米　足径 5.7 厘米
故宫博物院藏

碗撇口、深弧腹、圈足。内壁和圈足内均施透明釉，外壁施黄釉，足端不施釉。外壁近口沿处和圈足外墙处各锥拱两道弦线，腹部锥拱二龙戏珠纹，其间辅以云纹，近足处锥拱海水江崖纹。外底署青花楷体"大明万历年制"六字双行外围双圈款。（王照宇）

Bowl with white glaze inside and bright yellow glaze with incised design of two dragons chasing ball outside
Wanli Period, Ming Dynasty, Height 6.8cm Mouth diameter 14.2cm Foot diameter 5.7cm, Collected by the Palace Museum

364 淡茄皮紫釉锥拱云龙纹碗

明万历

高 7.3 厘米　口径 15 厘米　足径 5.5 厘米

故宫博物院藏

碗撇口、深弧腹、圈足。胎体轻薄。外壁施淡茄皮紫釉，内壁和圈足内均施透明釉。外壁腹部锥拱云龙纹，圈足外墙锥拱回纹。外底署青花楷体"大明万历年制"六字双行外围双圈款。（董健丽）

Light aubergine purple glaze bowl with incised design of dragon and cloud
Wanli Period, Ming Dynasty, Height 7.3cm Mouth diameter 15cm Foot diameter 5.5cm, Collected by the Palace Museum

祭蓝釉碗

明万历

高 11.8 厘米　口径 23.8 厘米　足径 8.9 厘米

故宫博物院藏

碗撇口、深弧腹、圈足。胎体较厚。通体施祭蓝釉，釉层较厚，釉面光亮；圈足内施透明釉。口沿釉层较薄，映出白色胎体，俗称"灯草口"。外底锥拱楷体"大明万历年制"六字双行外围双圈款。（董健丽）

Sacrificial blue glaze bowl
Wanli Period, Ming Dynasty, Height 11.8cm Mouth diameter 23.8cm Foot diameter 8.9cm, Collected by the Palace Museum

366 祭蓝釉锥拱云龙纹盘

明万历

高 4.5 厘米　口径 21.5 厘米　足径 13 厘米

故宫博物院藏

盘敞口、浅弧腹、圈足。胎体较厚。通体施祭蓝釉，釉层较厚，釉面光亮；圈足内施透明釉。口沿釉层较薄，映出白色胎体，俗称"灯草口"。内底锥拱正面龙纹。外底锥拱楷体"大明万历年制"六字双行外围双圈款。（董健丽）

Sacrificial blue glaze plate with incised design of dragon and cloud
Wanli Period, Ming Dynasty, Height 4.5cm Mouth diameter 21.5cm Foot diameter 13cm, Collected by the Palace Museum

祭蓝釉白花龙纹三足炉

明万历

高 8.5 厘米　口径 17 厘米　足距 15 厘米

故宫博物院藏

炉敛口、鼓腹、收底，底下承以三足。炉内和外底均施透明釉，外壁施祭蓝釉。腹部凸饰三条白色草龙，龙身细长、龙体卷曲、线条流畅、姿态生动。外底署青花楷体"大明万历年制"六字双行款。

蓝地白花装饰始见于元代景德镇窑，明代在此基础上继续烧造，以宣德、正德、万历朝制品最佳。深沉的蓝色釉地与洁白的纹样色彩对比鲜明，相映成趣。（高晓然）

Sacrificial blue glaze incense burner with design of white dragon

Wanli Period, Ming Dynasty, Height 8.5cm Mouth diameter 17cm Distance between feet 15cm, Collected by the Palace Museum

368 祭蓝釉白花盆花纹三足炉

明万历
高 9.2 厘米　口径 16.1 厘米　足距 14.8 厘米
故宫博物院藏

炉敛口、鼓腹、下承以三足。内壁施透明釉，外壁施祭蓝釉，足端无釉。腹部随三足凸饰三组白色盆花纹，其间辅以蝴蝶、蜜蜂等，以锥拱技法表现图案细节。外底署青花楷体"大明万历年制"六字双行款。（王照宇）

Sacrificial blue glaze incense burner with design of white flower
Wanli Period, Ming Dynasty, Height 9.2cm Mouth diameter 16.1cm Distance between feet 14.8cm, Collected by the Palace Museum

369 回青釉锥拱二龙戏珠纹碗

明万历

高 12.4 厘米　口径 33 厘米　足径 12.4 厘米

故宫博物院藏

碗撇口、深弧腹、圈足。胎体厚重。通体施回青釉，圈足内施透明釉。内底锥拱正面龙纹，外壁锥拱二龙戏珠纹，近足处锥拱变形莲瓣纹。外底锥拱楷体"大明万历年制"六字双行外围双圈款。（董健丽）

Cobalt blue glaze bowl with incised design of two dragons chasing ball
Wanli Period, Ming Dynasty, Height 12.4cm Mouth diameter 33cm Foot diameter 12.4cm, Collected by the Palace Museum

370 回青釉锥拱云龙纹盘

明万历

高 4.6 厘米　口径 21.5 厘米　足径 12.8 厘米

故宫博物院藏

盘敞口、浅弧腹、圈足。通体施回青釉，圈足内施透明釉。内、外均以锥拱技法装饰。内底饰正面龙纹，外壁饰云龙纹。外底锥拱楷体"大明万历年制"六字双行外围双圈款。

回青釉专指明代嘉靖、万历朝烧造的一种蓝色釉，系用进口回青与国产石子青调和而成，其呈色较淡，不如祭蓝釉色泽深沉、浓艳。由于回青釉透明度好，因此嘉靖、万历时期所烧造的回青釉器多带有锥拱纹饰。（董健丽）

Cobalt blue glaze plate with incised design of dragon and cloud
Wanli Period, Ming Dynasty, Height 4.6cm Mouth diameter 21.5cm Foot diameter 12.8cm, Collected by the Palace Museum

盘撇口、浅弧腹、圈足内收。通体内外施回青釉，釉面光亮，口沿处釉薄，映出白色胎体，俗称"灯草口"。圈足内施透明釉。外底署青花楷体"大明成化年制"六字双行外围双圈仿款。（董健丽）

Cobalt blue glaze plate
Wanli Period, Ming Dynasty, Height 3.1cm Mouth diameter 17.5cm Foot diameter 11.9cm, Collected by the Palace Museum

回青釉盘

明万历
高 3.1 厘米　口径 17.4 厘米　足径 11.5 厘米
故宫博物院藏

盘撇口、浅弧腹、圈足内收、盘内底下塌，可见利坯纹。通体施回青釉，釉面光亮；圈足内施透明釉。外底署青花楷体"大明成化年制"六字双行外围双圈仿款。（董健丽）

Cobalt blue glaze plate
Wanli Period, Ming Dynasty, Height 3.1cm Mouth diameter 17.4cm Foot diameter 11.5cm, Collected by the Palace Museum

373 内白釉外涩胎锥拱云龙纹碗（残）

明万历

残长 10.1 厘米　足径 5.9 厘米

1987 年江西省景德镇市御窑厂遗址出土，景德镇御窑博物馆藏

碗圈足。外锥回纹，外壁锥云龙纹，内壁与底施透明釉，外底署青花楷体"大明万历年制"六字双行外围双圈款。

该瓷片是半成品，外壁还将施低温色釉。（韦有明）

Bowl with white glaze inside and incised design of dragon and clound on biscuit-fired ground outside (Incomplete)
Wanli Period, Ming Dynasty, Remaining length 10.1cm Foot diameter 5.9cm, Unearthed at Imperial Kiln heritage of Jingdezhen in Jiangxi Province in 1987, collected by the Imperial Kiln Museum of Jingdezhen

色彩缤纷
杂釉彩、斗彩、五彩、红绿彩瓷器

    万历朝彩瓷以五彩瓷器最负盛名，产量很大、造型繁多。其制作工艺有精、粗之别，小件器物多造型规整、纹饰精细，大件器物则造型略欠规整，修坯工艺稍显粗糙。

    万历五彩瓷器的主要特点是常采用釉下青花做局部勾勒，五彩颜色更加浓艳、凝厚，常采用"开光"装饰，且多与镂空工艺相结合。与嘉靖朝御窑五彩瓷器相比，画风更显朴拙，构图愈加随意，青花与釉上彩搭配欠严谨，形成该朝御窑五彩瓷器的特殊风格。

    万历御窑五彩瓷器名气很大，不仅影响到后来五彩瓷器的制作，而且对海外各国收藏和仿烧中国五彩瓷器产生了深远影响。

Colorful Porcelain

Multi-Colored Porcelain, *Doucai* Porcelain, Polychrome Porcelain and Red-and-Green Color Porcelain

The polychrome porcelain had the greatest reputation among decoration porcelain in Wanli period. It had a large production and various modeling. The small size implements had regular modeling and exquisite decoration and the big size implements had crude modeling and technology.

The Wanli polychrome porcelain often used underglaze blue decoration in partial place. The glaze color was stronger than before. The implements used decoration named *Kaiguang* which often connected with openwork skill. Compared with Jiajing polychrome porcelain of imperial kiln, the Wanli polychrome porcelain had a simple drawing style, freely composition of the picture. The less rigorous matching between blue-and-white and overglaze color formed the special style of Wanli polychrome porcelain.

The famous Wanli polychrome porcelain not only effected producing of polychrome porcelain afterwards, but also had profound influence on porcelain collection in various countries and imitation of Chinese polychrome porcelain.

374 | 黄地绿彩锥拱云龙纹盖罐
明万历
通高 19.1 厘米 口径 9.4 厘米 足径 11.3 厘米
故宫博物院藏

罐唇口、短颈、溜肩、鼓腹、腹下渐收、圈足。附平顶圆盖。盖内、罐内和圈足内均施透明釉，盖外和罐外壁均以浇黄地绿彩加锥拱技法装饰。盖面锥拱云龙纹，罐外壁自上而下依次锥拱变形俯莲瓣纹、龙纹、八吉祥纹和折枝花纹。外底署青花楷体"大明万历年制"六字双行外围双圈款。（董健丽）

Lidded jar with incised design of dragon and cloud in green color on yellow ground
Wanli Period, Ming Dynasty, Overall height 19.1cm Mouth diameter 9.4cm Foot diameter 11.3cm, Collected by the Palace Museum

375　黄地绿彩锥拱云龙纹盖罐

明万历
通高 18.5 厘米　口径 9.5 厘米　足径 11.5 厘米
故宫博物院

罐唇口、短颈、溜肩、鼓腹、腹下渐收、圈足。附平顶圆盖。盖内、罐内和圈足内均施透明釉，盖外和罐外壁均以浇黄地绿彩加锥拱技法装饰。盖面锥拱云龙纹，罐外壁自上而下依次锥拱变形俯莲瓣纹、龙纹、八吉祥纹和折枝花纹。外底署青花楷体"大明万历年制"六字双行外围双圈款。（董健丽）

Lidded jar with incised design of dragon and cloud in green color on yellow ground
Wanli Period, Ming Dynasty, Overall height 18.5cm Mouth diameter 9.5cm Foot diameter 11.5cm, Collected by the Palace Museum

黄地绿彩锥拱二龙戏珠纹碗

明万历

高 7.6 厘米　口径 15.3 厘米　足径 5.2 厘米

故宫博物院藏

碗撇口、深弧腹、圈足。内壁和圈足内均施透明釉，外壁施浇黄釉，足端不施釉。外壁以黄地绿彩锥拱二龙戏珠纹作主题纹饰，下衬海水江崖纹，近口沿处和圈足外墙各锥拱一道弦线并施以绿彩。外底署青花楷体"大明万历年制"六字双行外围双圈款。（王照宇）

Bowl with incised design of two dragons chasing ball in green color on yellow ground
Wanli Period, Ming Dynasty, Height 7.6cm Mouth diameter 15.3cm Foot diameter 5.2cm, Collected by the Palace Museum

377 浇黄地素三彩锥拱龙纹盘

明万历
高 2.5 厘米 口径 11.5 厘米 足径 6.9 厘米
故宫博物院藏

盘敞口、浅弧腹、圈足。通体浇黄地素三彩装饰，足端不施釉。所有纹饰均先锥拱而成。内壁近口沿处画一道青花弦线，内壁绘折枝桃和朵花纹；内底青花双圈内绘双龙纹，纹饰填涂绿、紫彩。外壁近口沿处画两道青花弦线；腹部绘两条螭龙纹，螭龙首尾相接，辅以灵芝纹，纹饰填涂绿、紫彩；圈足外墙画一道青花弦线。外底署青花楷体"大明万历年制"六字双行外围双圈款。（王照宇）

Plate with incised design of dragon in plain tricolor on bright yellow ground
Wanli Period, Ming Dynasty, Height 2.5cm Mouth diameter 11.5cm Foot diameter 6.9cm, Collected by the Palace Museum

378 浇黄地素三彩锥拱二龙戏珠纹盘

明万历

高3厘米　口径17.1厘米　足径11.7厘米

故宫博物院藏

盘敞口、浅弧腹、圈足。通体浇黄地素三彩装饰，足端不施釉。所有纹饰均先锥拱而成。内壁近口沿处绘黑褐色弦线一道；内底在黑褐色双圈内绘二龙戏珠纹，纹饰填涂绿、紫彩。外壁近口沿处绘黑褐色弦线两道；腹部绘菊花、荷莲等六个折枝花纹，纹饰填涂绿、紫彩；圈足外墙绘黑褐色弦线一道。外底署青花楷体"大明万历年制"六字双行外围双圈款。（王照宇）

Plate with incised design of two dragons chasing ball in plain tricolor on bright yellow ground
Wanli Period, Ming Dynasty, Height 3cm Mouth diameter 17.1cm Foot diameter 11.7cm, Collected by the Palace Museum

379 浇黄地素三彩锥拱二龙戏珠纹盘

明万历
高 2.9 厘米　口径 12.7 厘米　足径 7.5 厘米
故宫博物院藏

盘敞口、浅弧腹、圈足。通体浇黄地素三彩装饰，足端不施釉。所有纹饰均先锥拱而成。内壁近口沿处画一道青花弦线；内底青花双圈内绘二龙戏珠纹，纹饰填涂绿、紫彩。外壁近口沿处和圈足外墙均画一道青花弦线；外壁绘四组葡萄纹，枝叶和葡萄分别填涂绿、紫彩。外底署青花楷体"大明万历年制"六字双行外围双圈款。（王照宇）

Plate with incised design of two dragons chasing ball in plain tricolor on bright yellow ground
Wanli Period, Ming Dynasty, Height 2.9cm Mouth diameter 12.7cm Foot diameter 7.5cm, Collected by the Palace Museum

380 浇黄地素三彩锥拱二龙戏珠纹盘

明万历
高 2.2 厘米　口径 12.2 厘米　足径 7.5 厘米
故宫博物院藏

盘敞口、浅弧腹、圈足。通体浇黄地素三彩装饰，足端不施釉。所有纹饰均先锥拱而成。内壁近口沿处画一道青花弦线；内底青花双圈内绘二龙戏珠纹，辅以朵云纹，纹饰填涂绿、紫彩。外壁近口沿处和圈足外墙均画一道青花弦线，腹部绘四组葡萄纹，纹饰填涂绿、紫彩。外底署青花楷体"大明万历年制"六字双行外围双圈款。（王照宇）

Plate with incised design of two dragons chasing ball in plain tricolor on bright yellow ground
Wanli Period, Ming Dynasty, Height 2.2cm Mouth diameter 12.2cm Foot diameter 7.5cm, Collected by the Palace Museum

381 浇黄地素三彩锥拱二龙戏珠纹盘

明万历

高 2.4 厘米　口径 12.4 厘米　足径 7.2 厘米

故宫博物院藏

盘敞口、浅弧腹、圈足。通体浇黄地素三彩装饰，足端不施釉。所有纹饰均先锥拱而成。内壁近口沿处画两道青花弦线；内底青花双圈内绘云龙戏珠纹，辅以朵云纹，纹饰填涂绿、紫彩。外壁近口沿处和圈足外墙均画两道青花弦线；外壁绘四组葡萄纹，枝叶和葡萄分别填涂绿、紫彩。外底署青花楷体"大明万历年制"六字双行外围双圈款。（王照宇）

Plate with incised design of two dragons chasing ball in plain tricolor on bright yellow ground

Wanli Period, Ming Dynasty, Height 2.4cm Mouth diameter 12.4cm Foot diameter 7.2cm, Collected by the Palace Museum

382 浇黄地素三彩锥拱二龙戏珠纹盘

明万历

高 4.4 厘米　口径 23.3 厘米　足径 16 厘米

故宫博物院藏

盘敞口、浅弧腹、圈足。通体浇黄地素三彩装饰，足端不施釉。所有纹饰均先锥拱而成。内壁近口沿处画一道青花褐色弦线，内底在青花双圈内绘二龙戏珠纹，纹饰填涂绿、紫、蓝彩。外壁近口沿处和圈足外墙均画一道青花弦线，腹部满绘缠枝莲纹，纹饰填涂绿、紫、蓝彩。外底署青花楷体"大明万历年制"六字双行外围双圈款。（王照宇）

Plate with incised design of two dragons chasing ball in plain tricolor on bright yellow ground
Wanli Period, Ming Dynasty, Height 4.4cm Mouth diameter 23.3cm Foot diameter 16cm, Collected by the Palace Museum

383 紫地素三彩锥拱折技花果云龙纹盘

明万历
高 2.9 厘米　口径 14 厘米　足径 8 厘米
故宫博物院藏

盘敞口、浅弧腹、圈足。通体紫地素三彩装饰，纹饰均先于釉下锥拱而成，再填以黄、绿彩。内底在黄彩单圈内锥拱团云龙纹，内、外壁均锥拱折枝花果纹。外底锥拱楷体"大明万历年制"六字双行外围双圈款，款字笔画填绿彩，双圈填黄彩。（赵小春）

Plate with incised design of dragon, cloud, branched flowers and fruits in plain tricolor on purple ground
Wanli Period, Ming Dynasty, Height 2.9cm Mouth diameter 14cm Foot diameter 8cm, Collected by the Palace Museum

384 | 紫地素三彩锥拱折技花果云龙纹盘

明万历

高 3.3 厘米　口径 14 厘米　足径 8.5 厘米

故宫博物院藏

盘敞口、浅弧腹、圈足。通体紫地素三彩装饰，纹饰均先于釉下锥拱而成，再填以黄、绿彩。内底在黄彩单圈内锥拱团云龙纹，内、外壁均锥拱折枝花果纹。外底锥拱楷体"大明万历年制"六字双行外围双圈款，款字笔画填绿彩，双圈填黄彩。（赵小春）

Plate with incised design of dragon, cloud, branched flowers and fruits in plain tricolor on purple ground
Wanli Period, Ming Dynasty, Height 3.3cm Mouth diameter 14cm Foot diameter 8.5cm, Collected by the Palace Museum

385 | 紫地素三彩锥拱折技花果云龙纹盘

明万历

高 2.9 厘米　口径 14.2 厘米　足径 8 厘米

故宫博物院藏

盘敞口、浅弧腹、圈足。通体以紫地素三彩装饰。纹饰均先于釉下锥拱而成，再填以黄、绿彩。内底黄色双弦线内锥拱团状云龙纹，内、外壁均锥拱折枝花果纹，绿叶黄花。外底锥拱楷体"大明万历年制"六字双行外围双圈款，款字笔画填绿彩，双圈填黄彩。

素三彩瓷器属于低温釉彩，所用釉彩以黄、绿、紫三色为主，不用或极少量使用红彩。其制作方法是在高温烧成的素胎上将低温黄、绿、紫等釉彩填在刻划好的纹饰内，再经低温焙烧而成，给人以古朴、素雅之美感。（郑宏）

Plate with incised design of dragon, cloud, branched flowers and fruits in plain tricolor on purple ground
Wanli Period, Ming Dynasty, Height 2.9cm Mouth diameter 14.2cm Foot diameter 8cm, Collected by the Palace Museum

649

386 斗彩折枝莲托八吉祥纹碗

明万历

高 8.7 厘米　口径 16.5 厘米　足径 7.1 厘米

故宫博物院藏

碗撇口、深弧腹、圈足。通体施透明釉，足端不施釉。内、外斗彩装饰。内底青花双圈内绘灵芝纹。外壁近口沿处和圈足外墙均画青花弦线两道；腹部绘折枝莲托八吉祥纹，依次为轮、螺、伞、盖、花、鱼、罐、肠；近足处饰变形莲瓣纹。外底署青花楷体"大明万历年制"六字双行外围双方框款。

八吉祥纹为藏传佛教八种吉祥物。瓷器上的八吉祥纹饰始见于元，流行于明、清。其排列顺序因时代不同偶有差异，通常按轮、螺、伞、盖、花、鱼、罐、肠顺序排列。（王照宇）

Doucai bowl with design of branched lotus and the Eight Auspicious Symbols

Wanli Period, Ming Dynasty, Height 8.7cm Mouth diameter 16.5cm Foot diameter 7.1cm, Collected by the Palace Museum

387 五彩云龙花鸟图花觚

明万历

高 58 厘米　口径 17.8 厘米　足径 18 厘米

故宫博物院藏

花觚撇口、细长颈、圆鼓腹、长胫外撇、圈足。外壁描绘俯蕉叶纹、回纹、缠枝莲纹、如意云头纹、变形仰莲瓣纹、卷草纹等辅助纹饰把主画面层层隔开。主画面自上而下依次为：颈上部二龙戏珠和缠枝灵芝纹，腹部孔雀、洞石花卉图，胫上部四组折枝花纹、下部海水江崖和灵芝纹。口沿下自右向左署青花楷体"大明万历年制"六字横排外围双长方框款。

（蒋艺）

Polychrome flower vase with design of dragon, cloud, flowers and birds

Wanli Period, Ming Dynasty, Height 58cm Mouth diameter 17.8cm Foot diameter 18cm, Collected by the Palace Museum

388 | 五彩团龙纹花觚

明万历

高 41 厘米　口径 19 厘米　足径 16.6 厘米

故宫博物院藏

花觚撇口、长颈、圆鼓腹、长胫外撇、浅圈足。通体五彩装饰。内、外壁近口沿处和颈部均绘缠枝莲纹，莲纹先用黑彩勾画轮廓线，再填以绿、红、黄彩等。颈下部绘蕉叶纹。腹部四个菱形开光内绘云龙纹，龙分别以红彩、绿彩和青花描绘，开光间以缠枝花纹。胫部绘折枝桃、绶带鸟、变形莲瓣和卷草纹。外底署青花楷体"大明万历年制"六字双行外围双圈款，且仅在署款处施釉。（赵小春）

Polychrome flower vase with design of coiled dragon
Wanli Period, Ming Dynasty, Height 41cm Mouth diameter 19cm Foot diameter 16.6cm, Collected by the Palace Museum

389 | 五彩镂空云凤纹瓶

明万历
高 49.5 厘米　口径 15 厘米　足径 17.2 厘米
故宫博物院藏

瓶浅盘口、长颈、双耳、斜肩、曲腹、圈足。颈两侧塑高浮雕兽面耳。通体青花五彩加镂空装饰。口沿饰云头纹；颈部上半部饰蕉叶纹，叶间花蝶相衬；颈部中段绘锦地，两侧有圆形开光，开光内书写篆体"寿"字；颈部下段饰垂云头纹，其内绘锦地，其间团花相衬。肩部锦地上有四组菱花形开光，内绘折枝花果纹。腹部绘云凤图；近足处饰锦地朵花纹。

该瓶所绘纹饰以釉下青花和釉上诸彩相结合，釉上彩有红、绿、黄、黑彩等。瓶身上、下分段制作，云头、花瓣、云凤等图案的内外轮廓大量采用镂空技法。其成型、彩绘工艺复杂，制作难度较高，体现了这一时期瓷器制造的较高水平。（冀洛源）

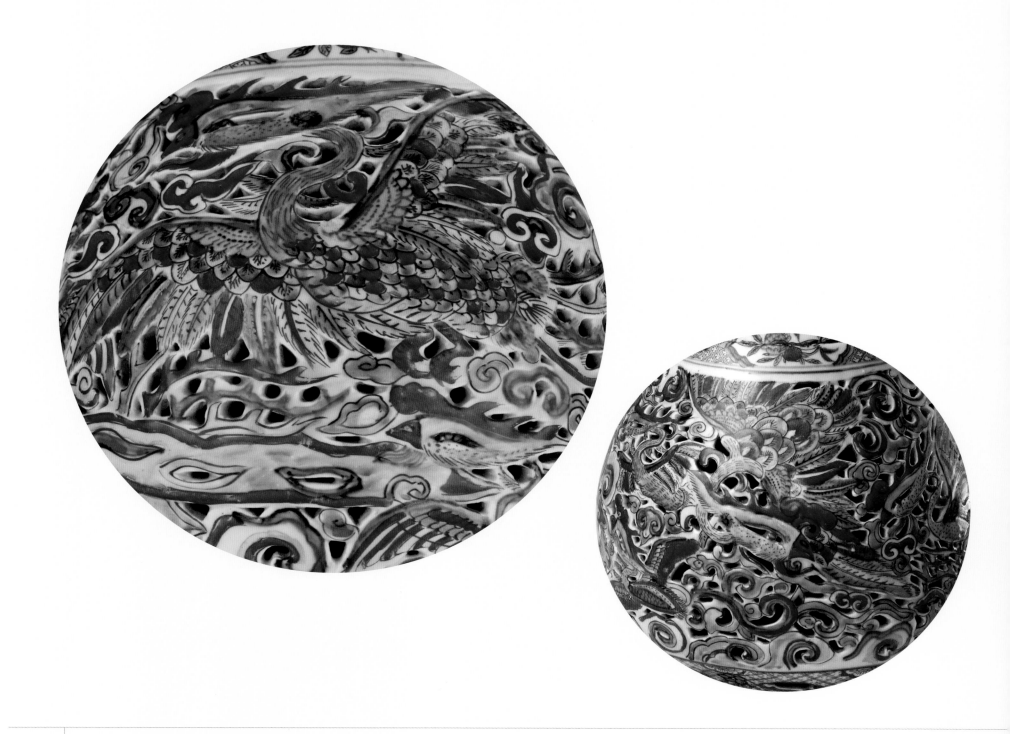

Polychrome vase with design of phoenix and cloud in openwork
Wanli Period, Ming Dynasty, Height 49.5cm Mouth diameter 15cm Foot diameter 17.2cm, Collected by the Palace Museum

390 五彩"大吉"花卉纹葫芦瓶

明万历
高 27.2 厘米　口径 3.5 厘米　足径 9.3 厘米
故宫博物院藏

瓶呈宝葫芦形，直口、鼓腹、束腰、圈足。内、外均施透明釉，外底无釉。外壁通体五彩装饰。口部绘变形俯莲瓣纹。上腹部对称绘一对葫芦，葫芦内均书写楷体"大吉"二字；葫芦之间绘磬。下腹部对称绘四个葫芦，葫芦内均书写楷体"大吉"二字。此瓶于主体纹饰之外，以青花、红彩、绿彩满绘缠枝、树叶、"卍"字符等，纹饰繁密，但又有一定规律性。

此瓶形体硕大，纹饰丰富。于葫芦造型之外，又以五彩绘葫芦形图案，可谓构思巧妙。葫芦谐音"福禄"，再书写"大吉"文字，寓意吉祥。"大吉"葫芦瓶是清代常见瓶式，此瓶为明代万历朝产品，堪称此类瓶的早期代表。（单莹莹）

Polychrome gourd-shaped vase with design of flowers and Chinese characters "Da Ji"
Wanli Period, Ming Dynasty, Height 27.2cm Mouth diameter 3.5cm Foot diameter 9.3cm, Collected by the Palace Museum

391 五彩龙穿缠枝花纹蒜头瓶

明万历

高 46.6 厘米 口径 6.7 厘米 足径 14.8 厘米

故宫博物院藏

瓶蒜头口、长颈、圆垂腹、圈足。通体五彩装饰。口沿处绘卷草纹，蒜头处绘四组璎珞纹，间以银锭纹和云气纹。蒜头口与颈部连接处绘卷草纹和俯蕉叶纹，颈部绘缠枝花托杂宝纹。腹部绘四条游龙穿梭于缠枝花中。口沿下自右向左署青花楷体"大明万历年制"六字横排外围双长方框款。（蒋艺）

Polychrome vase with garlic-shaped mouth and design of dragon among entwined flowers
Wanli Period, Ming Dynasty, Height 46.6cm Mouth diameter 6.7cm Foot diameter 14.8cm, Collected by the Palace Museum

392 | **五彩满池娇图蒜头瓶**

明万历
高 39.8 厘米　口径 8 厘米　足径 13.5 厘米
故宫博物院藏

瓶短直口、口下隆起呈蒜头形，长颈、溜肩、鼓腹、圈足。通体施透明釉，外壁五彩装饰。蒜头处绘折枝花纹，颈部绘湖石花卉图，花卉上方蜜蜂、蝴蝶飞舞。颈、腹之间以卷草纹相隔，腹部主体纹饰为鸳鸯莲池图，衬以柳树、飞燕等，一派生机勃勃景象。圈足外墙绘回纹。口沿下自右向左署青花楷体"大明万历年制"六字横排外围双长方框款。

　　鸳鸯莲池图，又名"满池娇"图，景德镇瓷器上自元代开始出现，明、清瓷器上多有表现。

（单莹莹）

Polychrome vase with garlic-shaped mouth and design of lotus and mandarin duck
Wanli Period, Ming Dynasty, Height 39.8cm Mouth diameter 8cm Foot diameter 13.5cm, Collected by the Palace Museum

五彩满池娇图蒜头瓶

明万历
高 54.5 厘米　口径 8.8 厘米　足径 17 厘米
故宫博物院藏

瓶短直口、口下呈蒜头形，长颈、溜肩、鼓腹、圈足。通体施透明釉，足端无釉。外壁通体五彩装饰。口沿处绘回纹，口下蒜头部绘如意云头纹，云头内绘折枝花纹，云头之间绘璎珞纹。颈部绘湖石花卉图，花卉上方蝴蝶飞舞，地上绘数只蚂蚱。肩部绘如意云头纹，云头内外交替绘花卉、缠枝等。腹部绘鸳鸯莲池图，鸳鸯形态各异，辅以莲荷、柳树、水鸟等，画面生动有趣。圈足外墙绘朵云纹。口部长方形留白处自右向左署青花楷体"大明万历年制"六字横排外围双长方框款。（单莹莹）

Polychrome vase with garlic-shaped mouth and design of lotus and mandarin duck
Wanli Period, Ming Dynasty, Height 54.5cm Mouth diameter 8.8cm Foot diameter 17cm, Collected by the Palace Museum

五彩满池娇图蒜头瓶

明万历
高 44.5 厘米　口径 7.5 厘米　足径 14.5 厘米
故宫博物院藏

瓶短直口、口下呈蒜头形，长颈、溜肩、鼓腹、圈足。内、外施透明釉，外底和足端均不施釉。口部镶铜釦，当为口部磕缺后为遮盖被锯平的残口而镶。外壁通体五彩装饰。口下蒜头形部位绘变形俯蕉叶纹，颈部绘洞石月季，衬以蜻蜓、蜜蜂。腹部绘鸳鸯卧莲，衬以树木、花卉、水鸟等。颈、腹之间以缠枝灵芝纹相隔。近足处绘仰莲瓣纹，圈足外墙绘朵花。大部分纹饰以黑彩勾边，施以红、黄、绿、浅紫等彩。

从传世完整万历朝御窑五彩蒜头瓶推测，此蒜头瓶应在口部自右向左署有青花楷体"大明万历年制"横排款，惜因口部残缺而无法看到。（单莹莹）

Polychrome vase with garlic-shaped mouth and design of lotus and mandarin duck
Wanli Period, Ming Dynasty, Height 44.5cm Mouth diameter 7.5cm Foot diameter 14.5cm, Collected by the Palace Museum

395 | 五彩鱼藻纹蒜头瓶

明万历
高 40.3 厘米　口径 7.8 厘米　足径 13.7 厘米
故宫博物院藏

瓶蒜头口、长颈、圆垂腹、圈足。通体以青花、红、绿、黄、赭等彩装饰。颈上部以黄、红彩描绘相间的变形莲瓣纹；颈部绘折枝梅花，画面舒朗淡雅。颈与腹部连接处绘卷草纹，腹部绘游鱼、水草、虾蟹等，物象生动。口沿下自右向左署青花楷体"大明万历年制"六字横排款。（蒋艺）

Polychrome vase with garlic-shaped mouth and design of fish and water plants
Wanli Period, Ming Dynasty, Height 40.3cm Mouth diameter 7.8cm Foot diameter 13.7cm, Collected by the Palace Museum

五彩双凤花鸟图葫芦形壁瓶

明万历

高 26.5 厘米　口径 3.5 厘米　足径 7.2 厘米

故宫博物院藏

瓶呈剖开的半个葫芦形，直口、圈足。通体五彩装饰。上半部绘双凤穿花纹，两只凤凰振翅飞于空中；上半部与下半部连接处绘三周如意云头纹，间以青花弦线；下半部绘双凤探首垂身立于地面，画面远处见有展翅翱翔的几只小鸟；圈足外墙绘缠枝花纹。背面颈部署青花楷体"大明万历年制"六字双行外围双长方框款，上覆荷叶，下托莲花。

此瓶为壁瓶，其背面可见一方形穿孔，以便于将瓶悬挂于墙壁或车轿壁上供观赏。（蒋艺）

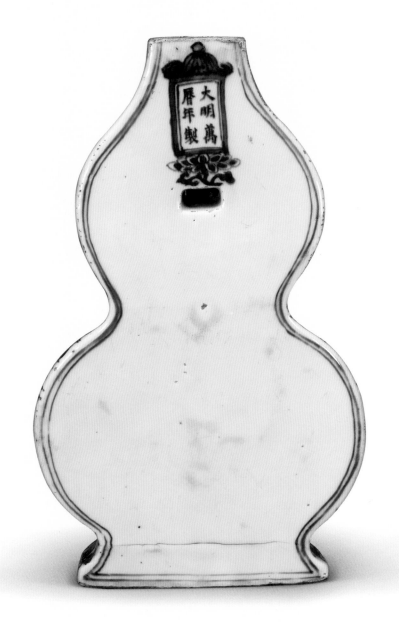

Polychrome gourd-shaped wall vase with design of phoenix, flowers and birds
Wanli Period, Ming Dynasty, Height 26.5cm Mouth diameter 3.5cm Foot diameter 7.2cm, Collected by the Palace Museum

397 | 五彩双凤花鸟图葫芦式壁瓶

明万历
高 31 厘米　口径 3.7 厘米　足径 11.7 厘米
故宫博物院藏

瓶呈剖开的半个葫芦形，直口、圈足。通体五彩装饰。上半部分绘双凤穿花纹，两只凤凰振翅飞于空中；上半部与下半部的连接处绘三周如意云头纹，间隔以青花弦线；下半部分绘双凤探首垂身立于地面，画面远处还见有展翅翱翔的几只小鸟；圈足外墙绘缠枝花纹。背面颈部署青花楷体"大明万历年制"六字双行外围双长方框款，上覆荷叶，下托莲花。

此瓶为壁瓶，其背面可见一方形穿孔，以便于将瓶悬挂于墙壁或车轿壁上供观赏。（蒋艺）

Polychrome gourd-shaped wall vase with design of phoenix, flowers and birds
Wanli Period, Ming Dynasty, Height 31cm Mouth diameter 3.7cm Foot diameter 11.7cm, Collected by the Palace Museum

398 五彩莲池鸳鸯花鸟纹提梁壶

明万历
通高 20.5 厘米　口径 8.7 厘米　足径 11.8 厘米
故宫博物院藏

壶直口、鼓腹、圈足。腹部一侧置曲流，肩部架起提梁。附伞形盖，盖顶置宝珠钮。通体青花五彩装饰。盖面绘蝴蝶、水鸟、莲花等，柄、流上满绘缠枝花纹。壶颈部绘朵花纹，肩部绘如意云头纹。腹部绘飞舞的彩蝶、振翅的白鹭、戏水的鸳鸯，岸边垂柳依依，池中莲花盛开，一派热闹的池塘景色。外底署青花楷体"大明万历年制"六字双行外围双圈款。（蒋艺）

Polychrome pot with handle and design of lotus pond, mandarin duck, flowers and birds
Wanli Period, Ming Dynasty, Overall height 20.5cm Mouth diameter 8.7cm Foot diameter 11.8cm, Collected by the Palace Museum

399 | 五彩龙纹笔架

明万历
高 10 厘米　长 16.4 厘米　宽 6 厘米
故宫博物院藏

笔架作弯曲五峰山形。通体青花五彩装饰。五个山峰处各绘一只色彩各异的正面龙纹，龙纹下方绘海水江崖纹。器身有多处镂空，设计奇特。外底自右向左署青花楷体"大明万历年制"六字横排外围双长方框款。（单莹莹）

Polychrome brush rack with dragon design
Wanli Period, Ming Dynasty, Height 10cm Length 16.4cm Width 8cm, Collected by the Palace Museum

五彩花鸟图盒

明万历
通高 7.3 厘米　口径 15 厘米　足径 10.5 厘米
故宫博物院藏

盒呈扁圆形，内分六格，正中心一格为梅花形，圈足。盖面青花双圈内绘水禽、莲花、水草、斜柳等。盖、盒侧壁分别绘缠枝花托杂宝纹，圈足外墙绘回纹。外底署青花楷体"大明万历年制"六字双行外围双圈款。（蒋艺）

Polychrome box with design of flowers and birds
Wanli Period, Ming Dynasty, Overall height 7.3cm Mouth diameter 15cm Foot diameter 10.5cm, Collected by the Palace Museum

401 五彩镂空花卉二龙戏珠纹长方盒

明万历

通高 10.5 厘米　口横 31.5 厘米　口纵 20.5 厘米
足横 25.5 厘米　足纵 14.5 厘米

故宫博物院藏

盒呈长方形。盒壁微弧，底下承以四足。盖面有绿彩菱花形开光，开光内绘青花龙和矾红彩龙各一条，二龙作戏珠状，隙地满绘折枝花并随形镂空；开光外饰镂空钱纹，四角均绘折枝花纹。盖、盒侧壁四面上下纹饰对称，均绘二龙戏珠纹和卷草纹。外底无釉，仅中心署款处施长方形透明釉，自右向左署青花楷体"大明万历年制"六字横排外围双长方框款。

万历朝五彩瓷器极负盛名，素有胎体厚重、釉面乳白莹润、彩色对比强烈并且较多采用开光和镂空装饰之特点。此盖盒堪称万历五彩瓷器的代表作之一。（蒋艺）

Polychrome rectangular box with two dragons chasing ball and flowers in openwork
Wanli Period, Ming Dynasty, Overall height 10.5cm Mouth length 31.5cm Mouth width 20.5cm Foot length 25.5cm Foot width 14.5cm, Collected by the Palace Museum

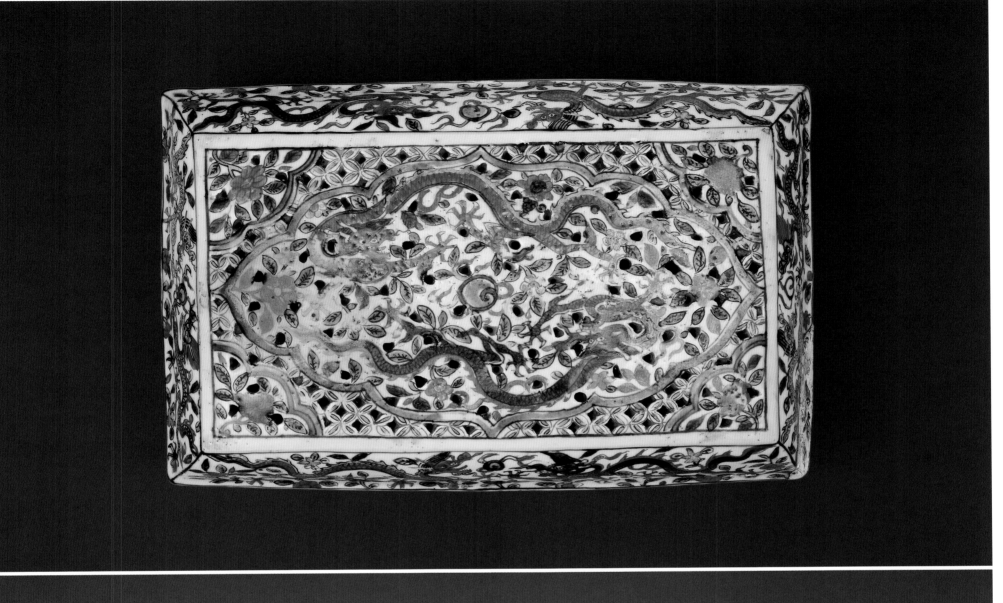

五彩人物花卉图长方盒

明万历
通高 8.9 厘米　口横 17.5 厘米　口纵 9.7 厘米
足横 17.9 厘米　足纵 9.9 厘米
故宫博物院藏

盒呈长方形。里分八格，盒底出边，长方圈足。通体五彩装饰。盖面绘几组人物，间以小桥、溪水、洞石等，人物或骑马、或乘车、或过桥，神态各异。盖内绘一株梅花。盖侧壁四面各绘一组人物图，背景均为花草、树木和山水。盒侧壁四面均绘花卉纹。方圈足外墙绘卷草和变形莲瓣纹。外底自右向左署青花楷体"大明万历年制"六字横排外围双长方框款。（赵小春）

Polychrome rectangular box with design of figure and flowers
Wanli Period, Ming Dynasty, Overall height 8.9cm Mouth length 17.5cm Mouth width 9.7cm Foot length 17.9cm Foot width 9.9cm, Collected by the Palace Museum

403 五彩海水云龙纹六棱蟋蟀罐

明万历

高 11 厘米 口径 14.5 厘米 足径 14 厘米

故宫博物院藏

罐呈直筒瓜棱形，圈足。外壁通体青花五彩装饰。腹部绘六组云龙戏珠纹，三条红彩龙间以三条青花龙。近底处绘海水纹。外底署青花楷体"大明万历年制"六字双行外围双圈款。

万历朝景德镇御器厂烧造的蟋蟀罐有圆、方、扇面、瓜棱等式样，多绘人物、花卉、龙凤、团龙等纹饰。（蒋艺）

Polychrome six-lobed cricket jar with design of dragon, cloud and waves
Wanli Period, Ming Dynasty, Height 11cm Mouth diameter 14.5cm Foot diameter 14cm, Collected by the Palace Museum

404 五彩海水江崖二龙戏珠纹水丞

明万历

高 4.7 厘米　口径 3 厘米　足径 4.7 厘米

故宫博物院藏

　　水丞敛口、扁圆腹、圈足。通体施透明釉，足端无釉。外壁五彩装饰。近口沿处绘如意云头纹，腹部绘海水江崖二龙戏珠纹，辅以灵芝纹。外底署青花楷体"大明万历年制"六字三行外围双圈款。（蒋艺）

Polychrome water container with design of two dragons chasing ball, rocks and waves
Wanli Period, Ming Dynasty, Height 4.7cm Mouth diameter 3cm Foot diameter 4.7cm, Collected by the Palace Museum

405 | 五彩海水江崖二龙戏珠纹水丞

明万历

高 5 厘米　口径 3.4 厘米　足径 4.5 厘米

故宫博物院藏

水丞敛口、扁圆腹、圈足。通体施透明釉，足端无釉。外壁五彩装饰。近口沿处绘如意云头纹，腹部绘海水江崖二龙戏珠纹，辅以灵芝纹。外底署青花楷体"大明万历年制"六字三行外围双圈款。（蒋艺）

Polychrome water container with design of two dragons chasing ball, rocks and waves
Wanli Period, Ming Dynasty, Height 5cm Mouth diameter 3.4cm Foot diameter 4.5cm, Collected by the Palace Museum

五彩二龙穿花纹水丞

明万历
高 8.9 厘米　口径 7.6 厘米　足径 7.7 厘米
故宫博物院藏

　　水丞敛口、鼓腹、圈足。通体施透明釉，足端无釉。外壁五彩装饰。腹部对称绘两条龙穿花纹，二龙首尾相接。一条为红龙，以青花和绿彩装饰局部；一条为绿龙，以黑彩勾勒外形轮廓、描绘鳞片，并以青花和矾红彩装饰局部。二龙周围环绕青花、红色、黄色缠枝花卉，色彩鲜艳。近足处绘卷草纹。外底署青花楷体"大明万历年制"六字双行外围双圈款。（单莹莹）

Polychrome water container with design of two dragons among flowers
Wanli Period, Ming Dynasty, Height 8.9cm Mouth diameter 7.6cm Foot diameter 7.7cm, Collected by the Palace Museum

五彩花卉纹五格洗

明万历

高 5.2 厘米　口径 19.5 厘米　底径 17.1 厘米

故宫博物院藏

洗折沿、直腹、平底。内分五格，中间一格为圆形，环绕的四格为花形。器内和外底均施透明釉，外壁不施釉。内壁近口沿处两道青花弦线内绘五彩回纹，格栏顶部以青花涂饰，内底以青花和绿、红、黄彩描绘折枝梅花、菊花和桃实等花果纹。外底署青花楷体"大明万历年制"六字双行外围双圈款。

此洗另配有红漆外盒和盖。（王照宇）

Polychrome washer with flowers design
Wanli Period, Ming Dynasty, Height 5.2cm Mouth diameter 19.5cm Bottom diameter 17.1cm, Collected by the Palace Museum

五彩二龙戏珠纹碗

明万历
高 4.6 厘米　口径 11.2 厘米　足径 6.2 厘米
故宫博物院藏

碗撇口、浅弧腹、圈足。通体施透明釉，足端不施釉。内壁近口沿处画青花弦线一道，内底青花双圈内绘凤纹。外壁近口沿处和圈足外墙均画青花弦线两道，腹部绘五彩云龙纹，作二龙戏珠状。外底署青花楷体"大明万历年制"六字双行外围双圈款。（王照宇）

Polychrome bowl with design of two dragons chasing ball
Wanli Period, Ming Dynasty, Height 4.6cm Mouth diameter 11.2cm Foot diameter 6.2cm, Collected by the Palace Museum

五彩人物花卉图碗

明万历

高 3.1 厘米　口径 9.6 厘米　足径 4.6 厘米

故宫博物院藏

碗撇口、浅弧腹、圈足。通体施透明釉，足端不施釉。内壁近口沿处画青花弦线一道，内底在青花双圈内绘五彩正面云龙纹。外壁近口沿处两道青花弦线内绘五彩折线纹；腹部绘五彩人物六个，其中四人手捧灯笼、二人手执灵芝，均面向右，其间辅以花、草、树木、山石、祥云等。外底署青花楷体"大明万历年制"六字双行外围双圈款。（王照宇）

Polychrome bowl with design of figure and flowers

Wanli Period, Ming Dynasty, Height 3.1cm Mouth diameter 19.6cm Foot diameter 4.6cm, Collected by the Palace Museum

| 五彩人物图碗

明万历
高 6.9 厘米　口径 16.5 厘米　足径 6.2 厘米
故宫博物院藏

碗撇口、深弧腹、圈足。通体施透明釉，足端不施釉。内、外壁近口沿处均在两道青花弦线内绘五彩折枝灵芝、莲花等纹饰。内底青花双圈内绘五彩正面云龙纹，并辅以宝珠、灵芝状云等。外壁腹部绘四个五彩人物，均面向左，间以五彩锦灯；圈足外墙青花双弦线内绘五彩卷草纹。外底署青花楷体"大明万历年制"六字双行外围双圈款。（王照宇）

Polychrome bowl with figure design
Wanli Period, Ming Dynasty, Height 6.9cm Mouth diameter 16.5cm Foot diameter 6.2cm, Collected by the Palace Museum

411 | 五彩人物图碗（残）

明万历

残长 7.6 厘米

2013 年江西省景德镇市御窑厂遗址出土，景德镇御窑博物馆藏

碗内、外壁口沿以下均以青花描绘两道弦线，内饰五彩花卉纹。外腹部主题纹饰为人物纹，辅以锦地钱纹。人物纹的面部及服饰部位以青花描绘、渲染，线条整体自然流畅、神采飘逸。

（韦有明）

Polychrome bowl with figure design (Incomplete)
Wanli Period, Ming Dynasty, Remaining length 7.6cm, Unearthed at Imperial Kiln heritage of Jingdezhen in Jiangxi Province in 2013, collected by the Imperial Kiln Museum of Jingdezhen

412 | 五彩人物图碗（残）

明万历

残长 9.8 厘米　足径 5.4 厘米

2014 年江西省景德镇市御窑厂遗址出土，景德镇御窑博物馆藏

碗圈足。碗心青花双圈内饰青花五彩龙纹。外壁饰青花五彩人物，花草点缀其间。外底署青花楷体"大明万历年制"六字双行外围双圈款。（肖鹏）

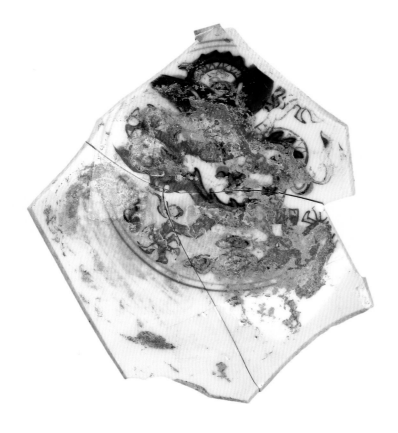

Polychrome plate with figure design (Incomplete)
Wanli Period, Ming Dynasty, Remaining length 9.8cm Foot diameter 5.4cm, Unearthed at Imperial Kiln heritage of Jingdezhen in Jiangxi Province in 2014, collected by the Imperial Kiln Museum of Jingdezhen

697

413 | 五彩碗（残）

明万历
足径 3.8 厘米
2013 年江西省景德镇市御窑厂遗址出土，景德镇御窑博物馆藏

碗下腹部以上尽残，不可复原。内壁碗心青花双圈内饰五彩龙纹，画面的工整度较明代早、中期官窑瓷器纹样潦草，龙身主体部位以青花和矾红彩绘，毛发部位则以釉上绿彩装饰。外壁下腹部绘五彩杂宝纹，外底署青花楷体"大明万历年制"六字双行外围双圈款，足底残留大量细小沙粒，以此可以看出该器采用垫沙的装烧工艺。（韦有明）

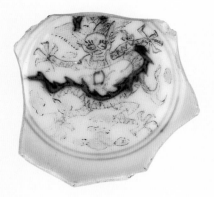

Polychrome bowl (Incomplete)
Wanli Period, Ming Dynasty, Foot diameter 3.8cm, Unearthed at Imperial Kiln heritage of Jingdezhen in Jiangxi Province in 2013, collected by the Imperial Kiln Museum of Jingdezhen

五彩龙凤纹盘

明万历

高 4.3 厘米　口径 23.8 厘米　足径 15.7 厘米

故宫博物院藏

盘撇口、浅弧腹、圈足。通体施透明釉，足端不施釉。内壁近口沿处画一道青花弦线，内壁绘五彩龙凤纹；内底青花双圈内绘五彩龙凤纹，一龙一凤作戏珠状，其间辅以祥云纹。外壁近口沿处、近足处和圈足外墙各画一道青花弦线；腹部青花双弦线内绘青花锦地开光松、竹、梅，开光间以青花朵花纹相隔。外底署青花楷体"大明万历年制"六字双行外围双圈款。（王照宇）

Polychrome plate with design of dragon and phoenix

Wanli Period, Ming Dynasty, Height 4.3cm Mouth diameter 23.8cm Foot diameter 15.7cm, Collected by the Palace Museum

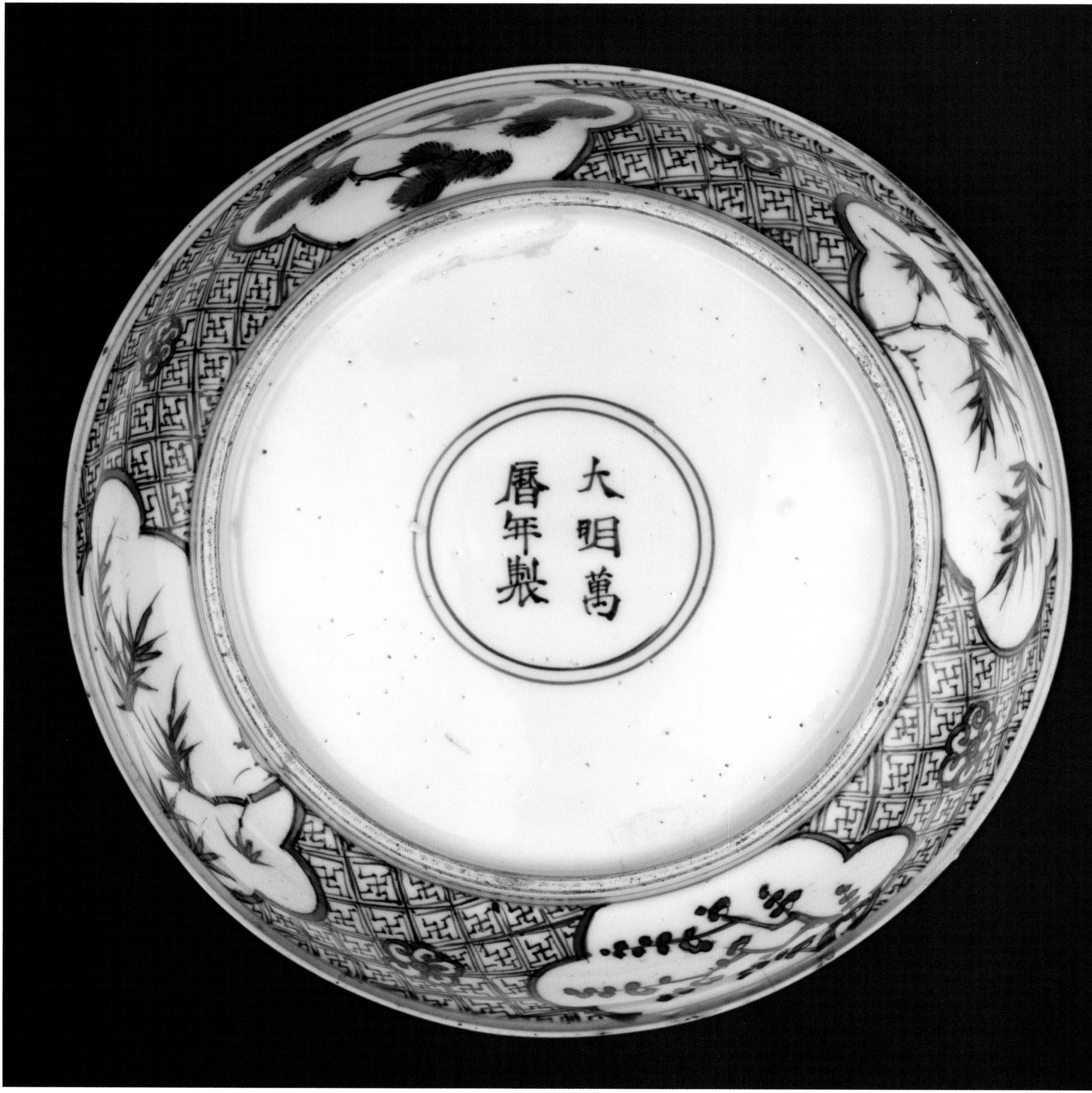
大明萬曆年製

415 | 五彩龙穿缠枝花纹盘

明万历

高 7.2 厘米　口径 47 厘米　足径 28.1 厘米

故宫博物院藏

盘敞口、浅弧腹、圈足。内、外均有五彩装饰。内底青花双圈内以矾红彩和青花绘菱花形开光，开光内绘两条升降龙，一为青花龙，一为矾红彩龙，龙纹之间满绘缠枝花纹。内、外壁均绘四条对称行龙，两条为青花龙，一条为绿彩龙，一条为矾红彩龙，龙纹之间满绘缠枝花纹。外底中心施釉，署青花楷体"大明万历年制"六字双行外围双圈款。双圈以外和足端均不施釉。

此盘形体硕大，致使烧造时容易塌底。其外底款识以外部位均刮釉，就是为了垫烧，以防塌底。（单莹莹）

Polychrome plate with design of dragon among entwined flowers
Wanli Period, Ming Dynasty, Height 7.2cm Mouth diameter 47cm Foot diameter 28.1cm, Collected by the Palace Museum

416 五彩满池娇图盘

明万历

高 3.6 厘米　口径 17.2 厘米　足径 10.8 厘米

故宫博物院藏

盘敞口、浅弧腹、圈足。通体施透明釉，足端不施釉。内壁近口沿处以矾红彩画两道弦线，内底矾红彩双圈内绘鸳鸯莲池图，即"满池娇"图。外壁对称绘四组莲荷纹，莲荷之间绘鸳鸯。外底署青花楷体"大明万历年制"六字双行外围双圈款。

此盘以红、绿、黄、青花等彩描绘纹饰，给人以色彩缤纷之美感。万历朝御窑五彩瓷器多为釉下青花和釉上诸彩相结合的青花五彩，其蓝色以釉下青花表现。（单莹莹）

417 | 五彩盆花花蝶图盘

明万历

高 2.6 厘米　口径 16.2 厘米　足径 10 厘米

故宫博物院藏

盘撇口、浅弧腹、圈足。通体青花五彩装饰。内底青花双圈内以青花和红、绿彩描绘博古花蝶图；外壁腹部以绿、黄、红彩描绘四组折枝花纹。外底署青花楷体"大明万历年制"六字双行外围双圈款。（蒋艺）

Polychrome plate with design of flowers and butterflies
Wanli Period, Ming Dynasty, Height 2.6cm Mouth diameter 16.2cm Foot diameter 10cm, Collected by the Palace Museum

418 | 五彩五谷丰登图盘

明万历
高 4.1 厘米　口径 28.2 厘米　足径 19 厘米
故宫博物院藏

盘撇口、浅弧腹、圈足。内、外皆有五彩装饰。内底绘"五谷丰登"题材人物图，内壁绘缠枝宝相花纹。外壁均匀分布四组灯笼图。外底署青花楷体"大明万历年制"六字双行外围双圈款。（冀洛源）

Polychrome plate with design of anabundant harvest
Wanli Period, Ming Dynasty, Height 4.1cm Mouth diameter 28.2cm Foot diameter 19cm, Collected by the Palace Museum

419 五彩张天师斩五毒图盘

明万历

高 2.2 厘米　口径 10.6 厘米　足径 6.6 厘米

故宫博物院藏

盘撇口、浅弧腹、圈足。通体施透明釉，足端无釉。内、外皆有五彩装饰。内底青花双圈内绘一红衣道士，右手持剑，左手持法器，其脚下绘蛇、蟾蜍等爬行动物，应是民间道教信仰中的"张天师斩五毒"。内壁绘六组折枝花纹，间以两组草丛纹。外壁间隔绘折枝花、草叶和五毒纹。外底署青花楷体"大明万历年制"六字双行外围双圈款。（单莹莹）

Polychrome plate with design of Taoist master Zhang kill the the five poisonous creatures
Wanli Period, Ming Dynasty, Height 2.2cm Mouth diameter 10.6cm Foot diameter 6.6cm, Collected by the Palace Museum

420 五彩缠枝葫芦婴戏图盘

明万历

高 2.8 厘米　口径 15.5 厘米　足径 8.9 厘米

故宫博物院藏

盘撇口、浅弧腹、圈足。通体施透明釉，足端不施釉。内壁近口沿处画一道青花弦线，内壁绘青花、绿彩、黄彩、红彩缠枝葫芦纹，上结八个葫芦；内底青花双圈内绘五彩婴戏图，两个婴孩双手持物、前后呼应，其间辅以山石、朵花、芭蕉、祥云等。外壁近口沿处画两道青花弦线；腹部绘五彩缠枝莲托八吉祥纹，依次为轮、螺、伞、盖、花、罐、鱼、肠；圈足外墙两道青花弦线内绘五彩卷枝纹。外底署青花楷体"大明万历年制"六字双行外围双圈款。（王照宇）

Polychrome plate with design of entwined gourd and children at play
Wanli Period, Ming Dynasty, Height 2.8cm Mouth diameter 15.5cm Foot diameter 8.9cm, Collected by the Palace Museum

711

421 五彩亭台人物图盘

明万历
高 4.5 厘米　口径 31.5 厘米　足径 21.8 厘米
故宫博物院藏

盘撇口、浅弧腹、圈足。通体施透明釉，足端不施釉。内、外皆有五彩装饰。内底青花双圈绘一座楼阁，装饰华丽。楼顶有一亭台，亭内中间盘坐一人，额头隆起，当为寿星，左右各侍立一人。楼阁左右两侧分别以红彩和绿彩描绘一人物，双手举灯。内壁绘缠枝花纹，上结八朵花。外壁对称绘四盏灯，灯间绘杂宝。外底署青花楷体"大明万历年制"六字双行外围双圈款。（单莹莹）

Polychrome plate with design of figure and pavilion
Wanli Period, Ming Dynasty, Height 4.5cm Mouth diameter 31.5cm Foot diameter 21.8cm, Collected by the Palace Museum

五彩人物图盘

明万历
高 2.5 厘米　口径 13.1 厘米　足径 7.1 厘米
故宫博物院藏

盘撇口、浅弧腹、圈足。通体施透明釉，足端不施釉。内、外皆以青花五彩为饰。内底青花双圈内绘人物故事图，两个人物均以青花绘成，一前一后，前方人物手中捧物，后面人物拱手作揖。人物处于绿树、云朵环境中。内壁对称绘缠枝灵芝托篆体"寿"字，共八个灵芝托八个寿字。外壁绘五组折枝花纹。外底署青花楷体"大明万历年制"六字双行外围双圈款。（单莹莹）

Polychrome plate with figure design
Wanli Period, Ming Dynasty, Height 2.5cm Mouth diameter 13.1cm Foot diameter 7.1cm, Collected by the Palace Museum

五彩人物图盘

明万历
高 2.9 厘米　口径 18.9 厘米　足径 12.9 厘米
故宫博物院藏

盘撇口、浅弧腹、圈足。通体施透明釉，足端不施釉。内、外皆有五彩装饰。内底青花双圈内绘三个人物，中间人物骑于驴上，左侧人物举伞，右侧人物手捧花盆。人物正前方绘一仙鹤，背景为远山、绿树、云朵等。内壁绘缠枝灵芝托篆体"寿"字，共八个灵芝托八个寿字。外壁绘八组折枝花纹，每组绘三朵花卉。外底署青花楷体"大明万历年制"六字双行外围双圈款。（单莹莹）

Polychrome plate with figure design
Wanli Period, Ming Dynasty, Height 2.9cm Mouth diameter 18.9cm Foot diameter 12.9cm, Collected by the Palace Museum

424 | 五彩盆花图碟

明万历

高 1.5 厘米　口径 8.6 厘米　足径 4.3 厘米

故宫博物院藏

碟撇口、浅弧腹、圈足。通体施透明釉，足端不施釉。内、外皆有五彩装饰。内底青花双圈内绘盆花小景，蓝色花盆置于红色几座上，花盆内花卉争芳斗艳。内壁绘五组折枝花纹，外壁对称绘四组折枝花纹。外底署青花楷体"大明万历年制"六字双行外围双圈款。（单莹莹）

Polychrome dish with design of flowers and flower pots
Wanli Period, Ming Dynasty, Height 1.5cm Mouth diameter 8.6cm Foot diameter 4.3cm, Collected by the Palace Museum

425 五彩折枝花果纹长方碟

明万历
高 3.3 厘米　口横 6.5 厘米　口纵 5.4 厘米
足横 4.5 厘米　足纵 3.5 厘米
故宫博物院藏

碟呈长方形，斜曲腹、长方圈足。通体施透明釉，足端无釉。内、外皆有青花五彩装饰。内底以釉下青花和釉上红、黄、绿彩描绘两组折枝花纹。内壁前后两面均以釉下青花和釉上红、黄、绿彩描绘一组折枝花纹，上结两朵花；左右两面均以釉下青花和釉上红、黄、绿彩描绘一组折枝花纹，上结一朵花。外壁四面均以釉下青花和釉上红、黄、绿彩描绘折枝瑞果纹。外底署青花楷体"大明万历年制"六字双行外围双长方框款。（张涵）

Polychrome rectangular dish with design of branched flowers and fruits
Wanli Period, Ming Dynasty, Height 3.3cm Mouth length 6.5cm Mouth width 5.4cm Foot length 4.5cm Foot width 3.5cm, Collected by the Palace Museum

426 | 五彩折枝花果纹长方碟

明万历

高 3.3 厘米　口横 6.5 厘米　口纵 5.4 厘米

足横 4.5 厘米　足纵 3.5 厘米

故宫博物院藏

碟呈长方形，斜曲腹、长方圈足。通体施透明釉，足端无釉。内、外皆有青花五彩装饰。内底以釉下青花和釉上红、黄、绿彩描绘两组折枝花纹。内壁前后两面均以釉下青花和釉上红、黄、绿彩描绘一组折枝花纹，上结两朵花；左右两面均以釉下青花和釉上红、黄、绿彩描绘一组折枝花纹，上结一朵花。外壁四面均以釉下青花和釉上红、黄、绿彩描绘折枝瑞果纹。外底署青花楷体"大明万历年制"六字双行外围双长方框款。（张涵）

Polychrome rectangular dish with design of branched flowers and fruits
Wanli Period, Ming Dynasty, Height 3.3cm Mouth length 6.5cm Mouth width 5.4cm Foot length 4.5cm Foot width 3.5cm, Collected by the Palace Museum

五彩折枝花果纹长方碟

明万历

高 3.3 厘米　口横 6.5 厘米　口纵 5.4 厘米

足横 4.5 厘米　足纵 3.5 厘米

故宫博物院藏

碟呈长方形，斜曲腹、长方圈足。通体施透明釉，足端无釉。内、外皆有青花五彩装饰。内底以釉下青花和釉上红、黄、绿彩描绘两组折枝花纹。内壁前后两面均以釉下青花和釉上红、黄、绿彩描绘一组折枝花纹，上结两朵花；左右两面均以釉下青花和釉上红、黄、绿彩描绘一组折枝花纹，上结一朵花。外壁四面均以釉下青花和釉上红、黄、绿彩描绘折枝瑞果纹。外底署青花楷体"大明万历年制"六字双行外围双长方框款。（张涵）

Polychrome rectangular dish with design of branched flowers and fruits
Wanli Period, Ming Dynasty, Height 3.3cm Mouth length 6.5cm Mouth width 5.4cm Foot length 4.5cm Foot width 3.5cm, Collected by the Palace Museum

428 | 五彩折枝花果纹长方碟

明万历
高 3.3 厘米　口横 6.5 厘米　口纵 5.4 厘米
足横 4.5 厘米　足纵 3.5 厘米
故宫博物院藏

碟呈长方形，斜曲腹、长方圈足。通体施透明釉，足端无釉。内、外皆有青花五彩装饰。内底以釉下青花和釉上红、黄、绿彩描绘两组折枝花纹。内壁前后两面均以釉下青花和釉上红、黄、绿彩描绘一组折枝花纹，上结两朵花；左右两面均以釉下青花和釉上红、黄、绿彩描绘一组折枝花纹，上结一朵花。外壁四面均以釉下青花和釉上红、黄、绿彩描绘折枝瑞果纹。外底署青花楷体"大明万历年制"六字双行外围双长方框款。（张涵）

Polychrome rectangular dish with design of branched flowers and fruits
Wanli Period, Ming Dynasty, Height 3.3cm Mouth length 6.5cm Mouth width 5.4cm Foot length 4.5cm Foot width 3.5cm, Collected by the Palace Museum

429 黄地五彩内二龙戏珠外云鹤纹盘

明万历

高 3.1 厘米　口径 14.2 厘米　足径 9.2 厘米

故宫博物院藏

盘敞口、浅弧腹、圈足。通体施黄釉，足端无釉。内壁近口沿处和近底处均画青花弦线，内底双圈内绘二龙戏珠纹，双龙分别用釉下青花和釉上矾红彩描绘。外壁绘四只青花飞鹤，并以青花、矾红彩、绿彩、黑彩描绘的云纹相隔。外底署青花楷体"大明万历年制"六字双行外围双圈款。（单莹莹）

Plate with design of two dragons chasing ball inside, crane and cloud outside in polychrome colors on yellow ground
Wanli Period, Ming Dynasty, Height 3.1cm Mouth diameter 14.2cm Foot diameter 9.2cm, Collected by the Palace Museum

黄地五彩内二龙戏珠外云鹤纹盘

明万历
高 3.1 厘米　口径 14.3 厘米　足径 9 厘米
故宫博物院藏

盘敞口、浅弧腹、圈足。内外浇黄地五彩装饰。内底青花双圈内绘二龙戏珠纹，一条龙绘矾红彩，另一条龙以青花描绘，双龙均姿态矫健。外壁绘五彩"壬"字形云纹，以青花绘仙鹤纹。外底中心锥拱楷体"大明万历年制"六字双行外围青花双圈款。（张涵）

Plate with design of two dragons chasing ball inside, crane and cloud outside in polychrome colors on yellow ground
Wanli Period, Ming Dynasty, Height 3.1cm Mouth diameter 14.3cm Foot diameter 9cm, Collected by the Palace Museum

431 黄地五彩内二龙戏珠外云鹤纹盘

明万历

高 3 厘米　口径 14.7 厘米　足径 9.2 厘米

故宫博物院藏

盘敞口、浅弧腹、圈足。通体浇黄地五彩装饰，足端不施釉。内壁近口沿处画青花弦线一道，内底青花双圈内绘二龙戏珠纹，一龙以青花作主体并施以矾红彩，另一龙以矾红彩作主体并施以绿彩和青花。外壁近口沿处和圈足外墙均画青花弦线两道，腹部以青花、矾红彩和绿彩等描绘云鹤纹。外底锥拱楷体"大明万历年制"六字双行外围青花双圈款。(王照宇)

Plate with design of two dragons chasing ball inside, crane and cloud outside in polychrome colors on yellow ground
Wanli Period, Ming Dynasty, Height 3cm Mouth diameter 14.7cm Foot diameter 9.2cm, Collected by the Palace

432 黄地五彩内二龙戏珠外云鹤纹盘

明万历

高 3.1 厘米　口径 14.4 厘米　足径 8.8 厘米

故宫博物院藏

盘敞口、浅弧腹、圈足。通体浇黄地五彩装饰，足端不施釉。内壁近口沿处画青花弦线一道，内底青花双圈内绘二龙戏珠纹，一龙以青花作主体并施以矾红彩，另一龙以矾红作主体并施以绿彩。外壁近口沿处和圈足外墙均画一道青花弦线，腹部以青花、矾红彩和绿彩描绘云鹤纹。外底署青花楷体"大明万历年制"六字双行外围双圈款。（王照宇）

Plate with design of two dragons chasing ball inside, crane and cloud outside in polychrome colors on yellow ground
Wanli Period, Ming Dynasty, Height 3.1cm Mouth diameter 14.4cm Foot diameter 8.8cm, Collected by the Palace Museum

白地矾红彩云龙纹盘

明万历
高 4 厘米　口径 20 厘米　足径 11.4 厘米
故宫博物院藏

盘撇口、浅弧腹、塌底、圈足。内壁近口沿处绘两道青花弦线，内底青花双圈内以矾红彩描绘正面龙纹，衬以云纹。外壁以矾红彩描绘八条龙，衬以云纹。外底署青花楷体"大明万历年制"六字双行外围双圈款。（单莹莹）

Plate with design of dragon and cloud in iron red color on white ground
Wanli Period, Ming Dynasty, Height 4cm Mouth diameter 20cm Foot diameter 11.4cm, Collected by the Palace Museum

内红绿彩花鸟图外青花灵芝螭纹盘

明万历

高 3.2 厘米　口径 16.5 厘米　足径 10.4 厘米

故宫博物院藏

盘撇口、浅弧腹、圈足。通体施透明釉，足端不施釉。内底青花双圈内以黑彩、绿彩、红彩、褐彩描绘树石花卉图，中心有两只鸟立于枝干上，头顶斜伸一枝，一只小鸟立于枝头，另一只小鸟恰好飞过。整个画面动静相宜，画风自然。外壁以青花为饰，绘三条口衔灵芝的螭龙。外底署青花楷体"大明万历年制"六字双行外围双圈款。（单莹莹）

Plate with design of flowers and birds in red-and-green color inside, _Lingzhi_ fungus and _Chi_ in underglaze blue outside

Wanli Period, Ming Dynasty, Height 3.2cm Mouth diameter 16.5cm Foot diameter 10.4cm, Collected by the Palace Museum

深远影响
后仿万历朝御窑瓷器

　　后仿万历朝御窑瓷器主要分为三类，即：一类系指造型、纹饰、款识等均模仿万历朝御窑瓷器原作者；另一类系指只仿写万历御窑瓷器年款者，造型和纹饰则具有仿制时期的特点；还有一类是在原胎上后加彩者。

　　后仿万历朝御窑瓷器存世量较大，以清代康熙至乾隆朝、清末光绪朝至民国以及20世纪70年代末以来仿品最为多见。所仿品种有青花、黄地青花、黄地绿彩、五彩等。鉴别时主要还应从造型、纹饰、胎、釉、彩、款识等方面寻其破绽。

Profoundly Influence

Wanli Imperial Porcelain Imitated by Later Ages

The imitated porcelain of Wanli imperial kiln can be divided into three types. The first type imitated the modeling, decoration, inscriptions of Wanli imperial kiln porcelain. The second one only imitated inscription of Wanli porcelain, but the modeling and decoration had own feature of that time. The third type used the skill of adding colors on the original body.

    The imitated Wanli porcelain had a large number of outputs. The most common porcelain of imitated Wanli porcelain was produced from Kangxi period to Qianlong period of the Qing dynasty, the late Guangxu period of the Qing dynasty, the Republic of China and the late 1970s. The imitated porcelain contained blue-and-white porcelain, blue-and-white on yellow background porcelain, green color on yellow background and polychrome porcelain and so on. The porcelain needs to be authenticated from different aspects like modeling, decoration, body, glaze, color, technology, inscriptions and so on.

435　青花折枝花果纹碗

清康熙

高 3 厘米　口径 10.6 厘米　足径 4.3 厘米

故宫博物院藏

碗撇口、深弧腹、卧足。通体施透明釉，足端不施釉。内、外皆有青花装饰。内底青花双圈内绘四组青花折枝花纹。内、外壁近口沿处均画两道弦线。外壁绘四组折枝石榴、桃实等花果纹，近底处画两道弦线。外底署青花楷体"大明万历年制"六字双行外围双圈仿款。（王照宇）

Blue and white bowl with design of branched flowers and fruits
Kangxi Period, Qing Dynasty, Height 3cm Mouth diameter 10.6cm Foot diameter 4.3cm, Collected by the Palace Museum

436 黄地青花二龙戏珠纹盘

清康熙

高 4.7 厘米　口径 20.6 厘米　足径 12.8 厘米

故宫博物院藏

盘撇口、浅弧腹、圈足。内、外均浇黄地青花装饰，外底施透明釉，足端无釉。内底绘青花二龙戏珠纹，辅以云纹。外壁绘青花杂宝纹。外底署青花楷体"万历年制"四字双行外围双圈仿款。（蒋艺）

Plate with design of two dragons chasing ball in underglaze blue on yellow ground
Kangxi Period, Qing Dynasty, Height 4.7cm Mouth diameter 20.6cm Foot diameter 12.8cm, Collected by the Palace Museum

437 | 黄地青花二龙戏珠纹盘

清康熙

高 4.5 厘米　口径 20.7 厘米　足径 12.6 厘米

故宫博物院藏

盘撇口、浅弧腹、圈足。通体黄地青花装饰。内底绘二龙戏珠纹，双龙姿态凶猛，四肢伸展有力。外壁绘四组杂宝纹。外底署青花楷体"万历年制"四字双行外围双圈仿款。

此盘从款识字体风格、釉色、纹饰等方面看，应是清康熙朝仿明代万历朝作品。（张涵）

Plate with design of two dragons chasing ball in underglaze blue on yellow ground
Kangxi Period, Qing Dynasty, Height 4.5cm Mouth diameter 20.7cm Foot diameter 12.6cm, Collected by the Palace Museum

五彩云龙纹盖罐

清康熙
通高 5 厘米　口径 3.2 厘米　足径 3.9 厘米
故宫博物院藏

罐敛口、丰肩、斜弧腹渐收、圈足。附伞形盖，盖顶置宝珠钮。通体青花五彩装饰。盖钮涂红彩，盖面绘四组祥云纹。器身近口沿处绘覆莲瓣纹；腹部以红彩和青花各绘一条龙，作二龙戏珠状；近底处绘海水江崖纹。外底署青花楷体"大明万历年制"六字三行外围双圈仿款。此罐另附一曲柄铜质小勺。

此罐造型、纹饰和色彩均模仿万历御窑五彩罐。（蒋艺）

Polychrome lidded jar with design of dragon and cloud
Kangxi Period, Qing Dynasty, Overall height 5cm Mouth diameter 3.2cm Foot diameter 3.9cm, Collected by the Palace Museum

439 | 五彩二龙戏珠纹带盖水丞

清康熙

通高 7.8 厘米　口径 4.2 厘米　足径 4.5 厘米

故宫博物院藏

水丞敛口、鼓腹、腹下渐收、圈足。附圆形盖，盖面微鼓、盖顶置宝珠钮。通体青花五彩装饰。盖钮涂绿彩，盖面绘缠枝花纹。器身近口沿处绘变形莲瓣纹；腹部以青花和红彩各绘一条龙，作二龙戏珠状，隙地满绘祥云纹；近足处绘海水江崖纹。无款。

此水丞造型、纹饰和色彩均模仿万历御窑五彩水丞。（蒋艺）

Polychrome lidded water container with design of two dragons chasing ball and cloud
Kangxi Period, Qing Dynasty, Overall height 7.8cm Mouth diameter 4.2cm Foot diameter 4.5cm, Collected by the Palace Museum

440 浇黄地紫绿彩锥拱二龙戏珠纹盘

清康熙

高 2.9 厘米　口径 14 厘米　足径 8.8 厘米

故宫博物院藏

盘敞口、浅弧腹、圈足。通体施浇黄釉。内底锥拱二龙戏珠纹，并分别施以紫、绿彩。外壁锥拱云鹤纹，施以绿彩。外底署青花楷体"大明万历年制"六字双行外围双圈仿款。（蒋艺）

Plate with incised design of two dragons chasing ball in purple-and-green color on bright yellow ground
Kangxi Period, Qing Dynasty, Height 2.9cm Mouth diameter 14cm Foot diameter 8.8cm, Collected by the Palace Museum

441 | **浇黄地紫绿彩锥拱二龙戏珠纹盘**
清康熙
高 2.9 厘米　口径 14 厘米　足径 8.2 厘米
故宫博物院藏

盘敞口、浅弧腹、圈足。通体施浇黄釉。内底锥拱二龙戏珠纹，并分别施以紫、绿彩。外壁锥拱云鹤纹，施以绿彩。外底署青花楷体"大明万历年制"六字双行外围双圈仿款。（蒋艺）

Plate with incised design of two dragons chasing ball in purple-and-green color on bright yellow ground
Kangxi Period, Qing Dynasty, Height 2.9cm Mouth diameter 14cm Foot diameter 8.2cm, Collected by the Palace Museum

青花云鹤八卦纹碗

清雍正

高 7 厘米　口径 13.9 厘米　足径 5.5 厘米

故宫博物院藏

碗敞口、深弧腹、圈足。内、外皆有青花装饰。内壁近口沿处绘菱形花卉纹，内底绘朵花，围以海水江崖纹。外壁腹部绘四只仙鹤、四朵祥云和八卦纹，四只仙鹤两两相对，近底处绘洞石和海水江崖纹。外底署青花楷体"大明万历年制"六字双行外围双圈仿款。

此碗是典型的宫廷用瓷。造型规整，釉面光亮，青花发色浓重，纹饰布局井然有序。这种八卦云鹤纹碗自明代嘉靖朝出现以后，清代历朝多延续烧造。（陈润民）

Blue and white bowl with design of crane, cloud and the Eight Auspicious Symbols
Yongzheng Period, Qing Dynasty, Height 7cm Mouth diameter 13.9cm Foot diameter 5.5cm, Collected by the Palace Museum

专论

Essays

明代嘉靖、隆庆、万历朝景德镇御窑瓷器简述

吕成龙

明代嘉靖（1522 ~ 1566 年）、隆庆（1567 ~ 1572 年）、万历（1573 ~ 1620 年）三朝，处于明代社会中晚期，历时 99 年，横跨 16、17 世纪，其中嘉靖朝 45 年、万历朝 48 年，期间的隆庆朝仅有 6 年。

放眼世界，这三朝时值欧洲文艺复兴鼎盛时期，是地理大发现、殖民主义发展时期，同时也是科学技术初步发展时期。人们耳熟能详的科学家哥白尼、伽利略、开普勒，作家莎士比亚、塞万提斯等均活跃于这一时期。

在中国，这一时期启蒙思想开启，市井文化达到巅峰。经济方面、资本主义萌芽开始出现。署名兰陵笑笑生的《金瓶梅》、吴承恩的《西游记》、汤显祖的《牡丹亭》和李时珍的中医药学巨著《本草纲目》，以及政治家杨廷和、张居正、明代三大才子之首的杨慎等也活跃于这一时期。

制瓷业方面，景德镇御窑瓷器烧造在经过正德朝的承上启下后，嘉靖、隆庆、万历三朝御窑瓷器总体呈现出产量空前增加、造型更加繁多、大件器物增多、胎体趋于厚重、工艺略显粗糙、装饰愈加繁缛、色彩华丽夺目等风貌。至万历三十六年（1608 年），随着明代统治日益腐朽，景德镇御器厂终于寿终正寝。但随着商品经济的发展和海外贸易的迅速扩张，国内民间和海外对瓷器的需求呈现出前所未有的高涨，这就促使民营瓷业不断改进生产技术，产量和质量比以往均有很大提高。民间窑场除了大量烧造国内外各阶层使用的瓷器外，还要搭烧御器厂临时交办的御用瓷器。加之这一时期御器厂内部管理混乱，致使生产技术外泄，甚至描画青花瓷器所用的青料也会被盗 [1]，从而进一步刺激了民营瓷业的发展和产品质量的提高。

一 嘉靖朝御窑瓷器

（一）历史背景——崇信道教 危机四伏

嘉靖是明代世宗皇帝朱厚熜在位时所使用的年号。正德十六年（1521 年）三月十四日，年仅 31 岁的明武宗朱厚照崩于西苑之豹房。因其无子，按照宗法制中的"兄终弟及"原则，只能从其弟弟中物色皇帝继承人。但朱厚照是孝宗皇帝朱祐樘之长子，其仅有的一个弟弟朱厚炜不满 3 岁即夭折，因此，从孝宗一系选不出嗣君。于是，只能从朱祐樘的兄弟中选取。朱祐樘在兄弟中排行老三，大哥未名而殇，二哥朱祐极虽在成化七年（1471 年）被立为皇太子，但一个月后即病故。这样即轮到其四弟朱祐杬一系。成化二十三年（1487 年）朱祐杬受封兴王，就藩湖广安陆州（今湖北省钟祥市），正德十四年（1519 年）去世，因谥曰"献"，故又被称作"兴献王"。朱祐杬有二子，长子出生 5 日即亡，次子朱厚熜生于正德二年（1507 年）八月初十日，13 岁开始摄理藩国事务。按长幼之序，朱厚熜成为最合适的皇位继承人。正德十六年（1521 年）四月二十二日，15 岁的朱厚熜即皇帝位，成为明代第 11 位皇帝，定年号为"嘉靖"，以翌年为嘉靖元年。

一提到嘉靖皇帝，一般人只知道他迷信道教，其实，在即位之初，朱厚熜在以杨廷和为首辅的内阁的佐理下，针

对正德朝弊政，采取惩治江彬、钱宁等奸佞、开放言路、清查庄田等措施，起到了拨乱反正、重振人心之作用，开创了明代社会发展的新局面。然而随着"大礼议"之争（即针对如何崇祀其本生父亲兴献王朱祐杬称号之争论）的出现和持续，一些意欲控制或影响他的人被一一制服，朱厚熜遂私欲膨胀、沾沾自喜，并很快做出有违初心的事。特别是嘉靖二十一年（1542年）十月朱厚熜差点命丧宫女之手后，过度惊吓使其心灵受到严重创伤。此后，他搬出后宫，住进西苑，从此不再上朝，对道教日益信奉。而且大兴土木、杀戮谏诤之臣，致使政风日下、国家财政入不敷出。为此，不得不进一步搜刮民间钱财，地方官员愈加横征暴敛，百姓赋税日益加重，几近竭民膏脂。到了嘉靖晚期，整个社会危机四伏，朝廷几乎不能照旧统治下去。

朱厚熜痴迷于修道的目的，是为了追求长生不老，以永续其统治。比起明宪宗成化皇帝活了41岁、明孝宗弘治皇帝活了36岁、明武宗正德皇帝活了31岁，明世宗嘉靖皇帝活了60岁，算是活得长的了（为明代阳寿第三长的皇帝，其中最长的是明太祖朱元璋71岁，其次是明成祖朱棣65岁），但还算不上长寿，更不用说长生不老了。嘉靖四十五年（1566年）十二月十四日，朱厚熜崩于乾清宫。隆庆元年（1567年）正月十九日，嗣皇帝朱载垕为其父朱厚熜上尊谥曰：钦天履道英毅圣神宣文广武洪仁大孝肃皇帝。庙号世宗。葬于北京昌平永陵。有子8人、女5人。

（二）文献所见嘉靖朝御窑瓷器的烧造

《明史》记载：

"自弘治以来，烧造未完者三十余万器，嘉靖初，遣中官督之。给事中陈皋谟言其大为民害，请罢之，帝不听。十六年，新作七陵祭器。三十七年，遣官之江西，造内殿醮坛瓷器三万，后添设饶州通判，专管御器厂烧造。是时营建最繁，近京及苏州皆有砖厂。"[2]

《大明会典》记载[3]：

"嘉靖二年，令江西烧造瓷器，内鲜红改作深矾红。"

"（嘉靖）九年，定四郊各陵瓷器，圜丘青色，方丘黄色，日坛赤色，月坛白色，行江西饶州府如式烧解。计各坛陈设：太羹碗一、和羹碗二、毛血盘三、著尊一、牺尊一、山罍一、代籩、簋、笾、豆；瓷盘二十八、饮福瓷爵一、酒盏四十、附余各一。十七年饶州府解到，烧完。"

"嘉靖十七年，饶州府解到烧完长陵等陵白瓷盘、爵共一千五百一十件，附余一百五十件，行太常寺收储。"

《明实录·大明世宗肃皇帝实录》记载：

"嘉靖三年二月戊申，捨剌思等番使满剌捏只必丁等三十二种，进贡马匹方物，各奏讨蟒衣、漆襴、瓷器、布帛等物。诏量与之。"[4]

"嘉靖八年十月癸亥朔……太监刘良奉旨督造弘治、正德中未完瓷器三十余万。给事中陈皋谟言：'先年止是饶州府委官烧造，近世仍遣中官，大为民害，请罢之。'疏下工部覆如皋谟言，上曰：'烧造非自今始，且日用亦不可缺，尔等既有所见，何待言官论反乃为此议，不过畏人言耳，如前旨行。'"[5]

"嘉靖九年二月甲子，定社稷配位奠献，用瓷爵、制帛奉安二祖神牌于太庙寝室，玉圭、玉爵贮太庙神库。"[6]

"嘉靖九年十二月辛未，夺江西巡按御史傅凤皋俸五月，左参议王溱、佥事陈端甫各半年，以督造郊坛瓷砖违限故也。"[7]

"嘉靖十一年二月乙巳，以稽误圜丘瓷砖逮江西饶州府知府祁敕下法司问，降为边防杂职。"[8]

"嘉靖十六年五月庚辰，遣太常寺典簿黄裳往江西烧造长陵等陵白瓷盘、爵祭器。"[9]

"嘉靖十六年七月甲申，户科给事中高时言：今各省大水，皆藩臬首令不能奉宣德意、使民愁怨、阴气积胜所致也。朝廷屡下蠲租之诏，而纷纷杂派，如木料、斑竹、油漆、瓷器、砖瓦、缎匹、金箔、银珠之类，不可胜数。其实百倍于正额，宜讲求实政，务为节省，以苏民困，以答天心。奏入有旨：灾伤赈济，所司自有区处，诸物料皆供用不

图1　明嘉靖　浇黄地矾红彩海水云龙纹盖罐

图2　明嘉靖　浇黄地绿彩锥拱婴戏图碗

图3　明嘉靖　白地矾红彩云龙纹碗

图4　明嘉靖　矾红地绿彩婴戏图方斗杯

可缺者，时拟拾渎奏，姑不咎。"[10]

"嘉靖十七年正月壬午，工部尚书温仁和奏：江西烧造瓷器，有违钦限，请治解官迟误罪。"[11]

"嘉靖二十三年十二月丙寅，巡按江西御史魏谦吉以解运瓷器违限，参布政使陈嘉严、参政张镗、佥事黄文炳、知府李易。诏：降嘉严二级，镗、文炳、易各停俸二月。"[12]

《江西省大志·陶书》（嘉靖本）载：

"陶监有官。先是中官一员专督。嘉靖九年裁革，以饶州府佐贰官一员专督。"[13]

《江西省大志·陶书》（万历本）"设官"条载：

"续按：管厂官，自正德至嘉靖初，中官一员专督……嘉靖四十四年添设本府通判专驻本厂烧造。后因停止取回，赴京别选。"[14]

（三）嘉靖朝御窑瓷器主要品种

从传世品和出土物看，嘉靖朝景德镇御器厂烧造的瓷器数量相比以往各朝有明显增加，但质量却有所下降。所烧造瓷器品种有青花、浇黄地青花、青花加矾红彩、浇黄地青花加矾红彩、红绿彩、五彩、斗彩、浇黄地矾红彩（图1）、浇黄地绿彩（图2）、浇黄地紫彩、白地绿彩、白地黄彩、白地矾红彩（图3）、白地孔雀绿彩、矾红地绿彩（图4）、洒蓝地孔雀绿彩、紫地孔雀绿彩、素三彩、白釉、祭蓝釉、回青釉、酱釉、仿龙泉釉、孔雀绿釉、浇黄釉（图5）、浇绿釉（瓜皮绿釉）（图6）、茄皮紫釉、矾红釉、洒蓝釉、白釉金彩、回青釉金彩、矾红釉金彩（图7）、浇黄釉金彩、酱釉金彩、浇绿釉金彩、回青釉白花、酱釉白花瓷等至少37个品种。其中最受人称道的是青花、五彩、瓜皮绿釉瓷等品种。

1. 青花瓷器

典型嘉靖朝御窑青花瓷器以进口"回青"混以国产"石子青"料描绘纹饰，其色泽一反成化、弘治朝御窑青花瓷器纹饰蓝色浅淡和正德朝御窑青花瓷器纹饰蓝色稍浓、泛灰的色调，而呈现蓝中泛红紫的鲜艳色调，开创了明代御窑青花瓷器发展的新境界。随着"回青"和"石子青"的配合比例不同与烧成温度的差异，纹饰的呈色深浅亦有变化。

成书于嘉靖三十五年（1556年）的王宗沐撰《江西省大志·陶书》"回青"条载："陶用回青，本外国贡也。嘉靖中遇烧御器，奏发工部，行江西布政司贮库，时给之，每扛重百斤……按：验青法。回青淳，则色散而不收；石青加多，则色沉而不亮。每两加石青一钱，谓之上青；四六分加，谓之中青。算青者，止记回青数，而不及石青也。中青用以设色，则笔路分明；上青用以混水，则颜色青亮；真青混在坯上，如灰色；然石青多，则色黑。真青澄底，匠愤不得匿，则堆画、堆混、则器亮而不青，如徽墨色。"[15]

典型嘉靖朝御窑青花瓷器所绘纹饰呈现浓重鲜艳的蓝色，正是"回青"与"石青"配合比例和烧成温度掌握得恰到好处的结果。

嘉靖朝御窑青花瓷器造型比以往更加丰富，盘、碗虽仍为大宗产品，但大件器物却明显增多，如大盖罐（图8）、大梅瓶、大鱼缸（图9）、大葫芦瓶、大花盆以及口径达80多厘米的大盘等。另外，异形器亦非常多，如八方、六方、四方以及环形朝珠盒、上圆下方葫芦式造型（图10）等。由于大件器和异形器在成型和烧成方面难度较大，故其形体一

图5　明嘉靖　浇黄釉高足碗

图6　明嘉靖　瓜皮绿釉锥拱云凤纹尊

图7　明嘉靖　矾红釉描金缠枝莲纹高足碗

图8　明嘉靖　青花二龙戏珠纹盖罐

图9　明嘉靖　青花云龙戏珠纹缸

般都略欠规整。由于嘉靖皇帝崇信道教，致使该朝御窑青花瓷器除造型常见葫芦式外，在装饰题材方面，与道教有关的云鹤、八卦、八仙、灵芝、老子讲道等，比历朝都多。更有新奇的树干盘绕组成"福"字、"禄"字、"寿"字（**图11**）等。

2. 五彩瓷器

嘉靖御窑五彩瓷器既有青花五彩（釉下青花和釉上诸彩相结合），亦有纯釉上五彩，并呈现二者并重的局面。所用釉上色彩见有矾红、草绿、黄、紫、黑、孔雀绿、金彩等。施金彩者，金彩一般都大量脱落，只留下依稀痕迹。整个画面以红、绿、黄三色为主，尤其突出红、绿两种彩。青花五彩瓷配以发色浓艳的釉下"上青"（即一两进口"回青"加一钱国产"石子青"）料，遂使整个画面呈现红浓、绿翠、蓝艳的艺术效果。

嘉靖御窑五彩瓷器的造型既有秀致的盘、碗、杯、高足杯等，亦有胎体厚重、体型较大的梅瓶、盖罐等，还有新创烧的工艺难度较大的方斗杯、方盖罐、委角方盒（**图12**）等。

嘉靖御窑五彩瓷器的装饰题材主要有龙、凤、飞鹤、璎珞、鱼藻、荷莲、莲池水禽、花鸟、人物故事、婴戏、天马、缠枝花、折枝花等。

绝大多数器物在外底署青花楷体"大明嘉靖年制"六字双行款，款外或无边栏，或围以青花双圈。不署款者很少。

特别是嘉靖御窑五彩鱼藻纹盖罐（**图13**），形体硕大、画风古拙、施彩华丽。最引人注目的是腹部采用通景画

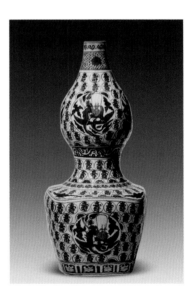

图10　明嘉靖　青花开光南极仙翁寿字上圆下方葫芦瓶

图 11　明嘉靖　青花松竹梅福禄寿罐

图 12　明嘉靖　五彩开光人物图委角方盒

图 13　明嘉靖　五彩鱼藻纹盖罐

方式展示鱼藻图，环而视之，八尾鲤鱼，鱼贯相连、使人目不暇接。鲤鱼均刻画得鳞鳍清晰、姿态各异、栩栩如生、极具神采。具体操作时，先以浓矾红彩勾勒每条鱼的鳞、鳍、头、尾等，再敷以淡矾红彩，以黑彩点睛并画出腹际黑线，烧成后一条条活灵活现的鲤鱼即跃然瓷上，真实再现了自然界中人们喜闻乐见的鲤鱼悠然自得在荷莲水草间嬉戏的美好场景。从色彩上看，此罐所绘诸彩颜色搭配协调，相互映衬，尽显嘉靖御窑五彩瓷器红浓、绿翠、蓝艳的艺术特色。画面中虽未表现水，但这恰恰是匠心所在，因为此情此景，无水胜似有水，水已在画者胸中、在观者心中。

中国人自古以来即讲究吉祥，在图案装饰方面历来追求"图必有意，意必吉祥"，在这件大罐上也有反映。因"鱼"与"余"谐音，因此，鱼被赋予吉祥含义，寓意"富贵有余""连年有余"，鱼也就成为工艺美术品上常见的装饰题材。

以五彩鱼藻纹盖罐为代表的嘉靖御窑五彩瓷器，在装饰风格上虽无明代早中期永乐、宣德、成化御窑青花、五彩、斗彩瓷器绘画笔触之灵动自然，亦无清代康熙、雍正、乾隆朝五彩、珐琅彩、洋彩瓷器画工之纤巧精细，但却呈现出独特的艺术格调，即开创了明、清两代御窑瓷器朴拙华美装饰风格之新境界。如果用一个字来体现嘉靖御窑五彩瓷器装饰风格之特点，用"拙"字再合适不过。然而，此"拙"非笨，而是"大巧"。中国哲学追求之最高境界乃"大直若屈、大巧若拙、大辩若讷"，这也堪称中华美学之无上追求。

3. 瓜皮绿釉瓷器

瓜皮绿釉是一种以氧化铜为呈色剂，以氧化铅为主要助熔剂的低温色釉。因其色泽碧绿如西瓜皮之绿色，故名。又因其施釉方法是将釉浆浇在素烧过的瓷胎上，故也称"浇绿釉"。

明代景德镇御器厂自宣德朝开始烧造瓜皮绿釉瓷器，后来成化、弘治、正德、嘉靖等朝皆有烧造。其中以嘉靖朝产品发色最为纯正，受到的评价亦最高（图14）。故宫博物院收藏的嘉靖瓜皮绿锥拱云凤纹尊堪称这类瓷器的代表性作品。

图 14　明嘉靖　瓜皮绿釉碗

二　隆庆朝御窑瓷器

（一）历史背景——清静宽仁　一代令主

"隆庆"系明代穆宗皇帝朱载垕（1537～1572年）在位时所使用的年号。朱载垕是明世宗朱厚熜第三子，明代第十二位皇帝。生于嘉靖十六年（1537年）正月，嘉靖四十五年十二月即皇帝位。即位后，在徐阶、高拱、张居正等大臣的辅佐下，推行一系列措施，革除前朝弊政，营造出百姓安居乐业的和平环境。可惜的是，朱载垕在私生活上过于放纵，"致损圣体"，仅当了六年皇帝，即于隆庆六年五月因病崩于乾清宫，享年36岁。当年七月嗣皇帝朱翊钧上尊谥曰：契天隆道渊懿宽仁显文光武纯德弘孝庄皇帝。庙号穆宗。葬于北京昌平之昭陵。有子4人、女7人。

在明代16个皇帝中，穆宗朱载垕在位仅6年，只比建文帝、洪熙帝、泰昌帝在位时间稍长一些，因此显得并不起眼。但隆庆皇帝清静、宽仁，平反前朝留下的冤案、惩治嘉靖皇帝崇信的道士、澄清吏治、清丈土地、改革赋役制度、实行恤商和开关政策等，为万历初年的张居正改革奠定了基础。因此，历时6年的隆庆朝堪称明代历史上承上启下、继往开来的一个重要时期。

（二）文献所见嘉靖朝御窑瓷器的烧造

《明史》中记载：

"隆庆时，诏江西烧造瓷器十余万。"[16]

《明实录·大明穆宗庄皇帝实录》记载：

"嘉靖四十五年十二月壬子，上即皇帝位……遂颁诏大赦天下。诏曰：惟我祖宗圣圣相承……乃遵遗诏以是月二十六日祇告天地、宗庙、社稷，即皇帝位，以明年为隆庆元年……圣训不敢不奉，是用推类，以尽义通变，以宜时期，衍旧恩通，弘新化所有，合行事宜条列于后……一、织造采买等项，除……江西烧造瓷器并各处采芝，遵奉遗诏悉皆停外，其南京、苏杭织造内臣，诏书到日，俱即回京……其因绒葛、珠宝、香蜡、金芝、瓷器项所派钱粮，已征在官者，截数起解，户部未征者，亦各征完准做。下年应解工部料价，减除派数……"[17]

"隆庆五年四月壬辰朔孟夏，诏江西烧造瓷器十余万，工科都给事中龙光等请暂停止，以苏穷民。即不可已，亦宜量减十之三、四，仍宽其程限，毋重困一方。报闻。"[18]

《江西省大志·陶书》（万历本）"料价"条载：

"按：隆庆五年，都御史徐栻题称，该内承运库太监崔敏题：为缺少上用各样瓷器，单开要烧造里外鲜红碗、锺、瓯并大小龙缸、方盒各项共十万五千七百七十桌、个、对。其龙缸降发体式底阔、肚凸，多致坠裂；五彩缸样，重过

图 15　明隆庆　青花云龙纹银锭式盒

图 16　明隆庆　五彩满池娇图缸

火色，多系惊碎；三层方匣等器，式样巧异，一时难造。且头运瓷器一万五百九十七桌、个、对，限本年九月；二运一万七百五桌、个、对，限本年十二月；钦限一万四千五百五十个、把，限明年二月。其余八运逐年解进。但今窑作坯房倾坏日久，新经修完，又兼物料细腻、式样精巧，难以措办。见遭洪水为患，上料疏散，成坯甚难。冬月水冰土冻，尤难造作。况系火中取物，必须假以时日，多作坯胎入窑，百中选一。呈乞转达查例将鲜红改作矾红。钦限龙缸、方匣减数，一二运并八运宽限，以醒民困。续：该工科都给事中龙光等题称：江西物力瘠薄，灾荒频仍。先经奉诏，停止烧造，工匠多迁别业。兹忽传烧造瓷器十万五千七百有零，较先年之数几增一倍，且规制花样精细，恐措办不前，乞君父之前乎。伏望皇上轸念工力孔艰、民隐当恤，敕下该部详议，将鲜红瓷器查照前例改造矾红，龙缸、方匣等项，量减数目，并头运二运续奉钦限运数稍为宽限，以后八运，酌分间年一运或二年一运，以纾造作之苦、转运之劳。斯我皇上于供用之中寓樽节之意自足，以宽养民力，江西一路莫不欣欣鼓舞，衔戴盛德于无涯，而地方亦有攸赖矣。"[19]

（三）隆庆朝御窑瓷器主要品种

　　隆庆朝历时只有 6 年，御窑瓷器品种比嘉靖朝显著减少，见有青花、青花加矾红彩、青花加红绿彩、黄地青花、五彩、斗彩、白釉、浇黄釉瓷等。其中以青花和五彩瓷器产量最大。

1. 青花瓷器

　　隆庆朝御窑青花瓷仍使用"回青"配合"石子青"料绘画，但因提炼和配比更趋得当，故青花纹饰呈色更显稳定、纯正，在均使用"回青"加"石子青"料绘画的嘉靖、隆庆、万历三朝青花瓷器中，呈色最为悦目。器物胎体虽较厚重，但做工较精致。造型见有瓶、壶、罐、缸、炉、洗、盒、盘、碗等，琢器类多见菱花形、梅花形、方胜、长方、六方、多方、银锭式（图15）等造型，有的还配合镂空技法。提梁壶为此朝创新器形。

　　隆庆朝御窑青花瓷器装饰题材基本延续嘉靖朝御窑青花瓷器，多见云龙、龙凤、鱼藻、仕女、婴戏、缠枝莲、兔纹等。所署款识以青花楷体"大明隆庆年造"最为多见，六字分双行排列，外围青花双圈。亦见有少量青花楷体"隆庆年造"四字款，四字分双行排列，外围青花双方框。应注意隆庆御窑瓷器年款一般用"造"字，极少用"制"字。

2. 五彩瓷器

隆庆五彩瓷器多属青花五彩，造型和纹饰均延续嘉靖御窑五彩瓷器风格。造型见有鱼缸、六方罐、四方罐、盘、碗、菱花式洗、梅花式碟等。装饰题材见有二龙戏珠、云凤、花鸟、杂宝、莲池鸳鸯（图16）等。所署年款除鱼缸在内口沿自右向左署青花楷体"大明隆庆年造"六字一排款外，其他均在外底署青花楷体"大明隆庆年造"六字双行款，外围青花双圈。

三　万历朝御窑瓷器

（一）历史背景——享国最久　无所不贪

"万历"是明神宗朱翊钧在位时所使用的年号。朱翊钧系明穆宗朱载垕第三子，明代第十三位皇帝。生于嘉靖四十二年（1563年）八月，隆庆六年（1572年）六月即皇帝位，改元万历，以翌年为万历元年。在位48年，是明代在位时间最长的皇帝。

朱翊钧9岁即皇帝位，由于年幼，不得不由大学士高拱、张居正、高仪等辅政，母亲李太后代为听政。执政前十年，全力支持内阁首辅张居正以整顿赋役为主的社会改革，逐步营造出政治清明、经济获得大发展的中兴局面。但接下来的十年，朱翊钧则一反之前所采取的政治措施，尽废改革，横征暴敛，致使民变频发。在后期的近30年间，朱翊钧深居皇宫，不理朝政，使国家限于严重内忧外患之境地。万历四十八年（1620年）七月二十一日，朱翊钧崩于紫禁城弘德殿，享年58岁。泰昌元年（1620年）九月初十日上尊谥曰：范天合道哲肃敦简光文章武安仁止孝显皇帝。庙号神宗。葬于北京昌平之定陵。有子8人、女10人。

（二）文献所见万历朝御窑瓷器的烧造

《明史》中记载：

"万历十九年，命造十五万九千，既而复增八万，至三十八年未毕工。自后役亦渐寝。"[20]

《明实录·大明神宗显皇帝实录》记载：

"隆庆六年六月甲子，上即位……其以明年为万历元年，与民更始，所有合行事宜开列于后……一、户部招买并各处采买金珠、宝石、祖母绿、猫睛等项及隆庆五年钦降式样烧造江西瓷器，诏书到日，除已买采、烧造者，照数起解，其未完者，悉行停止。"[21]

"万历四年十月丙辰，赐辅臣张居正等各炉、瓶瓷器，皆旧都宗器也。疏谢曰：帝宝王珍，晶光溢目。商彝周鼎，璀璨盈庭。岂徒传示子孙，尚当纪垂简册。报闻。"[22]

"万历十一年四月甲寅，大学士张四维等言：江西连年多事，百姓困瘁，烧造瓷器如碗、碟、瓶、罐等项，不可缺者，量减分数。至烛台、棋盘、屏风、笔管，从来皆用铜、锡、竹、木制造，未闻用瓷，似应停免，以节民力。工科都给事中王敬民等亦疏止烧造，以章俭德。诏下所司。"[23]

"万历十二年正月辛巳，慈宁宫火灾……山东道御史丁此吕因火灾条陈五事。一曰慎举动，二曰弘听纳……五曰训近侍内言。宜撤鳌山之灯、止寿宫之阁、停瓷器之制、节织造之工、立建言贬窜诸臣如赵用贤、吴中行……"[24]

"万历十二年三月己亥，工科都给事中王敬民极言瓷器烧造之苦与玲珑奇巧之难。得旨：棋盘、屏风减半烧造。"[25]

"万历十二年三月乙巳，内承运库太监孔成验收瓷器，查参怠玩官员，上以抚按业已罚治，免再咎。"[26]

"万历十三年四月乙卯，先是御史邓錬陈四事：一曰缓寿宫之建，二曰减烧造之费，三曰行赈济之实，四曰宽赎镊之追。语皆切至。是日中使持御史疏至阁，传烧造瓷器内有屏风、烛台、棋盘、花瓶，已造成者，拣进，未造者，可停止。阁臣附奏云：臣等又闻烧造数内新式大龙缸亦属难成，请并停之。票入，上欣然从焉。"[27]

"万历十四年三月庚子，大学士申时行等陈安民之要：一曰催料急迫之害……四曰用度侈靡之害……诸凡用度悉从省约。如东南织造袍服，再加量减；江西未完瓷器，悉与停罢。使天下晓然知上德意，必有不令而行、不严而化者矣。其他妨害民生之事，不可枚举。"[28]

"万历十四年三月辛酉，工部覆：袍服、瓷器已蒙准量裁减，但袍缎以五分为率解进者，已一分矣。瓷器除奉旨停罢者，虽无定数，大约解进四运，已将半矣。伏望皇上酌定裁减数目。上令：袍缎未完数目准减一万匹，瓷器烧造难成及不系紧要者，查明裁减。"[29]

"万历十四年九月壬寅，巡按江西监察御史孙旬等题称：瓷器烧造难成者，乞行减免。上命：足数者准暂停止，其余照旧烧解。"[30]

"万历十四年九月壬子，户部左侍郎张国彦奏：君之与民也，犹舟之与水也。水势平，则舟不覆；民心安，则君无忌……皇上与皇上所自期待者，岂直欲超文帝而上之哉，然臣伏见苏杭之织造缎匹、江西之烧造瓷器与公主之广求珠宝，此三事或者与汉星百金之费相类乎……伏望皇上仰观天变之当忧，俯念民穷之当悯，远步汉皇节俭之芳踪……以去岁徒步祷雨之心，引而伸之为暂停织造等项之举……将见俭德昭宣于天下、仁风鼓动于穷黎……奉旨：各处灾渗频仍，百姓流离困苦，朕深切悯念。蠲恤事宜已着议行，缎匹瓷器，前已有旨宽减。"[31]

"万历二十二年二月庚申，工部以江西土瘠民贫，连年灾祲，请停减烧造瓷器。不从。"[32]

"万历二十四年三月戊寅，大学士赵志皋等条上修省实政……一、暂停织造并少、缓烧造、以苏困穷。夫缎匹、器用，皆上供所需，岂能一概减省，但近年增派数目日多一日，费至钜万，据苏松、浙江、陕西、江西各该抚官俱称，水旱、兵荒，征收不前，一时库藏苦无积贮，小民贫困已极，势难加派。仰望皇上怜念公私廉匮之时，约以恤民，大施恩惠。将江南织造段匹、陕西织造绒绣及江西烧造瓷器，暂且停止，或减其数目、宽其解期，以待各该地方稍有蓄积，陆续造进。庶上用不缺，而民穷少醒，亦召和之一端也。恳乞圣明留神省览报闻。"[33]

"万历三十年十二月甲午，大学士沈一贯等言：江西税监潘相初到任时，颇称安静，今年遽而改节，致一省军民及宗室生儒几酿大变，身犯众怒，不知自省，而更为酷烈……相又请添解送瓷器船只，每府各造一只，每只当费万金，江西十三府，当费十三万。夫瓷器岁解，未闻缺供，何独今日而议造船，不资之费，又将何出？即使用船一只，所载亦已无算，何用此多船为也？皇上圣明，可以洞烛其故矣。"[34]

"万历三十五年六月丙辰，工部右侍郎刘元震请罢新昌等县土青。不报。言：浙江土青，随矿暂采，无补于实用。在新昌解本色，则青竭而粗恶不堪；在东阳、永康、江山解折色，又力疲而输，将难继。加之赋役烦重、灾祲频仍，织造采木，种种贻累，加以无名之役，益丧其乐生之心。查江西烧造自万历十九年，内承运库正派瓷器十五万九千余件，已经运完。所有续派八万余件，分为八运，除完七运外，只一万余件，所需不多，宜行停止。或令有司如数造完。以陛下往年恩诏，即宝井珠池，悉行封禁，奈何以区区土青为盛德累乎？自是役已渐寝，覆浙江巡按金忠士疏也。"[35]

《大明会典》载：

"万历十年，传行江西烧造各样瓷器九万六千六百二十四个、副、对、枝、口、把。后奏准屏风、烛台、棋盘、笔管减半造。又奏准屏风、棋盘、烛台、花瓶、新样大缸未烧者停免。又奏准不系紧要瓷器，减一千四百个、副。"[36]

（三）万历朝御窑瓷器主要品种

万历朝御窑瓷器造型、纹饰风格基本延续嘉靖、隆庆朝御窑瓷器，品种比隆庆朝大增，但不及嘉靖朝。见有青花、哥釉青花、青花加矾红彩、祭蓝釉白花、酱釉白花、釉里红、五彩、黄地五彩、斗彩、青花加绿彩、白地矾红彩、黄地紫彩、黄地绿彩、绿地紫彩、素三彩、白釉、浇黄釉、祭蓝釉、仿哥釉、仿龙泉釉、茄皮紫釉瓷等20多个品种。其中最受人称道的是青花、五彩、黄地绿彩和茄皮紫釉瓷器等。

1. 青花瓷器

万历早期御窑青花瓷器之风格与嘉靖时一致，如不各自署款，二者很难区分。至迟在万历三十四年（1606 年）以后，可能因"回青"断绝而改用国产青料，称之为"土青"，其中以浙江所产"浙料"最好。

《明实录·大明神宗显皇帝实录》"万历三十四年三月乙亥"条记载了太监潘相到景德镇后的上疏："乙亥江西矿税太监潘相以矿撒触望，移住景德镇，上疏请专理窑务。又言：描画瓷器，须用土青，惟浙青为上，其余庐陵、永丰、玉山县所出土青，颜色浅淡，请变价以进。从之。科臣萧近高、孟成己等疏劾：相自奉差，曾出巡景德，激变良民，仅以身免，又诬参通判陈奇可。景德之民，欲食其肉。今又移居该镇，徒以权权去已，顾而之他，且先移札而后题知，何自擅要君如此。土青既取浙青，则庐陵等三邑何事开采，变价几何。江右地疲，并设两盐，是一羊供二虎也。宜撤回相，仍归窑务。有司不报。"[37]

使用"浙料"绘画的青花瓷器，图案蓝中略泛灰色，淡雅明快。

万历御窑青花瓷器造型繁多，堪称明代各朝青花瓷器之最。除常见的各式盘、碗、杯、碟、瓶、罐、炉、高足杯等以外，还有各种成型难度较大的提梁壶、军持、绣墩、烛台、方炉、笔架、笔管、壁瓶、调色盒、多格果盒、多层套盒、书桌插屏、莲花式盘、雕塑人像等。明代定陵出土的青花龙穿花纹大梅瓶高达 74.9 厘米（**图 17**）。万历御窑青花瓷器的装饰题材以龙、凤、缠枝花卉、婴戏、鱼藻、狮子戏球等传统图案为主，嘉靖御窑瓷器上盛行的与道教有关的云鹤、八卦、八仙人物等仍沿用。采用锦地开光装饰技法突出表现纹样，是此朝青花瓷器在装饰上的特点之一（**图 18**）。

2. 五彩瓷器

万历五彩瓷器几乎全为青花五彩，釉上五彩极少见。造型除盘、碗、杯等以外，与嘉靖五彩瓷器相比，大件器物明显增多，如大花觚、大鱼缸、大葫芦瓶、大洗口瓶等。笔山、笔管（**图 19**）、水丞、印泥盒等文房用具也开始较为多见。新创的器形有壁瓶等。万历五彩瓷器的装饰题材与嘉靖五彩瓷器大致相同，但花纹布局更加繁密，给人以见缝插针、一笔不漏的感觉。用笔更加豪放不羁，画法更显朴实稚拙。常见釉上色彩为红、绿、黄、赭、紫、孔雀绿等。尤其突出红彩，故万历五彩瓷器之华丽夺目胜于嘉靖五彩瓷器，俗称"大明彩"。故宫博物院收藏的万历五彩镂空云凤纹瓶（**图 20**），将镂空技法与五彩绘画并用于一器，是万历朝景德镇窑工的杰出新作。

万历时景德镇御窑厂还新创烧一种黄地青花五彩瓷器，系彩饰完工后再在图案空白处填涂低温黄釉，入低温彩炉焙烧后，黄地与诸彩相映生辉，于艳丽中平添几分含蓄柔和之美。万历五彩瓷器大多署款，落款位置多在器物外底，款识可分为本朝年款和仿前朝年款两大类。本朝年款以青花楷体"大明万历年制"六字双行外围双圈居多，个别为六字三行外围双圈。仿前朝年款见有青花楷体"大明宣德年制"六字双行款外围双圈或"大明成化年制"六字双行款外围单圈。有一种在青花长方形双框内自右向左署楷体本朝六字横排款者，题于蒜头瓶、花觚的口沿或长方盖盒的外底。另有一种署青花楷体本朝六字双行款外围双方框，上覆荷叶、下托莲花者，类似金代磁州窑瓷枕上的戳印"张家造"款式，题于壁瓶的背部（**图 21**），颇为特殊。

嘉靖、万历朝五彩瓷器流行华丽浓艳之风与当时的社会习尚有密切关系。明代中叶以后，商品经济迅猛发展，商业空前繁荣，奢靡之风浸淫市井。从上层到民间均讲求追奇猎妍。

图 17　明万历　青花龙穿花纹带盖梅瓶

图 18　明万历　五彩锦地菱形开光二龙戏珠纹委角长方盒

图 19　明万历　五彩云龙纹毛笔管

图 20　明万历　五彩镂空云凤纹瓶

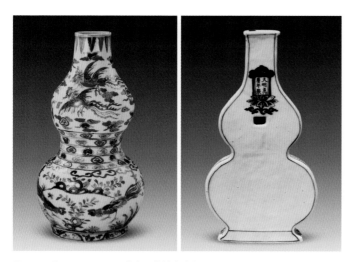

图21 明万历 五彩双凤花鸟图葫芦式壁瓶

图22 明万历 黄地绿彩锥拱云龙纹盖罐

《江西省大志·陶书》（万历本）"陶书引"载："按：万历十一年，该内承运库署、库事、御马监太监孔成等题：为急缺上用各样瓷器事，奉圣旨：这瓷器着该地方照数如式烧造，分运解进，不许迟误。内烛台、屏风、笔管，减半造。工部知道。钦此。工科都给事中王敬民等题称：窃惟器惟取其足用，不必于过多也；亦惟取其适用，不必于过巧也。今据该监所开如碗、碟、锺、盏之类，皆上用之所必需，而祭器若笾、豆、盘、罍等项，尤有不可缺者。是岂容以不造耶？但中间如围棋、别棋、棋盘、棋罐，皆无益之器也，而屏风、笔管、瓶、罐、盒、炉，亦不急之物也。且各样盒至二万副、各样瓶至四千副、各样罐至五千副，而总之至九万六千有奇，不几于过多乎？况龙凤花草各肖其形容，而五彩玲珑，务极其华丽，又不几于过巧乎？此诚草茅之臣所为骇目而惊心者也。"[38]

在这种社会背景下，嘉靖、万历五彩瓷确实达到了"务极华丽"的程度。

3. 黄地绿彩瓷器

属于杂釉彩瓷器之一。杂釉彩瓷器主要系指两色釉、彩瓷器。其中的绝大多数品种在洪武、永乐、宣德、成化已有烧造，如白地酱彩、白地绿彩、白地矾红彩、白地黄彩、黄地紫彩、黄地矾红彩、黄地绿彩、矾红地绿彩、洒蓝地孔雀绿彩瓷等。

黄地绿彩瓷器创烧于明代永乐时期景德镇御器厂，后来宣德、成化、弘治、正德、嘉靖、万历等朝及清代康熙以后各朝均有烧造。其做法是：器物成型后先在胎体上锥拱纹饰，入窑经高温素烧后，施以黄釉，透过黄釉可以看到纹饰，在纹饰以外涂以绿釉，然后，入炉经低温焙烧而成。黄地衬托绿色纹饰，和谐悦目，从而取得较好的装饰效果。

从黄、绿两种彩的色度搭配看，以万历朝产品最为悦目，可谓取得最佳视觉效果。故宫博物院收藏的万历黄地绿彩锥拱云龙纹盖罐（图22），堪称代表作品。

4. 素三彩瓷器

原则上系指含有三种或三种以上低温釉彩但不含或含有极少量红彩的瓷器。由于在中国传统文化中，红色代表喜庆，属于荤色，其他色彩属于素色，因此，不含红色或基本不含红色的彩瓷被称作"素三彩"，这里的"三"是"多"的意思，并非一定得有三种颜色。"素三彩"一词最早见于清末寂园叟《陶雅》一书，书中曰："西人以康熙黄、茄、绿三色之瓷品为素三彩。"

素三彩瓷器系受西汉以来低温铅釉陶影响、从明初景德镇窑烧造的不含红彩的杂釉彩瓷器发展而来。创烧于明代成化时期，此后，经历了明代正德、明代嘉靖隆庆万历和清代康熙时期三个重要发展阶段。

素三彩瓷器常以各种色釉作地，形成各种色地素三彩瓷器，如黄地、绿地、紫地、白地、黑地等，丰富了素三彩"家族"成员。明代素三彩瓷器中，以万历时期产品各种色釉色度最为适中，搭配后最为悦目。故宫博物院收藏的万历紫地素三彩锥拱折枝花果云龙纹盘（图23），堪称代表作品。

5. 茄皮紫釉瓷器

亦称"茄紫釉"。按呈色深浅，可分为"深茄紫釉"和"淡茄紫釉"两种。深者呈黑紫色，如熟透之茄皮色；淡者呈淡紫色，似未熟透之茄皮色。茄皮紫釉属于以氧化锰（MnO_2）为主要着色剂的著名低温色釉，因一般使用浇釉法施釉，故亦称"浇紫釉"。釉中的铁离子和钴离子起调色作用。

从传世品和出土物看，淡茄皮紫釉瓷器始烧于宣德朝景德镇御器厂，后来万历朝及清代亦有烧造；深茄皮紫釉瓷器始烧于弘治朝景德镇御器厂，后来嘉靖朝及清代亦有烧造。由于茄皮紫釉的透明度较好，因此常以锥拱花纹装饰。故宫博物院收藏的万历淡茄皮紫釉锥拱云龙纹碗（图24），堪称代表作品。

总体来看，茄皮紫釉瓷器在整个明代产量不大，故流传至今且完好无损者弥足珍贵。

四　嘉靖、隆庆、万历三朝景德镇御器厂烧造数量和费用

关于嘉靖朝景德镇御器厂的烧造数量，明代王宗沐纂修《江西省大志·陶书》（嘉靖本）载：

"陶专供御，嘉靖七年以前，案毁不可考。八年，烧造磁器二千五百七十件。九年，青色磁砖四百五块。十年，磁碟、锺一万一千、碗一千、爵三百。十三年，青花白地瓯碗三千、紫色碟一千、紫色碗五百。十五年，青花白地赶珠龙外一秤金娃娃花碗三千二十、青花白地福寿康宁花锺一千八百、青花白地里升降戏龙外凤穿花碟一千三百四十。十五年，降发磁器样一十件。十六年，白磁盘六百七十八、爵、盏二百七十。十八年，降发磁器式样四十三件。二十年，白地青花里外满池娇花样碗一千三百、白地青花里外云鹤花碟六千七百、白地青花里外万岁藤外抢珠龙花茶锺一万九千三百。二十一年，青花白地灵芝捧八宝罐二百、碎器罐三百、青花白地八仙[过海]罐一百、青花白地孔雀牡丹罐三百、青花白地狮子滚绣球罐三百、青花白地转枝宝相花托八宝罐三百、青花白地满池娇鲭鲌鲤鳜水藻鱼罐二百、青花白地江下八俊罐一百、青花白地巴山出水飞狮罐一百、青花白地水火捧八卦罐一百、青花白地竹叶灵芝团云鹤穿花花样龙凤碗五百九十、青花白地转枝莲托八宝八吉祥一秤金娃娃花坛二百四十。二十二年，青碗二千、青盘一千、青碟二千、青靶锺一千、青磁茶钟二千、青酒盏一万、祭器毛血盘一十、碟一百四十、大羹碗四、酒钟一百、和羹碗十、爵二十三、笾豆盘八十、大尊六、牺尊六、著尊二、山罍四、又五罇。二十三年，青花白地外海水仓（苍）龙捧八卦寿比南山又福如东海深里三仙炼丹花碗二千六百、青花白地耍戏娃娃里云龙等花钟九千六百、四季花里三阳开泰花盘一千七百、外天花捧寿山福海字里二仙花盏三千五百、外四季花耍娃娃里出水云龙花草瓯二千四百、外龙穿西番莲里穿花凤花碟四千六百、又烧成卓（桌）器一千三百四十卓（桌）、每卓（桌）计二十七件、内案：酒碟五、果碟五、菜碟五、碗五、盖碟三、茶钟酒盏楂（渣）斗醋注各一、里青双云龙等花样三百八十卓（桌）、暗龙紫金等花样一百六十卓（桌）、金黄色一百六十卓（桌）、天青色一百六十卓（桌）、翠青色一百六十卓（桌）、鲜红改作矾红一百六十卓（桌）、翠绿一百六十卓（桌）。外青双云龙宝相花缸一百二十口、青双云龙穿花样坛二百五十、青双云龙鸾凤样罐一万。二十四年，青花白地转枝莲托百寿字花样坛四百九十、青花白地八瓣海水飞龙花样罐一千四百三十。二十五年，青花白磁青双云龙等花缸三百口、青缠枝宝相花回回花罐有盖一千、里外青穿花龙花碗二万二千、里青如意团鸾凤外穿花

图23　明万历　紫地素三彩锥拱折枝花果云龙纹盘（一对）

图24　明万历　淡茄皮紫釉锥拱云龙纹碗

鸾凤花膳碗一万一千五百，青花白磁云龙海水外九龙花盘三万一千，青花白磁里外青双云龙花碟一万六千，青花白磁里青云龙外团龙菱花茶钟三千，青花白磁里青云龙外双云龙花酒盏一万八千四百。二十六年，青花白地海水飞狮龙捧福寿字花盘一万一千二百五十，白地暗鸾鹤花酒盏九千五百一十，白色暗江牙海水花碗二千九百二十，青色暗鸾鹤花碟七千七百八十，白色暗龙花茶钟共三千，黄色暗龙凤花盒二千四百四十，青色暗龙花罐一千四十，白色暗江牙海水花坛一千三百五十，青双云龙缸五百口，青花白磁花瓶一千对，青花白磁青仓（苍）狮龙盒三千五百五十，里青云外穿花鸾凤花瓯二万一千，里白外青双云龙雀盏一千五百，里白外青双云龙花各样碗二万一千五百，纯青素酒盏三千，纯青碟一万四千，青花白磁拜砖二十付，素穰花钵四千，青花白磁葫芦一万。二十七年，青花白地海水仓（苍）龙等罐四千二百，青花白地龙凤群仙捧寿等花盒五千。二十九年，青花白地坛一千。三十年，青花白地四画神仙里云鹤花盘一百，青花白地外结子莲里花团花碟四千八百，青花白地仓（苍）狮龙花瓶三十，青花白地耍戏鲍老花罐七百，青花白地外云龙里升凤花盏一千三百，青花白地鲭鲅鲤里云鹤花碗三千三百，青花白地出水龙里狮子花瓯一千五百。三十一年，纯青里海水龙外拥祥云地贴金三狮龙等花盘一百，爵一百八十，白地青花里八仙捧寿外云龙花盘二百五十，里龙凤外结子莲碟三千，里云龙外龙凤鸾鹤碗三千四百，里升龙外乾坤六合花各样瓯二千二百，里花团外云龙花锺三千七百，里云鹤外博古龙花酒盏一千七百，里双凤外双龙花盏二百五十，甜白色酒锺三万。三十三年，青花双云龙花碗二万六千三百五十，青花双云龙碟三万五千，里白外青四季花盏六千九百，青花鱼缸六百八十，磬口青白磁瓯九千，里青穿花龙边穿花龙凤外荷花鱼水藻碗一万二百，里青穿花龙边穿花龙凤外荷花鱼水藻瓯一万九千八百，歇爵山盘青双[云龙]海水六百，白磁壶六千。三十四年，白磁罐一千四百一十。三十五年，烧磁砖七千二十一，青花白磁缸五百四十，豆青磁素缸三十，青花白磁膳碗一万，磬口白磁茶瓯一千八百，青花白酒盏一万五千，青花壶瓶莲瓣盖五百。三十六年，各样祭器边（笾）、豆、罍、爵、镡、扁壶、大羹碗六千三百六十，拜砖六副，各样卓（桌）器一百卓（桌），每卓（桌）五十三件，各样膳碗五千二百三十，青花白磁茶碗四百五十，酒碟果碟一千一百，看瓶牡丹瓶壶瓶七百八十，罐四千七百，盖全方罐一千九百，盒二千四百，盘三千三百，酒海青花白磁五十四，大缸青双云龙莲瓣十。三十八年，青地闪黄鸾凤穿宝相等花碗共五千八百，青花白地松竹梅酒尊一百八十，紫金地闪黄双云龙花盘碟六千，黄地闪青云龙花瓯一千四百六十，青地黄鸾凤穿宝相花盏爵一万三千五百二十，青花白地灵芝四季花共罐瓶一千五百，青花白地云鹤龙果盒共八百。"[39]

可统计出嘉靖八年至三十八年（其中缺十一、十二、十四、十七、十八、十九、二十八、三十二、三十七年）中的 22 个年份烧造数量共计 663049 件，平均每年 30138 件。而年烧造量超过 10 万件以上的有 3 个年份，即二十五年、二十六年、三十三年。

做成表格数量统计如下：

年份（嘉靖）	烧造数量（件）
八年	2570
九年	450
十年	12300
十三年	4500
十五年	6160
十六年	948
二十年	27300
二十一年	2830
二十二年	18390

（续表）

年份（嘉靖）	烧造数量（件）
二十三年	70950
二十四年	19200
二十五年	103200
二十六年	120360
二十七年	9200
二十九年	1000
三十年	11730
三十一年	44780
三十三年	110030
三十四年	1410
三十五年	34891
三十六年	31590
三十八年	29260
合计 22 年	663049

关于隆庆朝景德镇御器厂烧造数量，据明代嘉靖王宗沐纂修、万历陆万垓增纂《江西省大志·陶书》（万历本）载：

"续：查得嘉靖四十三年被烬以前，卷案无存。隆庆五年烧造青花白地双云龙凤霞穿花喜相逢翟鸡朵朵菊花缠枝宝相花灵芝葡萄桌器共五百桌。内百三十桌，桌计六十一件；百八十桌，桌计三十六件；百九十桌，桌计二十七件。青花白地外穿花龙凤五彩满池娇朵朵花里团龙鸾凤松竹梅玉簪花碗三万一千八百五十、青花白地外双云龙凤九龙海水缠枝宝相花里人物灵芝四季花盘一万六千五百、青花白地外双云龙凤竹叶灵芝朵朵云龙松竹梅里团龙四季花盘三万三千三百、青花白地外双云龙芙蓉花喜相逢贯套海石榴回回花里穿花翟鸡青鸂鶒荷花人物狮子故事一秤金金黄暗龙锤九千七百、青花白地外穿花龙凤八吉祥五龙淡海水四季花捧乾坤清泰字八仙庆寿西番莲里飞鱼红九龙青海水鱼松竹梅穿花龙凤瓯三千九百五十、青花白地双穿云龙花凤狮子滚绣球缠枝牡丹花青花果翎毛五彩云龙香草宝相花草虫罐一千四百六十、青花白地穿花龙凤扳枝娃娃长春花回回宝相花瓶三百七十、青花白地外梭龙灵芝五彩曲水梅花里云龙葵花松竹梅白暗云龙盏六千五十、青花白地外云龙五彩满池娇人物故事荷花龙里云龙曲水梅花盆七百一十、青花白地双云龙回回花果翎毛九龙淡海水荷花红双云龙缠枝宝相花香炉一百八十、青花白地双云梭龙松竹梅朵朵菊花香盒三百三十、青花白地双云龙花凤海水兽狮子滚绣球穿花喜相逢翟鸡相斗二百七十、青花白地双云龙花凤海水兽穿花翟鸡狮子滚绣球朵朵四季花醋滴二百七十、青花白地双云龙凤草兽飞鱼四季花八吉祥贴金孔雀牡丹花坛盖狮子样三百三十。"[40]

可统计出隆庆五年烧造数量为 124790 件。

关于万历朝景德镇御器厂烧造数量，据明代嘉靖王宗沐纂修、万历陆万垓增纂《江西省大志·陶书》（万历本）载：

"续：查得嘉靖四十三年被烬以前，卷案无存。隆庆五年烧造……万历五年，青花白地双云龙朵朵云团龙菱花宝相穿花喜相逢翟鸡松竹梅人物故事器皿共五百五十桌。内一百五十桌，桌计六十一件；又二百桌，桌计三十六件；又二百桌，桌计二十七件。青花白地外双云荷花龙凤缠枝西番莲宝相花里云团龙贯套八吉祥龙边薑芽海水如意云边香草曲水梅花碗四万五十、青花白地外穿花云龙鸾凤缠枝宝相松竹梅里朵朵四季花回回样结带如意松竹梅边竹叶灵芝盘二万三千一百、青花白地外穿花鸾凤花果翎毛寿带花满池娇草兽荷叶龙里八宝苍龙宝相花捧真言字龙凤人物故事碟四万二千三百、青花白地外双云龙贯套海石榴狮子滚绣球里穿花云龙如意云边香草红九龙青海水五彩鸂鶒荷花遍地真言字锺一万二千五百五十，青花白地外穿花龙凤八仙庆寿回回缠枝宝相花里团云龙荷花鱼江芩子花捧真言字瓯二万七百，青花白地外云龙长春花翎毛士（仕）女娃娃灵芝捧八吉祥里葡萄朵朵四季花真言字寿带花盏九千，青花白地双云龙穿花喜相逢相斗二百，青花白地双云龙缠枝宝相花醋滴二百。十一年，降发瓷器式样四百四十三件，青白瓷暗花云龙羹碗、笾、盘、酒罇、爵盏、山罍、壶、瓶各样祭器共四千二百九十，青花白地外云龙荷花鱼耍娃娃篆福寿康宁字回回花海兽狮子滚绣球里云鹤一把莲萱草花如意云大明万历年制字碗二万八千七百五十，青花白地外荷花龙穿花鸾凤松竹梅诗意人物故事耍娃娃里朵朵云边香叶灵芝暗云龙宝相花盘四千九百，青花白地外缠枝牡丹花托八宝薑芽海水西番莲五彩异兽满池娇里双云龙暗龙凤宝相花狮子滚绣球八吉祥如意云灵芝花果碟一万五千六百五十，青花白地外蟠桃结篆寿字缠枝四季花真言字里云鹤火焰宝珠暗双云龙荷花鱼青海水锺三千三百四十，里白外青贯套海石榴瓯二百，青花白地外穿花双云龙人物故事青九兽红海水里如意香草曲水梅花穿花翟鸡海兽白薑芽红海水盏五千九百，青花白地如意云龙穿花龙凤风调雨顺天下太平四髾头捧永保长春字混元八卦神仙捧乾坤清泰字盒二万，青花白地缠枝金莲花托篆寿字酒海二百，青花白地乾坤八卦灵芝山水云龙香炉八百，青花白地穿花云龙凤草兽衔灵芝锦鸡牡丹云鹤八卦麻叶西番莲瓶四千一百六十，青花白地山水飞狮云龙孔雀牡丹八仙过海四阳捧寿陆鹤乾坤五彩人物故事罐五千八百九十，青花白地五彩云龙棋盘一百六十，青花白地正面龙葵花梅花棋子二十四，青花白地海水云龙四季花金菊芙蓉蘖台一百八十，青花白地白陆鹤乾坤灵芝八宝宝相如意云龙炉台一百八十，青花白地锦地花果翎毛边双龙捧珠心屏一百八十，青花白地龙穿四季花五彩海水云龙锦地云穿宝相花灵芝河图洛书五彩升降海水云龙笔管三百六十，青花白地八宝团龙五彩海水龙盒子心四季花青地白花白龙穿四季花笔冲六十，里白外青对云龙狮子滚绣球缠枝金莲宝相花五彩穿花山水升降龙青云鸾凤缸六百二十，青双云龙捧篆寿字飞丝龙穿灵芝草兽人物故事百子图坛五百，青花白瓷玲珑双龙捧珠飞龙狮子海马五彩荷花云龙黄地紫荷花凉墩二百八十。十七年，青花白地龙穿四季花五彩海水云龙锦地龙穿宝相花灵芝河图洛书五彩升降海水云龙笔管一百八十，挝笔管一百八十，青花白地八宝团龙五彩海水龙盒子心四季花青地白花龙穿四季花笔冲六十。十九年，降发瓷器样式四百六十一件，青花白地外团云龙鸾凤锦地八宝海水福禄寿灵芝里双龙捧寿长春花五彩凤穿四季花碗二万八千一百，青花白地外团螭虎灵芝如意宝相花海石榴香草里底龙捧永保万寿边鸾凤宝相花永保洪福齐天娃娃花盘二万四千三百五十，青花白地外长春转枝宝相花螭虎灵芝里五彩龙凤边福如东海八吉祥锦盆堆边宝相花结带八宝碟五万六千二百五十，青花白地外团龙如意云竹叶灵芝五彩水藻鱼里篆寿字如意牡丹花五彩如意瓯三万一千一百，暗花云龙宝相花全黄茶锺一千二百，青花白地外海水飞狮缠枝四季花长春螭虎灵芝石榴里葵花牡丹海水宝相花杯四千六百，青花白地外牡丹金菊芙蓉龙凤四季花五彩八宝葡萄蜂赶梅花里葵花牡丹篆寿字五彩莲花古老钱杯盘一千八百，黄瓷地五彩里白外螭虎灵芝四季花香草回文香炉八百，青花白地麒麟盒子心缠枝宝相花回文花果八吉祥灵芝海水梅花五彩香草玲珑松纹锦四季花香盒四百四十，青花白地庆云百龙百鹤五彩百鹿永保乾坤坛五百，青花白地异兽朝苍龙如意云锦满池娇锦地葵花方胜花果翎毛草虫盒一千二百四十，暗花鸾凤宝相花白瓷瓶五百，青花白地海水云龙长春八宝龙凤如意五彩龙凤耍娃娃莲托八吉祥海水苍龙满池娇结子石榴罐三千九百七十，青花白地庆云苍龙回回花锦地盒子心福禄朝天边锦地芦雁曲水梅盒一千二百四十，青花白地团龙四季花西番莲托真言字凤穿四季花葡萄西瓜瓣云龙捧圣寿字杏叶五彩水藻金鱼壶瓶共三千四十，青花白地云龙芦雁松竹梅半边葫芦花瓶四百。二十年，降发瓷器式样一十五件，青花白地外寿意年灯端阳节荷花水藻鱼里底青正面云龙边松竹梅碗一万六千一百，青花白地外缠枝莲托八宝龙凤花果松竹梅真言字折枝四季花里底穿花龙边朵朵四季花人物故事竹叶灵芝寿意牡丹花盘一万三千二百四十，青花白地外缠竹叶灵芝花果八宝双云龙凤里龙穿四季花五彩寿意人物仙桃边葡萄碟二万三千八百六十，青花白地外寿意年节里正面云龙水莲一万六千，青花白地外双云龙凤里黄葵花转枝灵芝五彩菊花盏八百，青花白地花果翎毛香草草虫人物故事花瓶二百，五彩锦地盒子心四季花果翎毛八宝祥四季花罐四百六十，青花白地万古长春四海来朝面龙四季花人物故事盒三千七百八十，青花白地外云龙海水里顶桩云龙筋盘一百六十、青花白地外莲花香草如意顶桩云龙回纹香草云龙灵芝宝相玲珑灵芝古老钱炉二百四十，青花白地宝山海水云龙圆座攀柱娃娃茈菰荷叶花草五彩宝山海水云龙人物故事香草莲瓣烛台二百，青花白地五彩人物故事香草莲瓣槟榔盏一百，青花白地五彩云龙回纹扇匣六十，青花白地海水顶桩玲珑三龙山水五彩玲珑山水笔架五百，青花白地蹲龙宝象人物五彩砚水滴二百，青花白地云龙回纹香草龙云人物故事花果灵芝五彩云龙回纹四季花相斗三百，青花白地锦地盒子心龙穿四季花冠盏二十，又里白外红绿黄紫云龙膳碗一千八百，青花白地外盒子心锦地双龙捧永保长春四海来朝人物故事四季花里灵芝松竹梅兰五彩四季花巾盏二百（以上膳碗巾盏原非年例取解之数）。二十一年，青花白地天下太平四方香草如意回回纹人物五彩方胜盒三百，青花白地贯套如意灵芝香草海水龙穿四季花五彩贯套如意山水灵芝花罇一千二十，青花白地外双云龙八仙过海盒子心四季花里正面龙篆寿字如意葵花边竹叶灵芝碗一千二百，青花白地水藻鱼八宝香草荷花满池娇海水梅花五彩升转云龙回纹香草缸二百七十。二十二年，青花白地人物故事面云龙娃娃面四季花五彩云龙花果翎毛灵芝捧篆寿字盒五千六百二十，青花白地风穿四季花满池娇五彩龙穿四季花灵芝托八宝璎珞香草花瓶二百五十，青花白地云龙风穿四季花五彩云龙风穿四季花剪烛罐八十。"[41]

可统计出万历五年至二十二年（其中缺六、七、八、九、十、十二、十三、十四、十五、十六、十八年）中 7 个年份烧造数量共计 513374 件，平均每年 73339 件。

做成表格统计如下：

年份（万历）	烧造数量（件）
五年	169850
十一年	96624
十七年	420
十九年	159530
二十年	78210
二十一年	2790
二十二年	5950
合计 7 年	513374

上述嘉靖、隆庆、万历三朝御器厂烧造数字，乃实际年供御数，而不是实际年产量，实际年产量应包括残次品。从 20 世纪 70 年代以来对景德镇明代陶厂、御器厂发掘情况看，残次品的数量很大，有些品种的成品率只能达到十之一、二，个别品种只能达到百之一、二。因此，实际烧造数比实际供御数要大得多。

关于这三朝景德镇御器厂的烧造费用，缺乏具体数字记载，从仅有的零星记载，可窥其一斑。

《明实录·大明穆宗庄皇帝实录》载："隆庆六年二月壬寅，诏：工部留江西应解料银一万两，烧造上用瓷器，从抚臣徐栻奏也。"[42]

《江西省大志·陶书》（万历本）"料价"条载："陶有料价。先年系布政司公帑支给。嘉靖二十五年烧造数倍、十百加派，阖省随粮带征银一十二万两，专备烧造，节年支尽。嘉靖三十三年又加派银二万两，亦烧造支尽。自后，止于本司库帑银借支，然烦费岁钜万。如鱼缸及砖，则又不止是公私方苦匮鬻罪加赋之说，殆纷纷矣！"[43]

明代万历年间的烧造费用，文献中有"磁器节传二十三万五千件，约费银二十万两"[44] 的记载，可知每件瓷器的平均烧造费用约为一两白银。

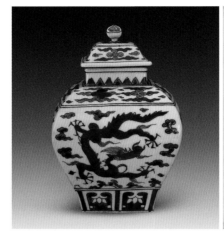

图 25　明嘉靖　五彩海水云龙纹方盖罐　　　　　　　　　　　　　　图 26　民国　仿明嘉靖五彩海水云龙纹方盖罐

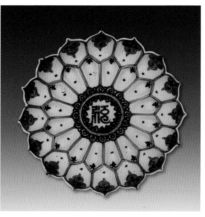

图 27　明万历　青花折枝花果纹梵文莲花式洗　　　　　　　　　　　图 28　民国　仿明万历青花折枝花果纹梵文莲花式洗

五　后仿嘉靖、隆庆、万历朝御窑瓷器

　　后仿嘉靖、隆庆、万历朝御窑瓷器主要体现在三个方面，即：一是造型、纹饰、款识等均模仿这三朝御窑瓷器原作的一类作品；二是只仿写这三朝御窑瓷器年款，造型和纹饰则具有仿制时期瓷器特点的一类作品；三是在原胎上后加彩的一类作品。后仿这三朝御窑瓷器以清代康熙至乾隆朝、清末光绪朝至民国以及 20 世纪 70 年代末以来仿品最为多见。所仿嘉靖朝御窑瓷器品种主要有青花、青花加矾红彩、五彩（**图 25、图 26**）、斗彩、素三彩、矾红彩、浇黄釉瓷等；所仿隆庆朝御窑瓷器品种主要有青花、青花加矾红彩、五彩等；所仿万历朝御窑瓷器品种主要有青花（**图 27、图 28**）、黄地青花、黄地绿彩、五彩瓷等。鉴别时主要还应从造型、纹饰、胎、釉、彩、款识等方面寻其破绽。

　　比如说，造型呆板走样或过于规整、纹饰画法拘谨且过于精细、釉面干白、矾红彩不够鲜艳、款识字体笔画缺乏力度或过于工整等。

尤其是这三朝青花瓷器的釉，既不同于明初永乐、宣德朝青花瓷器釉面泛橘皮纹，也不同于明代中期成化、弘治朝青花瓷器釉面平整油光，而是呈现一种厚润、白中泛青较重、釉面清亮的时代特征。这三朝御窑瓷器中异形器非常多见，且一般都有变形，而后仿品一般都较规整。这三朝御窑瓷器中大件器物也较为多见，但制作工艺均不太精细，尤其是底足处理得较为粗糙，而后仿品制作工艺和底足处理得往往过于精细。这些都是在鉴定中尤应引起注意的方面。

结语

嘉靖至万历时期，处于明代晚期，江西饶州地区经常遭受天灾人祸，致使当地人民流离失所，生活趋于穷困，景德镇的瓷业生产也屡遭破坏。在如此不利的情况下，朝廷本应缩减烧造任务，与民休养生息，"以苏穷民"[45]"以节民力""以章俭德"[46]，但实际情况恰恰相反，所下达烧造任务"日多一日，费至钜万"[47]"烧造数倍，十百加派""烦费岁钜万"[48]。这种情况的发生，与明代晚期社会风气的转变有密切关系。明代晚期随着商品经济的繁荣，封建地主阶级加紧剥削和搜刮百姓，贵族、官僚、地主、富商等穷奢极欲，社会风气日趋奢靡。景德镇御器厂为完成烧造任务，各种名目的派役（编役、雇役、办事人夫及其工食银以及解运瓷器的包装材料等）几乎都要饶属数邑供应，其负担之重可想而知。不但如此，为适应腐化的社会风气，还盲目追求形体高大、形状怪异的器物，而且数量极大、期限严急。这种情况的发生，与高高在上的皇帝既不了解实际情况、又不采纳大臣意见有密切关系。朝廷虽掌握御用瓷器烧造大权，但并不了解远在千里之外的御器厂生产的实际情况，对瓷器烧造和运输之困难程度更是茫然无知，以至于主观臆断，只知一味命造，不顾百姓死活，而且相关官吏也因烧造难成、逾期不能完成交派任务而被治罪（减俸、降职）。这种情况发展下去，导致窑工抗争不断。万历二十七年（1599 年）窑工童宾因不满太监潘相督造龙缸，器大难成，窑工受虐，而将身赴火，以示抗争。并最终导致万历三十六年（1608 年）御器厂寿终正寝[49]。

万历三十六年景德镇御器厂停烧，是景德镇瓷器生产的一个转折点，从此景德镇瓷器生产步入御窑衰落、民窑兴盛的过渡期（或称"转变期""转型期"），直至康熙二十年（1681 年）御窑厂才正式恢复烧造。

注 释

1　（明）王宗沐纂修：《江西省大志·陶书》（嘉靖本），中国国家图书馆藏善本书。书中"设官"条载："陶监有官……给事中徐公浦以尝官江西也，疏言：景德镇利之所在，群奸并集，有可言者如回青，打之无法，散之无方。真青每插于杂石，奸徒盗于衣囊。"

2　（清）张廷玉等撰：《明史》卷八十二、志第五十八、食货六，中华书局，1974 年。

3　（明）李东阳等奉敕撰、申时行等奉敕重修：《大明会典》卷之二百一、工部二十一、织造、器用，台北新文丰出版公司，1976 年。

4　《明实录·大明世宗肃皇帝实录》卷三十六"嘉靖三年二月戊申"，台北"中央研究院历史语言研究所"，1967 年。

5　《明实录·大明世宗肃皇帝实录》卷一百六"嘉靖八年十月癸亥朔"，台北"中央研究院历史语言研究所"，1967 年。

6　《明实录·大明世宗肃皇帝实录》卷一百十"嘉靖九年二月甲子"，台北"中央研究院历史语言研究所"，1967 年。

7　《明实录·大明世宗肃皇帝实录》卷一百二十"嘉靖九年十二月辛未"，台北"中央研究院历史语言研究所"，1967 年。

8　《明实录·大明世宗肃皇帝实录》卷一百三十五"嘉靖十一年二月乙巳"，台北"中央研究院历史语言研究所"，1967 年。

9　《明实录·大明世宗肃皇帝实录》卷二百"嘉靖十六年五月庚辰"，台北"中央研究院历史语言研究所"，1967 年。

10　《明实录·大明世宗肃皇帝实录》卷二百二"嘉靖十六年七月甲申"，台北"中央研究院历史语言研究所"，1967 年。

11　《明实录·大明世宗肃皇帝实录》卷二百八"嘉靖十七年正月壬午"，台北"中央研究院历史语言研究所"，1967 年。

12　《明实录·大明世宗肃皇帝实录》卷二百九十三"嘉靖二十三年十二月丙寅"，台北"中央研究院历史语言研究所"，1967 年。

13　（明）王宗沐纂修：《江西省大志·陶书》（嘉靖本）"设官"，中国国家图书馆藏善本书。

14 （明）王宗沐纂修、陆万垓增纂：《江西省大志·陶书》（万历本）"设官"，中国国家图书馆藏善本书。

15 （明）王宗沐纂修：《江西省大志·陶书》（嘉靖本）"回青"，中国国家图书馆藏善本书。

16 （清）张廷玉等撰：《明史》卷八十二、志第五十八、食货六，中华书局，1974 年。

17 《明实录·大明穆宗庄皇帝实录》卷一"嘉靖四十五年十二月壬子"，台北"中央研究院历史语言研究所"，1967 年。

18 《明实录·大明穆宗庄皇帝实录》卷五十六"隆庆五年四月壬辰朔孟夏"，台北"中央研究院历史语言研究所"，1967 年。

19 （明）王宗沐纂修、陆万垓增纂：《江西省大志·陶书》"料价"，中国国家图书馆藏善本书。

20 （清）张廷玉等撰：《明史》卷八十二、志第五十八、食货六，中华书局，1974 年。

21 《明实录·大明神宗显皇帝实录》卷二"隆庆六年六月甲子"，台北"中央研究院历史语言研究所"，1967 年。

22 《明实录·大明神宗显皇帝实录》卷五十五"万历四年十月丙辰"，台北"中央研究院历史语言研究所"，1967 年。

23 《明实录·大明神宗显皇帝实录》卷一百三十六"万历十一年四月甲寅"，台北"中央研究院历史语言研究所"，1967 年。

24 《明实录·大明神宗显皇帝实录》卷一百四十五"万历十二年正月辛巳"，台北"中央研究院历史语言研究所"，1967 年。

25 《明实录·大明神宗显皇帝实录》卷一百四十七"万历十二年三月己亥"，台北"中央研究院历史语言研究所"，1967 年。

26 《明实录·大明神宗显皇帝实录》卷一百四十七"万历十二年三月乙巳"，台北"中央研究院历史语言研究所"，1967 年。

27 《明实录·大明神宗显皇帝实录》，卷之一百六十"万历十三年四月乙卯"，台北"中央研究院历史语言研究所"，1967 年。

28 《明实录·大明神宗显皇帝实录》卷一百七十二"万历十四年三月庚子"，台北"中央研究院历史语言研究所"，1967 年。

29 《明实录·大明神宗显皇帝实录》卷一百七十二"万历十四年三月辛酉"，台北"中央研究院历史语言研究所"，1967 年。

30 《明实录·大明神宗显皇帝实录》卷一百七十八"万历十四年九月壬寅"，台北"中央研究院历史语言研究所"，1967 年。

31 《明实录·大明神宗显皇帝实录》卷一百七十八"万历十四年九月壬子"，台北"中央研究院历史语言研究所"，1967 年。

32 《明实录·大明神宗显皇帝实录》卷二百七十"万历二十二年二月庚申"，台北"中央研究院历史语言研究所"，1967 年。

33 《明实录·大明神宗显皇帝实录》卷二百九十五"万历二十四年三月戊寅"，台北"中央研究院历史语言研究所"，1967 年。

34 《明实录·大明神宗显皇帝实录》卷三百七十九"万历三十年十二月甲午"，台北"中央研究院历史语言研究所"，1967 年。

35 《明实录·大明神宗显皇帝实录》卷四百三十四"万历三十五年六月丙辰"，台北"中央研究院历史语言研究所"，1967 年。

36 （明）李东阳等奉敕撰、申时行等奉敕重修：《大明会典》卷一百九十四、工部十四、窑冶、陶器，台北新文丰出版公司，1976 年。

37 《明实录·大明神宗显皇帝实录》卷四百一十九"万历三十四年三月乙亥"，台北"中央研究院历史语言研究所"，1967 年。

38 （明）王宗沐纂修、陆万垓增纂：《江西省大志·陶书》（万历本）"陶书引"，中国国家图书馆藏善本书。

39 （明）王宗沐纂修：《江西省大志·陶书》（嘉靖本）"御供"，中国国家图书馆藏善本书。

40 （明）王宗沐纂修、陆万垓增纂：《江西省大志·陶书》（万历本）"御供"，中国国家图书馆藏善本书。

41 同注 40。

42 《明实录·大明穆宗庄皇帝实录》卷六十六"隆庆六年二月壬寅"，台北"中央研究院历史语言研究所"，1967 年。

43 同注 19。

44 （明）陈子龙等选辑：《明经世文编》卷四四四"王都谏奏疏"之"稽财用匮竭之源酌营造缓急之务以光圣德以济时艰疏（节财六事）"，中华书局，1962 年。

45 同注 18。

46 同注 23。

47 同注 33。

48 同注 43。

49 20 世纪 60 年代景德镇陶瓷馆吴良华先生在景德镇市珠山明代御器厂故址发现一块崇祯十年《关中王老公祖鼎建赆休堂记》石碑，景德镇市陶瓷考古研究所藏有该碑拓片。碑文中有"我太祖高皇帝三十五年，改陶厂为御器厂……显皇帝二十七年，复命中官为政，三十六年辍烧而撤中官……沿及列祖以迄今上，圣人迭出，力行节爱，烧造不兴，与民休息……"江西省历史学会景德镇制瓷业历史调查组：《景德镇制瓷业历史调查资料选辑》，1963 年。

A Brief View on Jingdezhen Imperial Kiln of Jiajing, Longqing and Wanli Period in Ming Dynasty

Lv Chenglong

Abstract

The ninety-nine years of Jiajing, Longqing and Wanli periods in the Ming dynasty were the great time of renaissance in Europe, the great geographical discovery, development of colonialism and preliminary development of science and technology. In China, those periods had the fierce revolution in society of the Ming dynasty, which showed the beginning of enlightenmnet thought, the peak of civil culture, seeds of capitalism in handicraft production and so on. For ceramics industry, the porcelain fried by Jingdezhen imperial kiln had the features of greatly increased products, various modeling of porcelain, increased major possession implements, thick bodies and rough technology, overelaborate decoration and gorgeous colors. The yield and quality of folk kiln porcelain were highly improved than before. The porcelain was generally designed and shaped by imperial kiln and fired by folk kiln. In the forty-five years of Jiajing period, the porcelain amount of Jingdezhen imperial kiln increased more than other dynasties, but the quality declined in the same time. So far there are at least thirty-seven varieties porcelain preserved from Jiajing period in which the blue-and-white porcelain, the polychrome porcelain and watermelon green glaze porcelain were highly praised nowadays. In the six years of Longqing period, the porcelain of imperial kiln continued the style of Jiajing period, but the varieties decreased less than ten. The blue-and-white porcelain and polychrome porcelain had the largest output among ten varieties. In the forty-eight years of Wanli period, the porcelain modeling and decoration style continued the style of Jiajing and Longqing imperial kiln. The varieties were less than Jiajing period but more than Longqing period. There are at least more than twenty varieties persevered in which the blue-and-white porcelain, polychrome porcelain, green color on yellow ground porcelain, plain tricolor porcelain and aubergine purple glaze porcelain were highly praised nowadays. With the rise of worship antiquity and collection, the imitated porcelain of Jiajing, Longqing and Wanling periods increased in Kangxi, Yongzheng, Qianlong periods of the Qing dynasty and the late Qing dynasty to republican period. The imitation used original body covered with new color, which caused problems for authentication. Therefore, the porcelain needs to be authenticated from different aspects like modeling, decoration, body glaze color, technology, inscriptions and so on.

谈景德镇御窑厂遗址出土嘉靖、隆庆、万历官窑瓷器

江建新

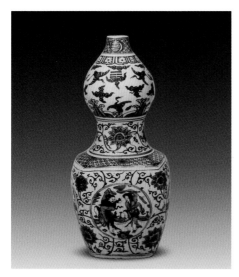

图1 明嘉靖 青花八卦云鹤纹葫芦瓶

图2 明嘉靖 "金箓大醮坛用"款白釉盏标本

十几年来，景德镇明御窑厂遗址在十多次的考古调查与发掘中出土的嘉靖、隆庆、万历官窑遗物不算多，且大部分出土瓷片不能修复。根据整理情况看，其出土官窑瓷器品种单一，主要以青花为主，产品质量不如前朝。以下将整理出的嘉靖、隆庆、万历瓷器标本，结合相关文献与出土情况作一考察。

一 出土嘉靖官窑瓷器

明代嘉靖皇帝统治45年（1522～1566年），与明代其他帝王相比，嘉靖皇帝承继大统完全出乎自己意料，他是由藩王而贵为天子。嘉靖帝当朝，一开始便发生"大礼议"之争，这一事件，对嘉靖皇帝本人和明代这一时期整个朝政与社会生活都产生了重大影响。嘉靖帝也许出于对帝王生活眷恋而祈求不老，一生乐此不疲地尊道教、敬鬼神，嘉靖二十一年以后，他更是不问朝政，移居西苑，一心修玄，日求长生。他不仅本人信道，还要全体臣僚都尊道，尊道者升官，劝谏者削职，重则当场杖死，这在明朝历史上是空前绝后的。所以，著名学者孟森在《明史讲义》对他评价是："终身事鬼而不事人。"由于嘉靖皇帝信奉道教，道教在全国盛行，有关道教内容的题材与纹样也被大量地绘制在官窑瓷器上。嘉靖瓷器上具有典型道教色彩的纹饰繁复多样，几乎涵盖了代表道教文化的所有有形的载体和无形的理念。如人物纹有八仙过海、八仙炼丹、八仙捧寿，植物纹有灵芝、仙桃、万年松，动物纹有云鹤、白鹿、飞马、麒麟、三羊（开泰），此外还有暗八仙、祥云、八卦、寿山福海、仙槎等。

从陶瓷相关文献与出土情况及传世遗物来看，嘉靖官窑中带道教元素的器皿和纹饰空前增多，据明王宗沐《江西省大志》卷七《陶书》载，嘉靖八年至三十八年里烧造瓷器中不乏道教色彩浓厚的器皿，例如"二十一年，青花白地八仙过海罐一百（件）""二十三年，青花白地外海水苍龙捧八卦寿比南山久福如东海深里三仙炼丹花碗二千六百（件）""二十七年，青花白地龙凤群仙捧寿字花盆五千（件）""三十年，青花白地外四画神仙里云鹤花盘一百（件）""三十一年，白地青花里八仙捧寿外云龙花盘二百五十（件）"，根据该书记载可知，嘉靖二十一年后道教色彩的器皿开始大量出现，这可能与嘉靖皇帝二十一年移居西苑潜心修道有关。

与文献可印证的是，传世品中嘉靖青花葫芦瓶饰八卦云鹤纹（图1），是嘉靖流行样式，具有浓厚的时代气息。明御窑厂遗址也有此类遗物出土，如嘉靖青花"金箓大醮坛用"款白釉盏标本（图2），青花八卦纹砖（图3）、青花云鹤（图4、图5）、寿字纹装饰的碗、盘、罐等标本，都明显具有道教文化元素。

嘉靖青花"金箓大醮坛用"款碗标本，明御窑厂遗址多有出土，由此可印证嘉靖宫中斋醮活动盛行。关于斋醮，这是道教独具特色的宗教仪式，斋醮即供斋醮神、设坛祭祷神灵，内容有清洁身心、设坛摆

图 3　明嘉靖　青花八卦纹砖

图 4　明嘉靖　青花云鹤纹盘标本

图 5　明嘉靖　青花云鹤纹罐盖标本

供、焚香、化符、掐诀、叩齿、存想、念咒、上章、诵经、赞颂，并配以音乐、灯烛和禹步等仪范程式。嘉靖嗜好斋醮，在道士们的煽动下，嘉靖深居西苑，二十余年不上朝。为兴建道观、祭坛则不惜民财。《明史·食货志》称："世宗（嘉靖）……中年以后，营建斋醮，采木采香，采珠玉宝石，吏民奔命不暇，用黄白蜡至三十余万斤……沉香、降香、海漆诸香至十余万斤。"又："世宗营建最繁……斋宫、秘殿并时而兴。工场二三十处，役匠数万人，军称之，岁费二三百万。"致使明王朝开国以来"百余年富庶治平之业，因以渐替"。可见，造型与纹饰丰富的道教题材瓷器，成为嘉靖官窑瓷器的一大鲜明特色。嘉靖斋醮活动，每次都是礼仪复杂、配器繁多。除了道士们参与外，嘉靖还常亲自扶乩、上祭。道士们夸大金器的作用，说"饮金长生"，在斋醮时用金器盛食物，可招来神仙下凡等。因此，嘉靖时期宫廷日用器、陈设器，特别是斋醮时用的香炉、葫芦瓶、执壶（图6）、碗、盘等多见描金，描金装饰也是嘉靖官窑的一大特色。《明史·食货志》载，嘉靖"一斋醮蔬食之费，为钱万有八千"，盛蔬食的瓷器之多由此可见。

嘉靖官窑瓷器婴戏图装饰也较为繁盛，明王宗沐《江西省大志》卷之七《陶书》中也多有记载，如"八年，青花白地赶珠龙外一秤金娃娃花碗三千二十""二十一年，青花白地转枝莲托八宝八吉祥一秤金娃娃花坛二百四十（件）""二十三年，青花白地耍戏娃娃里云龙等花盅九千六百四（件）、外四季花耍娃娃里云龙等花盅九千六百四（件）、外四季花耍娃娃里出水云龙花草瓯二千四百（件）"等。嘉靖皇帝共生八子，其中六子皆早逝，长子与次子均在册立太子后不久即逝，因此嘉靖皇帝期盼子孙兴旺成为一大心结。在这种特殊的背景下，嘉靖官窑瓷器纹饰多见婴戏题材，成为这一时期鲜明的时代特征。据统计台北故宫博物院所藏嘉靖官窑瓷器中婴戏题材占总数的十分之一以上。传世嘉靖青花庭院十六子罐，绘有"骑木马""拖木车""斗蟋蟀"三组纹样，其中骑木马的婴孩戴官帽，身后一位婴孩持一株荷叶跟随，其寓意是"马上封官""连生贵子"，这组"婴戏"的内容具有象征意义。御窑厂出土嘉靖青花婴戏纹碗、盘标本（图7、图8、图9），似可与上述文献及传世品相印证。

嘉靖时期景德镇官窑开始实行"官搭民烧"制度，官窑与民窑生产的官用器发生很大变化。明御窑厂遗址出土有嘉靖"台阁佳器"、"分守九江道制"（图10）、"九江道制"（图11）、"缙绅佳器"（图12）、"居家必用"（图13）等铭瓷片。传世品中也常见以树木或花枝缠绕成"福"字、"寿"字（图14）、"康"字、"宁"字等，还常用"五谷丰登""国泰民安""万寿无疆"等祈福语句，碗心书"酒"字、"枣汤"铭字等（图15）。嘉靖官

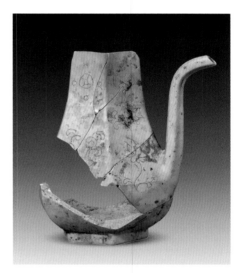

图 6　明嘉靖　涩胎刻折枝花纹六边梨形壶

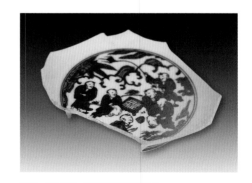

图 7　明嘉靖　青花婴戏图碗标本

图 8 明嘉靖 青花婴戏图碗标本

图 9 明嘉靖 青花婴戏图盘标本

图 10 明嘉靖 "台阁佳器"款及"分守九江道制"款标本

图 11 明嘉靖 "九江道制"款标本

图 12 明嘉靖 "缙绅佳器"款标本

图 13 明嘉靖 "居家必用"款标本

图 14 明嘉靖 斗彩青花"寿"字纹碗标本

图 15 明嘉靖 碗心书"酒"字、"枣汤"铭字标本

图 16 明嘉靖 青花各式款残片

款以楷书"大明嘉靖年制"六字双行款为主，另有"大明嘉靖年制"六字单行款、"大明嘉靖年制"六字环形款、"嘉靖年制"四字双行双圈款及十字形排列款、"嘉靖年造"款等。从御窑厂遗址出土的大量书青花"大明嘉靖年制"款识来看，上述款识都有，但有的款识书写十分粗糙（图16）。除在明御窑厂遗址出土有嘉靖官窑遗物之外，景德镇考古人员在落马桥、观音阁明代民窑址考古发掘中，也发现刻有"大明嘉靖年制"款五爪龙纹白盘，青花"大明嘉靖年制"款黄釉瓷片等，说明嘉靖时期民窑窑场烧造官窑瓷器也有一定规模，以上情况当与嘉靖时期开始施行的"官搭民烧"制度有关。

嘉靖釉上彩瓷在明代官窑瓷器史上是一大亮点，出现所谓"大明五彩瓷"，以红、绿、黄、紫、孔雀蓝等釉上彩装饰，显得华丽夺目。还有一种青花五彩，其特点是青花作为釉下蓝彩，釉上饰红、绿、黄、紫。嘉靖釉上彩瓷工艺技术由宣德、成化斗彩技术发展演变而来，但工艺上又有所创新（图17）。如嘉靖酱地绿彩龙凤纹碗标本（图18），为典型嘉靖釉上彩瓷器，该器釉上彩纹饰图案以黑彩料画出双边框，然后填绿彩，这是明官窑中最早使用黑彩料装饰的器物，是嘉靖官窑的创新。嘉靖矾红釉豆（图19），2014年考古发掘出土于明御窑厂西侧毕家弄附近，该器通体施矾红釉、器形特殊而罕见，器物也较为完整，这是历年来出土嘉靖遗物中罕见可以复原的遗物，其彩饰也很有特色。出土的青花斗彩（半成品）龙纹盘残片，其正面龙形象也是首次出现的极具嘉靖官窑特征的纹样（图20）。

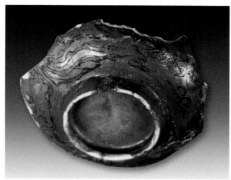

图 17　明嘉靖　斗彩花卉纹碗标本　　　图 18　明嘉靖　酱地绿彩龙凤纹碗标本　　　图 19　明嘉靖　矾红釉豆标本　　　图 20　明嘉靖　斗彩（半成品）龙纹盘标本

嘉靖青花种类繁多、造型多样。从出土与传世品看，其品种有碗、盘、杯、瓶、罐、盒、炉、塑像之类，嘉靖官窑器形以爵和方斗杯较著名，爵基本上仿青铜器造型，属于祭祀礼器，大致呈三足直立状，小型的足腿外撇。御窑厂遗址出土的白地矾红彩方斗杯，又称斗升，外形酷似量米用的斗，其制作工艺较为复杂。

嘉靖官窑瓷器釉面滋润光亮，透明釉多呈青灰色。根据相关文献记载嘉靖青花瓷器曾使用"回青"料、乐平产"陂塘青"与"平等青"、瑞州产"石子青"等。由于青花钴料不同，其组分亦不同，烧成之后产生不同的颜色，嘉靖青花呈色大致可分为三种：一种呈黑蓝色的青花，色泽深沉灰暗，有晕散现象，与正德晚期青花发色类似；一种发色浅淡鲜亮，有成化青花淡雅的效果；一种青花发色浓翠、蓝中泛紫，是嘉靖青花最具特点的颜色，一般认为这是嘉靖青花色料改用回青料（加石青）所致，这种色调持续于嘉靖、隆庆、万历前期。从此次所展出的众多嘉靖青花标本来看，似可与上述嘉靖青花呈色特点相印证。

二　出土隆庆官窑瓷器

明代隆庆朝仅历时 6 年（1567 ～ 1572 年），嘉靖时期实行的"官搭民烧"制度至隆庆时期，似乎得到进一步的发展，御窑厂内的烧造活动也明显减少，故御窑厂遗址内出土的隆庆官窑遗物十分稀少。

隆庆青花标本（图 21），可能为渣斗，该器底书青花"大明隆庆年造"款，绘有青花花卉纹，青花呈色与嘉靖相似。据载隆庆青花以回青料为主，根据出土遗物观察，同样使用回青的嘉靖、隆庆、万历青花瓷，隆庆朝的青花发色蓝中泛紫，浓重鲜艳而较为纯正，说明这一时期回青料使用已较为成熟。

根据御窑厂出土情况看，隆庆官窑产品造型简单，而传世品中常见的六方壶、花形盒、方胜形盒、四方、六方、八方形多角形盒，文房用具之类的砚台、水滴等，御窑厂内几乎不见。有可能这些产品是实行"官搭民烧"制度后，在民窑作坊内烧造的。

从出土与传世遗物观察，隆庆官窑瓷器装饰纹样基本沿袭前朝，但布局疏朗，绘画主要采用单线平涂，填色工整。还有用开光的形式来表现纹饰，主体纹饰常见团龙、云龙、双龙戏珠、龙凤、鸳鸯、鱼藻、仕女婴戏、松下高士、雉鸡牡丹等，而玉兔、狮、虎、蜜蜂、梅花鹿等纹样则具有隆庆特点。另外还有以马、黄蜂、猴组成的纹饰，即寓意"马上封侯"，也是最具隆庆特征的装饰纹样。

图21　明隆庆　青花标本

隆庆官窑瓷器多书"大明隆庆年造"六字楷书款，有六字双行双圈款、六字双行方框款、大件器物口沿书六字横款和竖款。也有少量的"隆庆年制"款和"隆庆年造"四字双行方款。隆庆年款书"年造"多于"年制"，这也是隆庆官窑瓷器一大特点。

隆庆青花继承嘉靖风格，有些隆庆青花未署年款的瓷器，几与嘉靖、万历青花一致，极难区分。这一时期实施的"官搭民烧"制度比较成熟，对民窑生产起到刺激作用，故隆庆民窑青花瓷大多较为精细，几与官窑瓷相仿。

三　出土万历官窑瓷器

明代万历皇帝在位 48 年（1573 ~ 1620 年），是明代统治时间最长的帝王，这一阶段是整个明代社会经济最为活跃的时期，万历前期由张居正主持的改革使明代一度呈现中兴气象，宫廷对于瓷器的使用要求也更高，从御窑厂遗址出土的万历官窑残片来看，其胎釉和彩绘似比嘉靖显得精细。随着明廷废除海禁和荷兰东印度公司的成立，瓷器需求量与产量剧增，瓷器品种增多，并出现了专供对外贸易的外销瓷。这一时期民窑迅猛发展，民窑产品日益精细，几乎可与官窑瓷媲美。

万历皇帝自幼受其生母慈圣皇太后的影响，崇佛之至，继位后又承其父穆宗崇奉佛教的政策，在位期间曾敕建五台山的大塔院寺、舍利宝塔、洪福万寿藏经楼阁，复建龙泉寺万圣阁等，还多次于五台山举行规模盛大的法会。《明史》记载：慈圣太后"顾好佛，京师内外多置梵刹，动费钜万，帝亦助施无算"。每当万寿节时，万寿寺便聚集近千名僧众为皇上、皇太后诵经祝寿，其场面十分壮观，"其梵呗者几千人，声如海潮音"。万寿寺僧人盛大的祝寿佛事活动引得世人瞩目。由于当时社会和宫廷盛行佛事，故宫室器用也多装饰佛教题材与纹饰，一改嘉靖时期道教盛行的局面，官窑瓷器装饰出现另一风貌，流行佛教元素装饰。

明代的佛教，影响了明末乃至清初青花瓷器的面貌。万历二十四年（1596 年）器物造型也开始转变，逐渐形成了自己的风格。《明抄本万历起居注》有记，万历十四年七月七日，慈宁宫莲花盛开，"房中即吐重台，台中复结莲意"，慈圣及神宗赐予辅臣观赏，申时行等更是逢迎上意，把盛开的莲花称为皇上仁孝、宫内祥和的产物。莲花乃是佛教象征物，神宗为讨母亲开心，曾命人绘制瑞莲图，明御窑厂内也曾出土有莲花瓣式盘残片。

从传世与出土遗物看，万历青花胎土质地总体不如前朝，制作工艺也不如前朝精细。万历早期仍然使用回青青料，发色浓重艳丽、蓝中泛紫。据载万历二十四年（1596 年），回青料用竭，开始使用浙江产的所谓"浙料"，由于这个时期对青花钴土矿料的水选到火煅采用了新的工艺，提高了青花的发色效果，使浙料呈色青翠幽蓝，与回青相比另有一番特色。

万历官窑瓷器主要造型有花觚、盒、烛台、炉之类，文房用具类有笔插、笔管、笔洗、笔船、龙形笔山、调色盘、印盒、水滴等，这些都是万历官窑特色产品。罐类器形多种，蟋蟀罐是万历官窑瓷器代表性制品。万历青花构图繁密、装饰纹样主次稍显凌乱（图22、图23），万历青花绘画线条有阴阳深浅之分，有代表性的技法是青花淡描、铁线描和淡水点染，构图时用线条加极淡的青料单线或双线勾出图案的轮廓，再加以渲染填色，画面有水墨画的效果。另有在画面上预留空白处用单线描绘主题纹饰，称为"预留空白"，如万历五彩人物图碗标本（图24），即具有万历典型装饰特征。万历官窑稀见纹饰有虎纹、螃蟹纹、蕉石玉兔纹、稚鸡牡丹纹等，人物纹主要绘婴戏、四妃十六子、河图洛书、南极仙翁、魁星、达摩，还有戏曲插图等，在人物纹旁边往往还配以山石、梵文、八宝、龙纹等。纹样的特征是人物体形比较失真、婴

图 22　明万历　青花人物图碗标本　　　　　　图 23　明万历　青花人物图碗标本　　　　　　图 24　明万历　五彩人物图碗标本

戏纹中孩童的头大、后脑勺也大、和身体不成比例。花卉与瓜果纹常与"福""万""寿"等字结合装饰。龙纹绘画得比较草率，龙嘴画得比前朝更长，大多是侧身龙，也有正面龙。官窑器大多书青花楷体"大明万历年制"六字双行外围双圈款，很少使用"万历年制"四字款，御窑厂遗址不见有万历四字款瓷片出土，可能当时许多官窑烧造活动都是在民窑作坊里完成的。

结语

　　景德镇明御窑厂遗址出土的嘉靖、隆庆、万历官窑遗物不多，且大部分出土瓷片不能修复。嘉靖青花"金箓大醮坛用"款碗标本，明御窑厂遗址多有出土，由此可印证嘉靖宫中斋醮活动盛行。除在明御窑厂遗址出土有嘉靖官窑遗物之外，景德镇考古人员在落马桥、观音阁明代民窑址考古发掘中，也发现刻有"大明嘉靖年制"款五爪龙纹白盘、青花"大明嘉靖年制"款黄釉瓷片等，说明嘉靖时期民窑窑场烧造官窑瓷器有一定规模。2014 年考古发掘出土的嘉靖矾红釉豆，通体施矾红釉，是历年来出土嘉靖遗物中极罕见的。从此次所展出的众多嘉靖青花标本来看，似可印证嘉靖青花呈色不同的特点。嘉靖时期实行的"官搭民烧"制度至隆庆时期，似乎得到进一步的发展，御窑厂内的烧造活动也明显减少，故御窑厂遗址内出土的隆庆官窑遗物十分稀少。从御窑厂遗址出土的万历官窑残片来看，其胎釉和彩绘似比嘉靖显得精细。随着明廷废除海禁和荷兰东印度公司的成立，出现了专供对外贸易的外销瓷。这一时期民窑迅猛发展，民窑产品日益精细，几乎可与官窑瓷媲美。

参考文献：

1 《明世宗实录》《明穆宗实录》《明神宗实录》，台北"中央研究院历史语言研究所"，1967 年。

2 （明）刘辰：《国初事迹》，浙江范懋柱家天一阁藏本。

3 （清）张廷玉：《明史》，中华书局，1974 年。

4 （清）蓝浦：《景德镇陶录》卷五《景德镇历代窑考》"洪窑"条。

5 李国桢、郭演仪：《中国名瓷工艺基础》，上海科学技术出版社，1988 年。

6 ［日］小学馆编：《世界陶瓷全集·14 集》，1976 年。

7 ［日］藤冈了一：《明代的赤绘》，《陶瓷大系》第 43 卷。

8 汪庆正：《青花料考》，《文物》1982 年第 8 期。

9 （明）王宗沐：《江西省大志·陶书》，嘉靖三十五年刻本，中国国家图书馆藏善本书。

10 李国桢、郭演仪：《中国名瓷工艺基础》，上海科学技术出版社，1988 年。

11 （明）李东阳等：《大明会典》卷二〇一，江苏广陵古籍刊印社影印刊本。

12 李家治等：《中国古代陶瓷科学技术成就》，上海科学技术出版社，1985 年。

13 中国硅酸盐学会编：《中国陶瓷史》，文物出版社，1982 年。

14 《景德镇出土陶瓷》，香港大学博物馆，1991 年。

15 （清乾隆四十八年）《浮梁县志》卷七。

16 （明）王宗沐纂修、陆万垓增纂：《江西省大志·陶书》卷一，中国国家图书馆藏善本书。

Discussion on Jingdezhen Imperial Kiln of Jiajing, Longqing and Wanli Period in Ming Dynasty

Jiang Jianxin

Abstract

During more than ten times archaeological investigation and excavation in Jingdezhen imperial kiln of the Ming dynasty, the unearthed cultural relic was not many and most ceramic chips cannot be repaired. According to the excavation situation, the unearthed imperial porcelain had one type and mainly was blue-and-white porcelain which had a low quality than the past. The imperial kiln ruins of the Ming dynasty excavated many blue-and-white bowls with inscription of Jin Lu Da Jiao Tan Yong of Jiajing period, which proved the popularity of Taoist rites in Jiajing royal court. Besides the relics of Jiajing imperial kiln excavated from kiln ruins of the Ming dynasty, archaeology staff also found white plate with five claws dragon design and inscription of Da Ming Jia Jing Nian Zhi, yellow glaze ceramic chip with blue-and-white inscription of Da Ming Jia Jing Nian Zhi in kiln ruins of Luomaqiao and Guanyinge. The archaeological findings improved the scale of imperial porcelain fired in folk kiln. The *Dou* covered with iron-red glaze of whole body excavated in 2014 was the rare relic during Jiajing relics over the years. The blue-and-white specimen of Jiajing period displayed this time seemed can show the different features of blue-and-white porcelain in Jiajing period. The system of Guan Da Min Shao(the imperial porcelain fired in folk kiln) executived in Jiajing period seemed to be further developed in Longqing period. The firing work obviously decreased in imperial kiln, therefore, the unearthed relics of Longqing imperial kiln was extremely rare from imperial ruins. According to relics of Wanli imperial kiln, the body glaze and decoration were more exquisite than Jiajing period. With the abolition of overseas business and foundation of Dutch East India Company, the export porcelain was appeared for foreign trade. The folk kiln quickly developed in that period and produced excellent porcelain which can be compared with imperial kiln.

附录：相关知识链接

吕成龙

浇黄地青花瓷器

属于青花瓷器的衍生品种。需要两次烧成，即先经高温烧成白地青花瓷器，然后采用"浇釉"方法施以低温黄釉，透过黄釉可见到青花纹饰，用刀具将有纹饰处的黄釉刮掉，再入窑经低温焙烧而成。该品种创烧于宣德朝景德镇御器厂，后来成化、弘治、正德、嘉靖等朝均有烧造。

青花瓷器使用黄釉地衬托纹饰，显示出至高的使用等级，色地衬托纹饰的艺术风貌与同时期宫廷所用掐丝珐琅器物相同，体现了宫廷用器特有的雍容。此类器物工艺复杂、产量较少，对于了解宫廷用器特点具有重要价值。

青花加矾红彩瓷器

属于青花瓷器的衍生品种。需两次烧成，即先高温烧成白地青花瓷器，然后按需要在纹饰空白处以矾红彩描绘纹饰，再入窑经低温焙烧而成。蓝色花纹与红色花纹相互映衬、相得益彰，打破了白地青花之单调感。

青花加矾红彩瓷器的纹饰需在制作之初即预先设计，各道工序必须密切配合才能达到最佳效果。

浇黄釉瓷器

浇黄釉系指以氧化铁（Fe_2O_3）为着色剂、以氧化铅（PbO）为助熔剂烧成的低温色釉。明代景德镇窑烧造的低温黄釉瓷系在经高温素烧过的涩胎上施釉，复入炭炉经低温焙烧而成。因使用"浇釉法"施釉，故称"浇黄釉"。

自洪武至崇祯朝，浇黄釉瓷器的烧造几乎未曾间断，各朝烧造的浇黄釉瓷器釉色深浅虽略有不同，但基本趋于明黄色。浇黄釉瓷器除了供日常使用外，按照明代祭祀制度，还可被用作祭祀地坛。

嘉靖时期的蓝釉瓷器

嘉靖朝御窑蓝釉瓷可分为祭蓝釉瓷和回青釉瓷两种。"回青釉"是嘉靖朝创烧的一种以进口"回青"料与国产石子青料配合入釉的高温蓝釉瓷。它是在祭蓝釉基础上衍生出的新品种，与祭蓝釉相比，其釉色略显浅淡。法国巴黎吉美博物馆收藏有一组"大明嘉靖年制"款蓝地描金贴塑云龙纹五供（香炉一件、胆式瓶两件、烛台两件），能够代表嘉靖朝蓝釉瓷的工艺水平。按照明代祭祀制度，蓝釉瓷器可被用作祭祀天坛。

黄地红彩瓷器

黄地红彩工艺始于宣德时期，嘉靖时期颇为流行。其制作方法是：器物成型后先入窑经高温素烧，然后施以浇黄釉入炉经低温焙烧，再以矾红彩在黄地上描绘纹饰，或填涂纹饰外的隙地，衬托空出的黄色纹饰。再次入炉经略低于黄釉的烧成温度焙烧而成，呈现黄地红花或红地黄花的艺术效果，色彩对比强烈。"黄地红彩"俗称"黄上红"，有祝福"皇（黄）上洪（红）福齐天"之意。

隆庆御窑青花瓷器造型的多样性

隆庆御窑青花瓷器造型承袭嘉靖御窑青花瓷器，讲究复杂多变，这种风气一直延续到万历时期，均为当时社会风气在器物造型上的反映。例如北京故宫博物院和台北故宫博物院各收藏一件清宫旧藏隆庆款青花团龙纹提梁壶，就是比较少见的造型。这种提梁壶一改常见的执壶将执柄置于壶体一侧的做法，而模仿宋、元时期提梁壶式样，丰富了御窑瓷器的造型。另外，还见有传世的隆庆款青花云龙纹银锭式盒，其造型与银锭相仿。此类造型还见于故宫博物院藏隆庆款云龙纹墨，应属于隆庆朝御用器物的特殊造型。

明定陵出土的万历御窑青花瓷器

万历皇帝朱翊钧的陵墓（即"定陵"）位于北京市昌平区明代十三陵陵区内的大峪山下。1956～1958年，北京市文物调查研究组与中国科学院考古研究所组成工作队，对其进行了考古发掘。墓内出土金、银、玉、瓷、织绣等各类器物总计2000多件，其中瓷器总计16件，万历朝御窑瓷器包括8件青花瓷、3件三彩瓷。现藏故宫博物院的一对万历款青花龙穿花纹带盖梅瓶即出自定陵地宫，造型端正，纹饰布局严谨、繁缛，画工精湛，体现出万历朝御窑瓷器烧造的最高水平。

Appendix: Ceramic Knowledge Link

Lv Chenglong

The blue-and-white porcelain on bright yellow ground

The blue-and-white porcelain on bright yellow ground is the derived varieties of blue-and-white porcelain. This kind of porcelain needs to be fired twice. Firstly, it should be fired into blue-and-white porcelain under high temperature. Then the low temperature yellow glaze will be poured on the porcelain and the blue decoration can be seen through the yellow glaze. The yellow glaze which covered on the blue decoration will be scraped by knife. After that, the porcelain will be fired in the kiln under low temperature. This kind of porcelain was firstly created by Jingdezhen imperial kiln in Xuande period and produced in Chenghua, Hongzhi, Zhengde and Jiajing periods.

The yellow glaze matched with blue-and-white porcelain made the high level of this porcelain. Compared with imperial enamel ware in the same period, the style of using color ground to set off the decoration presented the graceful feature of imperial ware. The complexity technology, few output of this kind of porcelain are valuable for understanding the features of imperial ware.

The blue-and-white with iron red porcelain

The blue-and-white with iron red porcelain is the derived variety of blue-and-white porcelain. This kind of porcelain needs to be fired twice, which means the porcelain is firstly fired to blue-and-white porcelain under high temperature, decorated with iron red ornamentation in the white place and then is fired with low temperature in kiln.

The decoration of this kind of porcelain needs to be designed before production. And the best effect of this kind of porcelain needs the close cooperation by each procession.

Bright yellow glaze porcelain

The bright yellow glaze belongs to low temperature glaze which takes the iron oxide as coloring agent and lead oxide as fluxing agent. The low temperature yellow glaze porcelain of Jingdezhen kiln in the Ming dynasty was fired under high temperature and then fired again under low temperature after poured with glaze. Therefore, the method of pouring glaze on the porcelain body was called *Jiaohuangyou* (means poured yellow glaze).

The producing for bright yellow glaze porcelain continued from Hongwu period to Chongzhen period. Although the porcelain of each period had the differences of dark or light, generally the glaze color trended toward bright yellow. Beside the usage for common diet, the poured yellow glaze porcelain can be used for sacrifices to the Temple of Earth according to the sacrificial system of the Ming dynasty.

The blue glaze porcelain of Jiajing period

The blue glaze porcelain of imperial kiln in Jiajing period had two types: *Jilan* glaze porcelain and Huiqing glaze porcelain. The *Huiqing* glaze belongs to high temperature blue glaze porcelain mixed with a imported material named *Huiqing* and *Shizi Qing* (pebble blue) material. It was the new product from *Jilan* glaze but had a lighter color than *Jilan* glaze. A group of five sacrificial utensils (one censer, two gall-bladder vase, two candelabrum) designed with dragon and cloud decoration and gold paint on blue background of Jiajing period, collected by the Museum Guimet of France, can represent the technological level of *Huiqing* glaze porcelain in Jiajing period. According to the sacrificial system of the Ming dynasty, the blue glaze porcelain can be used for sacrifices to the Temple of Heaven.

The red color on yellow ground porcelain

The skill of red glaze on yellow ground started from Xuande period and was very popular in Jiajing period. The implement was fried under high temperature in kiln and then fired under low temperature after poured with yellow glaze. After that, the implement will be drawn with vitriol red glaze on the yellow background or the blank place among the decoration to set off the yellow decoration. Finally the implement will be fired with a lower temperature than the temperature of yellow glaze. The porcelain with red decoration on yellow background or yellow decoration on red background will show the strong color contrast. The red color on yellow background is commonly called "Huangshanghong"(the Chinese character Huang means yellow has the same pronunciation with the character Huang for emperor), which has the meaning of wishing happiness as high as the heaven for the emperor.

The variety modeling of blue-and-white porcelain of imperial kiln in Longqing period

The modeling of blue-and-white porcelain in Longqing imperial kiln followed the complexity and varied style of Jiajing period and lasted to Wanli period. That kind of modeling was the reflection of the general corrupt mood of society at that time. The examples of the loop-handled teapots designed with blue-and-white and dragon decoration separately collected by the Palace Museum in Beijing and Taipei have the rarely modeling. This kind of teapot changed the skill of putting handle on one side of the teapot, but imitated the modeling of teapot in Song and Yuan dynasty. This change enriched the modeling types of imperial kiln. Moreover, the silver ingot box with blue-and-white and dragon among cloud decoration in Longqing period has the similar modeling with silver ingot. This kind of modeling also can be found in the Chinese ink with dragon among cloud decoration collected by the Palace Museum which belongs to the special modeling implements for royal court in Longqing period.

The blue-and-white porcelain of Wanli imperial kiln excavated from Dingling mausoleum of Ming dynasty

The Dingling mausoleum which belongs to the emperor Zhu Yijun of Wanli period located in the Ming tombs near the foot of Dayu mountain in the Changping district of Beijing city. The research team formed by Beijing cultural relics investigation team and Institute of Archaeology of Chinese Academy of Sciences took the archaeological excavation in this mausoleum from 1956 to 1958. More than 2000 implements of gold, silver, jade, porcelain and embroidery were founded in that mausoleum. The total umber of porcelain is 160,000 including eight blue-and-white wares, three tricolor wares of Wanli imperial kiln porcelain. A pair of prunus vase with cover designed by blue-and-white dragon among flowers decoration collected by the Place Museum has a regular modeling, delicate decoration and exquisite drawing techniques, which reflects the highest level of the firing skill of imperial kiln porcelain in Wanli period.

图书在版编目（CIP）数据

明代嘉靖隆庆万历御窑瓷器 ：景德镇御窑遗址出土与故宫博物院藏传世瓷器对比 / 故宫博物院，景德镇市陶瓷考古研究所编. — 北京 ：故宫出版社，2018.11
ISBN 978-7-5134-1166-0

Ⅰ. ①明… Ⅱ. ①故… ②景… Ⅲ. ①瓷器(考古)—对比研究—中国—明代 Ⅳ. ①K876.34

中国版本图书馆CIP数据核字(2018)第240106号

明代嘉靖隆庆万历御窑瓷器
景德镇御窑遗址出土与故宫博物院藏传世瓷器对比

故宫博物院、景德镇市陶瓷考古研究所 编
出 版 人：王亚民
责任编辑：方 妍 张睿帆
装帧设计：李 猛
责任印制：常晓辉 顾从辉
出版发行：故宫出版社
　　　　　地址：北京市东城区景山前街4号 邮编：100009
　　　　　电话：010-85007808 010-85007816 传真：010-65129479
　　　　　网址：www.culturefc.cn 邮箱：ggcb@culturefc.cn
印　　刷：北京雅昌艺术印刷有限公司
开　　本：889毫米×1194毫米 1/12
印　　张：65
版　　次：2018年11月第1版
　　　　　2018年11月第1次印刷
印　　数：1~2,000册
书　　号：ISBN 978-7-5134-1166-0
定　　价：960.00元（全二册）